Jesús Del Toro

Silvestre Revueltas
DEL OTRO LADO

*Diálogo, indagación y ensueño sobre la música
de Silvestre Revueltas en Estados Unidos*

Para conocer más sobre la música
mencionada en este libro visita:

www.DelToro.info
@JesusDelToro

Ilustración de portada: *Emblema*
Pedro Reyes Álvarez

Jesús Del Toro

Silvestre Revueltas
DEL OTRO LADO

Diálogo, indagación y ensueño sobre la música
de Silvestre Revueltas en Estados Unidos

Albuquerque, Chicago, El Paso, Houston, Los Ángeles,
Louisville, Maryland, Nueva Jersey, Nueva York, San Antonio,
San Francisco, Washington DC… y la Ciudad de México

Ilustración de portada / Cover art: Cortesía / Courtesy Pedro Reyes Álvarez
Programas / Programs Ana Sokolow: Cortesía / Courtesy 92nd Street Y, New York

Primera edición / First Edition: Agosto / August 2018

ISBN: 978-0-692-99361-3

Publicado por / Published by:
La Raza Newspaper
(200 S. Michigan Ave. 16th Floor, Chicago, IL 60604 USA – LaRaza.com)
Del Toro Creative Studio, LLC
(Chicago, IL USA)
www.DelToro.info / @JesusDelToro

Esta publicación se realizó con apoyo del Fondo Nacional para la Cultura y las Artes (FONCA) a través del Programa de Fomento a Proyectos y Coinversiones Culturales 2009. This publication was created with support from the National Fund for Culture and the Arts (FONCA) of Mexico through its 2009 Program for Promotion of Cultural Projects and Coinvestments.

Impreso en Estados Unidos de América / Printed in the USA

Para mi hijo Pepe
y mi esposa Lolbé,
luz y música
de mi corazón.

Flor de ensueño, maravilla de luz y de quimera.
Silvestre Revueltas

Ahora son las estrellas de América tu patria
y desde hoy tu casa sin puertas es la Tierra.
Pablo Neruda
'A Silvestre Revueltas, de México,
en su muerte (Oratorio menor)'

[Silvestre Revueltas] *era como el sabor del pueblo,*
cuando el pueblo es pueblo y no multitud.
Octavio Paz

Estoy profundamente interesado en todo cuanto concierne
a su hermano, el gran Silvestre Revueltas...
Leopold Stokowski
[en carta a Rosaura Revueltas]

Contenido

3. Las notas y los datos   271

Un panorama de las interpretaciones y percepciones
del repertorio de Silvestre Revueltas en Estados Unidos

Introducción y agradecimientos

Este libro de periodismo cultural, reporteado, documentado, escrito y editado en Estados Unidos –en las ciudades y regiones de Albuquerque, Chicago, El Paso, Houston, Los Ángeles, Louisville, Maryland, Nueva Jersey, Nueva York, San Antonio, San Francisco y Washington DC– y también en la Ciudad de México, es además del trabajo de un reportero y editor apasionado de la música clásica y de concierto un viaje de conocimiento y apreciación de la experiencia mexicana en Estados Unidos, la personal durante más de una década de vivir en ese país y la de los mexicanos y méxicoamericanos que, por millones, han vivido y viven en tierras estadounidenses.

Silvestre Revueltas fue uno de ellos durante su juventud y aunque las circunstancias de las primeras décadas del Siglo XX y de las primeras del XXI son diferentes, mi inmersión en la vida y obra de Revueltas y en lo que su música me significa y le significa a directores de orquesta, compositores, historiadores, críticos y público en general en Estados Unidos ha sido una experiencia enaltecedora. En lo periodístico y artístico, en lo temporal y geográfico, en lo personal y comunitario.

Para abordar la apreciación que en Estados Unidos existe y ha existido sobre la vida y la obra de Revueltas, este trabajo ha recurrido a investigaciones previas, tanto sobre los aspectos biográficos como los musicales, a revisiones estadísticas y encuestas propias para obtener datos y planteamientos sobre el quehacer revueltiano en tierras estadounidenses y, principalmente, a entrevistas originales para recoger la voz y la perspectiva de varios destacados exponentes de la interpretación del repertorio revueltiano y de la reflexión que en torno a él tienen lugar actualmente en la escena musical de Estados Unidos.

Directores de orquesta, compositores, historiadores, curadores y críticos, académicos y artistas en general aportan aquí su visión y sus experiencias sobre lo que la obra de Silvestre Revueltas les significa y sobre la forma, la lógica y la emoción con la que la han presentado a audiencias estadounidenses. Estas entrevistas, realizadas durante cerca de una década, constituyen el corazón de este libro y son termómetro de la actividad revueltiana en Estados Unidos.

El ímpetu de todo ello ha sido doble. Por un lado, mostrar el retrato de Revueltas y su obra a partir de los trazos que aportan las entrevistas, la investigación y los datos, la percepción y la apreciación que existen del compositor y su obra. Y, por el otro, realizar una aportación personal y ciertamente acotada para afinar ese retrato, ayudar a hacerlo más nítido y certero al debatir y despejar algunas de las nociones o ideas que existen y han existido sobre Revueltas y que lo han envuelto en parte en una suerte de mito, incomprensión u olvido. El camino, desde luego, fue también de descubrimiento y enriquecimiento personal, intelectual y emotivo, individual y compartido.

Muchas son las personas que han hecho posible esta investigación periodística, que no pretende ser exhaustiva y que en realidad deja mucho para futuros reportajes, entrevistas, encuestas y ensoñaciones. Mi familia, amigos, colegas y mentores han tenido un rol clave en ello y, desde luego, el espíritu y la música de Revueltas estuvieron presentes en la mente, la pluma, los oídos y el corazón. Agradezco a todos ellos y a las instituciones que han hecho estas páginas posibles, en especial al Fondo Nacional para la Cultura y las Artes (FONCA) de México.

Este libro es, finalmente, un intenso y duradero ejercicio (gestado y producido en un periodo de casi 10 años) de periodismo en español en Estados Unidos, una muestra y un tributo a una profesión, un país y un contexto que, junto a mis reflexiones, obras y experiencias en México y en España, conforman la columna vertebral de mi vida.

Jesús Del Toro
Chicago, 2018

1
La centella escapada

Una aproximación a la apreciación e interpretación
de la música de Silvestre Revueltas en Estados Unidos

Silvestre Revueltas, como casi todos los hombres verdaderos, era un campo
de batalla. Jamás se hizo traición y jamás traicionó la verdad contradictoria,
dramática de su ser. En Silvestre vivían muchos interlocutores, muchas pasiones,
muchas capacidades, debilidades y finuras… Esta riqueza de posibilidades,
de adivinaciones y de impulso es lo que da a su obra ese aire de primer acorde,
de centella escapada de un mundo en formación.

Octavio Paz

Años, cuentos
y conciertos de Revueltas
en Estados Unidos

La Orquesta Filarmónica de Nueva York, una de las más famosas y destacadas del mundo, ha tocado en su historia una sola obra del compositor mexicano Silvestre Revueltas (1899-1940): *Sensemayá*, de acuerdo a datos del Archivo Digital León Levy (archives.nyphil.org) de esa institución musical. Lo hizo en seis programas, la última vez en enero de 1967, hace más de 50 años.

Los directores que sucesivamente tocaron *Sensemayá*, de Revueltas, con la Filarmónica de Nueva York fueron, en el Carnegie Hall, el británico-estadounidense Leopold Stokowski[1], el 13 de noviembre de 1949; en el Lewisohn Stadium, el mexicano Carlos Chávez[2], el 21 de julio 1959; y en el Philharmonic Hall (hoy David Geffen Hall) de Lincoln Center, el estadouniden-

---

[1] Leopold Stokowski (1882-1977), músico nacido en Londres pero que realizó la mayor parte de su carrera en Estados Unidos, es uno de los más singulares directores de orquesta del Siglo XX. Fue director titular de la Sinfónica de Cincinnati, la Orquesta de Filadelfia, la Sinfónica de la Ciudad de Nueva York, la Sinfónica del Aire, la Sinfónica de Houston y la Sinfónica Americana. Tuvo importante participación con la Sinfónica de la NBC y la Filarmónica de Nueva York y fue director invitado de numerosas orquestas.

[2] Carlos Chávez (1899-1978) fue uno de los principales compositores, directores de orquesta y promotores culturales mexicanos del Siglo XX. Fue muy activo y reconocido en Estados Unidos, amigo de Aaron Copland y en alguna época candidato a director musical de la Orquesta Filarmónica de Nueva York.

se Leonard Bernstein[3], el 9 de febrero de 1963, el 3, 4 y 5 de octubre de ese mismo año y el 30 de junio y 5 de julio de 1966; y el español Enrique García Asensio[4], el 23 de enero de 1967.

La primera vez que la Orquesta Sinfónica de Chicago, otra de las mayores del orbe, tocó *Sensemayá* fue en el programa de los días 18, 19 y 20 de diciembre de 2014 (más de siete décadas después de haber sido compuesta por Revueltas), bajo la dirección del mexicano Carlos Miguel Prieto, si bien el 16, 17 y 18 de diciembre de 2010 se interpretó una versión para ensamble de metales. Décadas atrás, el 24, 25 y 26 de octubre de 1974, el mexicano Eduardo Mata[5] dirigió esa orquesta en la suite de *Redes*. Prieto lo hizo también en 2010 y, en 2013, dirigió a la Sinfónica de Chicago en *La noche de los mayas*, tocada íntegra por ella solo una vez antes, en 1997 con Christopher Wilkins[6], y parcialmente en 2001 bajo la batuta del argentino Daniel Barenboim[7].

•

---

[3] Leonard Bernstein (1918-1990), histórico director de orquesta, pianista y compositor estadounidense, logró una fuerte proyección mediática con sus interpretaciones y composiciones. Fue director titular de la Sinfónica de la Ciudad de Nueva York y especialmente de la Filarmónica de Nueva York. Tuvo además intensa vinculación con la Sinfónica de Boston, la Filarmónica de Viena y la Filarmónica de Israel, además de ser director invitado de multitud de orquestas.

[4] El director español Enrique García Asensio (1937) fue director de la Orquesta de la Radio y Televisión Española. Su ejecución de *Sensemayá* se dio durante la gala de la Quinta Competencia Internacional de Música Dimitri Mitropoulos, en 1967, de la Orquesta Filarmónica de Nueva York.

[5] Eduardo Mata (1942-1995) fue un icónico director de orquesta mexicano. Fue titular de la Orquesta Sinfónica de Guadalajara y de la Filarmónica de la UNAM, en México, y de las orquestas sinfónicas de Phoenix y Dallas en Estados Unidos, además de director invitado de muchas agrupaciones e impulsor de la Orquesta Sinfónica Juvenil Simón Bolívar de Venezuela.

[6] Christopher Wilkins (1957) es director artístico del Teatro de Ópera de las Rocallosas (Colorado) y fue director titular de la Orquesta Sinfónica de San Antonio.

[7] Daniel Barenboim (1942), pianista y director de orquesta originario de Argentina, es director tiular de la Ópera Estatal de Berlín y de la Orquesta Estatal de Berlín y fue titular de la Sinfónica de Chicago, la Orquesta de París y la Scala de Milán. Ha sido solista al piano y director invitado de numerosas orquestas.

La Orquesta Filarmónica de Los Ángeles, por su parte, tocó por primera vez *Sensemayá* el 29 de septiembre de 1991 dirigida por el mexicano Enrique Diemecke[8] y *La noche de los mayas* el 5 de marzo de 1998 por el finlandés Esa-Pekka Salonen.

¿Indican esas fechas y programas, de tres de las mayores instituciones musicales estadounidenses, que el repertorio de Silvestre Revueltas ha sido por años olvidado u omitido a gran escala por las orquestas sinfónicas de Estados Unidos, al menos en los programas de subscripción de temporada regular, y que incluso su obra en general más tocada, *Sensemayá*, ha sido rezagada a una posición comparativamente marginal?

¿Qué dice sobre la apreciación de las obras de Revueltas que la Filarmónica de Nueva York, según sus propios archivos en línea, no haya tocado ninguna en más de 50 años y que la Sinfónica de Chicago interpretara por primera vez *Sensemayá* tan tardíamente como en 2014, tres cuartos de siglo después de su composición, aunque ciertamente haya tocado anteriormente otras obras revueltianas? Una primera respuesta sería que el panorama en esas y otras orquestas históricas, que han omitido, tocado escasamente o apenas empezado a abordar el repertorio revueltiano, sugiere que la música de Revueltas en Estados Unidos se ha encontrado en una condición que muchos consideran de injusto olvido. En parte es así, si bien hay que indicar que esas orquestas no representan toda la actividad sinfónica en sus áreas metropolitanas y que, en Nueva York, Chicago, Los Ángeles, Houston, San Francisco o Washington DC, entre otras ciudades, se han registrado desde hace varios años un mayor interés e interpretaciones más frecuentes del repertorio de Revueltas.

En realidad, en la escena cultural y musical contemporánea de Estados Unidos el músico mexicano Silvestre Revueltas (Santiago Papasquiaro, Durango, 1899 - Ciudad de México, 1940) es una figura de contrastes, claroscuros, sorpresas y grandes oportunidades. Lo es también en México de múltiples

---

[8] Enrique Diemecke (1955), director de orquesta mexicano actualmente titular de la Sinfónica del Instituto Politécnico Nacional de México y de la Filarmónica de Buenos Aires. Fue director musical de la Orquesta Sinfónica Nacional de México y de la Sinfónica de Long Beach (California).

formas, pero este libro se aparta del contexto mexicano para abrevar preferentemente, y de forma ciertamente parcial, en el estadounidense.

Revueltas es quizá el compositor mexicano de música de concierto más conocido y querido en México, y aunque en su país aún queda camino por andar para lograr una mayor difusión y apreciación de su obra, su música se toca y conoce en tierras mexicanas de modo sustancial. En Estados Unidos, en cambio, el conocimiento y la valoración de la obra de Revueltas es menor y distinto, aunque con notables e influyentes casos que han propiciado su interpretación y, poco a poco, su mejor comprensión en la escena estadounidense.

Todo, cabe señalar, en un contexto en el que la música de compositores no europeos, incluso de estadounidenses, no es tocada con la frecuencia y extensión que ameritaría, al menos en los círculos de las grandes orquestas.

Así, cabe preguntarse cómo es presentado Revueltas a las audiencias y los músicos en Estados Unidos. La respuesta es extensa y diversa, con aciertos, inexactitudes o simplificaciones frecuentes, y varía según el contexto del que se trate. Pero, para comenzar y alertando de las limitaciones de esta revisión, cabe señalar, por ejemplo, cómo presenta a Silvestre Revueltas la empresa Peermusic Classical[9], editora de gran parte del repertorio revueltiano[10]:

Ampliamente reconocido como el más inventivo de los compositores mexicanos modernos, Silvestre Revueltas nació justo en la víspera del Siglo XX, el 31 de diciembre de 1899. Tras un entrenamiento inicial como violinista, concentró sus talentos en la dirección de orquesta y la composición. A invitación de Carlos Chávez, se convirtió en director asistente de la Orquesta Sinfónica de México (1929-1935) y enseñó violín y composición en el Conservatorio Nacional de Música en la Ciudad de México, además de

---

[9] En la página de internet www.peermusicclassical.com/composer/11928.

[10] Salvo excepciones, casi todos los textos citados fueron traducidos de los originales en inglés por el autor. Fueron tomadas de sus versiones en español las citas de los apuntes biográficos de Revueltas y de los textos originalmente en español citados en la bibliografía, así como la traducción de una carta dirigida a Carlos Chávez (Estrada, 2009). Las entrevistas en la parte central de este libro fueron traducidas del inglés también por el autor en los casos en que se realizaron originalmente en ese idioma.

conducir su orquesta. En 1937 dirigió varias de sus obras en España en apoyo de la causa republicana durante la Guerra Civil. En octubre de 1940, apenas a los 40 años, el "gran espíritu libre de la música mexicana" sucumbió a una neumonía agravada por su alcoholismo. En su última década, Revueltas fue asombrosamente productivo: escribió casi 40 obras, incluyendo seis para orquesta completa y ocho partituras para cine con una voz persona, madura y vital.

Otro ejemplo son los comentarios sobre Revueltas en programas de mano. En el de un concierto de mayo de 2010 de la Orquesta Sinfónica de Chicago[11] que incluyó la suite de *Redes*, bajo la batuta de Carlos Miguel Prieto, se comenta sobre Revueltas:

Nacido el último día del Siglo XIX, Silvestre Revueltas ayudó a dirigir la música de México a una nueva era. Tuvo una vida breve, difícil y colorida. Él vivió y trabajó en la Ciudad de México; Mobile, Alabama; San Antonio, Texas; y Chicago. Peleó por los republicanos en la Guerra Civil Española [él no combatió, pero sí visitó España en 1937 y apoyó con fervor la causa de la República], periódicamente pasó tiempo en instituciones de salud mental [como comentó su hija Eugenia Revueltas en un artículo de 2011 publicado en la revista mexicana Siempre[12]*, Silvestre fue internado, por ejemplo, en 1939 en un sanatorio a causa de una honda desesperanza por la derrota de la República Española que lo sumió en episodios de alcoholismo severo] y murió de alcoholismo [en realidad de una afección respiratoria complicada por su excesivo consumo de alcohol] a la edad de 40 años. Revueltas no comenzó a componer seriamente sino hasta los últimos 10 años de su vida y su carrera es mayormente una promesa incumplida.*

---

[11] Disponible en internet en cso.org/uploadedFiles/1_Tickets_and_Events/Program _Notes/051310_ProgramNotes_Revueltas_Redes.pdf.

[12] El artículo 'Silvestre Revueltas en la encrucijada' de Eugenia Revueltas se publicó en la revista *Siempre* en octubre de 2011. Está disponible en internet en: www. siempre.mx/2011/10/silvestre-revueltas-en-la-encrucijada/.

Tiene algo de figura trágica, como el héroe alcohólico de Bajo el volcán, la novela mexicana de Malcolm Lowry, quien vivió en Cuernavaca durante los años finales de Revueltas. [...] En cierto modo Revueltas fue un compositor que se hizo a sí mismo. Aunque tuvo entrenamiento en conservatorios de la Ciudad de México y Chicago, él siempre dijo que no aprendió mucho en ellos, pero después "halló mejores maestros en la gente de México y en mi país". Él permaneció indiferente a muchas de las convenciones y formas musicales. El novelista y compositor Paul Bowles ha señalado que Revueltas personificó al verdadero revolucionario para una joven generación de músicos mexicanos porque él "fue directo a aquello que ha de decirse, prestando la menor atención posible a los medios para decirlo"...

Tanto el texto de Peermusic como el del programa citado repiten, en cierta medida, algunas ideas frecuentes sobre Revueltas, pero que han sido en ocasiones criticadas por estereotipantes o equívocas. Por ejemplo, el alcoholismo de Revueltas llegó a ser severo y debilitante, pero ha sido usado en ocasiones, como se quejó su hermana Rosaura, "para disminuir su estatura" (Revueltas, Rosaura, 1979) y ciertamente su obra tiene un espíritu popular y vivo que contrasta con la música académica, pero Silvestre sí tuvo una importante formación musical y si no optó por seguir ciertas formas y modelos en su composición fue por propia decisión, no por ignorancia. También se le ha querido encasillar como un compositor de cuño meramente mexicanista o nacionalista y se ha afirmado que su inspiración era enorme pero su formación y destrezas formales reducidas. Situaciones equívocas que, al ser continuamente eje de los comentarios sobre Revueltas, preservan el velo de incomprensión y mito que aún lo rodea y limitan un mejor entendimiento de su vida y su obra.

En este panorama, la investigación histórica sobre los años en que Silvestre Revueltas vivió en Estados Unidos y la labor de rescate de su obra y su memoria en ese país realizadas tanto por músicos e investigadores estadounidenses o radicados en Estados Unidos como por artistas y estudiosos mexicanos son aportaciones significativas.

Al respecto, Roberto Kolb Neuhaus, director del posgrado en Música de la Universidad Nacional Autónoma de México y gran experto internacional en el repertorio revueltiano, escribió en el programa de mano de un festival dedicado a la obra de Carlos Chávez y Silvestre Revueltas realizado en 2008 en la Biblioteca del Congreso en Washington DC sobre las múltiples facetas del Revueltas compositor y de sus contrastantes actitudes vitales, justo para plantear que no hay una unidimensionalidad ni en su personalidad ni en su obra. El artículo de Kolb, titulado 'Four Voices of Silvestre Revueltas' ('Cuatro voces de Silvestre Revueltas'), abre señalando que:

> Tratar de encontrar rasgos comunes que nos permitan aproximarnos a la obra de Silvestre Revueltas de una forma ordenada es una empresa fútil. Este compositor mexicano pudo experimentar un día con las más avanzadas gramáticas de su tiempo, regresar a escribir un poema sinfónico romántico al siguiente y luego el día después mezclar lo viejo con lo nuevo. En un momento era satírico, al momento siguiente totalmente serio. Él clamó componer para el hombre común de su país, pero su lenguaje fue estridente y complejo. Fue a la vez un firme cosmopolita y un mexicanista sentimental... (Kolb, 2008)

En la actualidad, y de forma creciente desde el centenario del natalicio de Revueltas (1999), su obra se toca en las salas de conciertos y las estaciones de radio estadounidenses con intensidad e interés crecientes y desde hace varios años ha tenido lugar una tarea de redescubrimiento, comprensión y promoción de su obra y su historia de vida emprendida por músicos, académicos y promotores culturales tanto de Estados Unidos como de México.

Para Silvestre Revueltas Estados Unidos fue tierra de aprendizaje y de formación. En Estados Unidos, entre 1917 y 1928 en diversos momentos y con intermitencias, Revueltas vivió, estudió y aprendió, trabajó, se casó y divorció, tuvo una hija, confirmó su talento como ejecutante (al violín), conoció la dinámica de la música en vivo para el cine mudo y puso la semilla de su trayectoria como compositor.

Los ensayos biográficos realizados por los profesores estadounidenses Robert Parker y Lorenzo Frank Candelaria son referencia sustantiva en el conocimiento de la época de juventud de Revueltas en Austin y San Antonio (Texas), en Chicago (Illinois) y en Mobile (Alabama). Al consolidar datos ya conocidos y presentar otros nuevos, han sido aportaciones influyentes.

Parker, de la Universidad de Miami, con sus artículos 'Revueltas in San Antonio and Mobile' y 'Revueltas, The Chicago Years'[13], y Candelaria, de la Universidad de Texas, con su 'Silvestre Revueltas at the Dawn of His 'American Period': St. Edward's College, Austin, Texas (1917-1918)' [14], han contribuido a documentar y esclarecer el paso de Revueltas por Estados Unidos.

Y el artículo 'Silvestre Revueltas in Republican Spain: Music as Political Utterance' de la profesora estadounidense Carol A. Hess[15], de la Universidad de California en Davis, aborda el breve pero contundente viaje que Revueltas hizo a la España republicana en 1937, en medio de la Guerra Civil.

De la misma forma, el trabajo de investigadores como Kolb y Eduardo Contreras Soto (investigador del CENIDIM-INBA), por ejemplo, han sido sustantivos y son fuentes que han de considerarse en Estados Unidos, sobre todo para mostrar que la música de Revueltas no se circunscribe al nacionalismo o al folclorismo, campos en los que muchos aún lo constriñen, sino que su obra es mucho más diversa, compleja y poliestilística, con un fuerte sentido de lo popular pero sin caer en un populismo simplista, con un filoso contenido crítico, a veces mordaz, y un incisivo sentido político.

Kolb, además, ha participado directamente o ha tenido relación con muchos de los conciertos y de las grabaciones de la obra de Revueltas realizados en Estados Unidos en las últimas dos décadas.

---

[13] Sobre Revueltas en San Antonio y Mobile: Parker, Robert. 2002. 'Revueltas in San Antonio and Mobile'. *Revista de Música Latinoamericana*, Vol. 23 No. 1 Primavera-Verano de 2002, pp. 114-130. Universidad de Texas, Austin, Texas, Estados Unidos. Sobre Revueltas en Chicago: Parker, Robert. 2004. 'Revueltas, The Chicago Years'. *Revista de Música Latinoamericana*, Vol. 25 No. 2 Otoño-Invierno de 2004, pp.180-194. Universidad de Texas, Austin, Texas, Estados Unidos.

[14] Sobre Revueltas en Austin: Candelaria, Lorenzo. 2004. 'Silvestre Revueltas at the Dawn of His 'American Period': St. Edward's College, Austin, Texas (1917-1918)'. *American Music* Vol. 22 No. 4, Invierno 2004, pp. 502-532. Universidad de Illinois, Estados Unidos.

[15] Sobre Revueltas en España: Hess, Carol A. 1997. 'Silvestre Revueltas in Republican Spain: Music as Political Utterance'. *Revista de Música Latinoamericana* Vol. 18 No.2, Otoño-Invierno, 1977, pp.278-296. Universidad de Texas, Austin, Texas, Estados Unidos.

En el lado estadounidense, por citar a dos figuras cuyas entrevistas aparecen en este libro, Peter Garland (compositor y autor de un ensayo pionero titulado *In Search of Silvestre Revueltas*) y Joseph Horowitz (historiador y promotor de la música estadounidense, autor del libro *Classical Music in America: a History*, director ejecutivo del PostClassical Ensemble y del consorcio de orquestas Music Unwound) han contribuido a presentar la obra de Revueltas a estudiosos y al público estadounidense, y Horowitz en específico la ha llevado, en colaboración con diversos directores y orquestas, a importantes audiencias en Estados Unidos. Compositores y académicos como Ricardo Zohn-Muldoon y Carlos Sánchez Gutiérrez también ha hecho aportaciones destacadas.

Horowitz afirma que "el tiempo de Revueltas ha llegado", lo que implica no solo tocar su obra con más frecuencia y variedad sino también comenzar a comprender mejor su vida, su pensamiento y su producción artística.

Décadas atrás, directores históricos dirigieron en Estados Unidos obras de Silvestre Revueltas, entre ellos el Fritz Reiner[16], Leopold Stokowski y Leonard Bernstein.

Stokowski y Bernstein además tocaron y grabaron *Sensemayá*, en diferentes momentos, entre las décadas de 1940 y 1960.

El austriaco Erich Kleiber[17] y el alemán Paul Hindemith[18] se interesaron en la obra de Revueltas y arreglaron algunas de sus composiciones para el cine:

---

[16] El húngaro Fritz Reiner (1888-1963) fue director de orquestas en Budapest y Dresden y en Estados Unidos fue titular de las orquestas sinfónicas de Cincinnati, Pittsburgh y Chicago. Dirigió, además, numerosas otras orquestas estadounidenses.

[17] El compositor y director de orquesta Erich Kleiber (1890-1956) nació en Austria y residió por muchos años en Argentina, donde fue director musical del Teatro Colón. Encabezó la Ópera Estatal de Berlín y, tras dejar Europa, dirigió numerosas orquestas en Estados Unidos y América Latina.

[18] Paul Hindemith (1895-1963) es uno de los compositores más importantes del Siglo XX. Nacido en Alemania, donde realizó una intensa carrera como compositor y director de música contemporánea, emigró a Estados Unidos, donde enseñó en la Universidad Yale y otras instituciones. Arregló una temprana pero aún poco conocida suite de *La noche de los mayas* de Revueltas.

una muy tocada suite de *Redes* (Kleiber, en 1943) y una poco conocida y apenas recientemente grabada suite de *La noche de los mayas* (Hindemith[19]).

Otra suite de esta obra, armada por el director de orquesta mexicano José Yves Limantour[20], fue elaborada y presentada en México a finales de la década de 1950 y principios de la de 1960 y ha sido mucho más tocada y grabada que la de Hindemith. Se trata de una de las obras más populares y ejecutadas, aunque poco representativa, del repertorio revueltiano.

Kleiber también produjo otro arreglo, que tituló *Paisajes*, con la partitura de *Música para charlar* que Revueltas al parecer compuso para un documental titulado *Ferrocarriles de Baja California*.

Carlos Chávez dirigió obras de Revueltas en Estados Unidos y también, para citar algunos ejemplos adicionales, el estadounidense Izler Solomon[21] y el catalán Carlos Surinach[22], en la década de 1950, quienes incluso grabaron *Ocho por radio* (Solomon) y *Homenaje a Federico García Lorca, Planos, Toccata sin fuga, Tres sonetos* y *Dos pequeñas piezas serias* (Surinach).

---

[19] Eduardo Contreras Soto señala que "aunque no se ha podido demostrar documentalmente, la atribución [a Hindemith] no es descabellada". (Contreras Soto, 2012).

[20] José Yves Limantour (1919-1976) fue un director y compositor mexicano que estuvo al frente, entre otras orquestas, de la Sinfónica de Xalapa (México) y la Sinfónica de Bilbao (España). Fue un entusiasta de la obra de Silvestre Revueltas y tuvo una participación directa en la elaboración y presentación, a principios de la década de 1960, de una suite muy tocada y grabada de *La noche de los mayas*, y de una reconstrucción de la partitura del ballet *La coronela*.

[21] Izler Solomon (1910-1987) fue un director de orquesta estadounidense, titular de la Filarmónica de Columbus y la Sinfónica de Indianápolis. En 1955 lanzó un disco con la Orquesta de Cámara de la MGM en el que dirigió *Ocho por radio*, además de obras de Carlos Chávez, Carlos Surinach y Heitor Villa-Lobos: *Spanish and Latin-American Music for Unusual Instrumental Combinations*. The MGM Chamber Orchestra / Izler Solomon. MGM Records. E-3155 (1955).

[22] Carlos Surinach (1915-1997), compositor y director de orquesta nacido en Barcelona, emigró en la década de 1950 a Estados Unidos, donde compuso música para ballet y otras obras. Hacia 1956, Surinach lanzó un disco con varias obras de Revueltas: Silvestre Revueltas. *The music of Silvestre Revueltas*. The MGM Chamber Orchestra / Carlos Surinach, MGM Records, E3496 (1956).

Kolb menciona en su catálogo de la obra de Revueltas la grabación (en cassette o cinta) que en 1961 Richard Korn[23] realizó de *Colorines* (tocada en Estados Unidos por primera vez en 1932) al frente de la Orquesta de América. Otro caso es el de Efrem Kurtz[24], quien hacia 1955 lanzó un disco que incluyó *Janitzio* con la Orquesta Sinfónica de Columbia.

En 1967, el estadounidense Robert Whitney[25] grabó *Ventanas* y en 1969 el mexicano Jorge Mester grabó *Redes*, ambos con la Orquesta de Louisville[26].

También hacia 1967 la Orquesta de Cámara Juvenil de la Sinfónica de Oakland, dirigida por Robert Hughes, grabó un disco[27] con obras de Virgil Thompson, Ned Rorem, Maurice Ravel y Franz Joseph Haydn y el primer movimiento 'Baile' de *Homenaje a Federico García Lorca* de Revueltas.

Y en las décadas de 1970 a 1990, el director mexicano Eduardo Mata fue un impulsor de gran calado del repertorio de Revueltas en Estados Unidos, tanto con las orquestas de las que fue director titular (en Phoenix y en Dallas)

---

[23] Richard Kayne Korn, fallecido en 1981, fundó en 1959 la Orquesta de América. De acuerdo a *The New York Times*, se le consideró una de las primeras orquestas estadounidenses diseñadas para impulsar la participación de músicos de grupos minoritarios.

[24] Efrem Kurtz (1900-1995), director de orquesta ruso nacionalizado estadounidense, fue director musical de la Orquesta Filarmónica de Stuttgart, Alemania, y luego en Estados Unidos fue director musical de la Orquesta Filarmónica de Kansas City y de la Orquesta Sinfónica de Houston. Después, lo fue de la Real Orquesta Filarmónica de Liverpool, en Inglaterra. Su disco con *Janitzio: From the Bay of Naples*. Columbia Symphony Orchestra / Efrem Kurtz. Columbia Records, CL 772 (1955). Además de *Janitzio* de Revueltas, ese disco incluye obras de Renzo Rossellini, Isaac Albéniz, Enrique Granados, Ernesto Lecuona y José White.

[25] Robert Whitney (1904-1986), compositor y director de orquesta estadounidense, fue fundador y titular de la Orquesta de Louisville, en Kentucky.

[26] El de Whitney: Ross Lee Finney, Silvestre Revueltas y Lothar Klein. *Sinfonía #3* (Finney), *Ventanas* (Revueltas) y *Musique à go-go* (Klein). The Louisville Orchestra / Robert Whitney. Louisville Orchestra First Edition Records, LS-672 (1967). El de Mester: Silvestre Revueltas. *Redes*. The Louisville Orchestra / Jorge Mester. Louisville Orchestra First Edition Records, LOU-sopr-696 (1969).

[27] Rorem, Haydn, Ravel, Revueltas y Thompson. Youth Chamber Orchestra of the Oakland Symphony / Robert Hughes. Century Records, California, 27945 (ca. 1967).

como en sus numerosas apariciones como invitado de otras agrupaciones (con la Sinfónica de Dallas tocó, por ejemplo, *Redes* en marzo de 1979 y *Sensemayá* en enero de 1981, de acuerdo al archivo de esa orquesta). Aunque no necesariamente con orquestas estadounidenses, las grabaciones de obras de Revueltas realizadas por Mata han tenido fuerte resonancia en Estados Unidos.

En una entrevista que Mata dio el 4 de enero de 1991[28] a Bruce Duffie, notable comentarista de música clásica de la radio de Chicago, le dijo:

> *Yo no fuerzo música mexicana a audiencias o promotores, pero creo muy fuerte particularmente en dos compositores: Carlos Chávez y Silvestre Revueltas [...] y dondequiera que hay simpatía, simpatía a priori por esta música, trato de tocarla [...] En Estados Unidos es con frecuencia un asunto de modas. En cierto punto Revueltas estaba muy de moda. En cierto punto Chávez fue tan importante en este país como Copland o Roger Sessions o Henry Cowell; luego eso se mitigó. Yo siento que puede haber un renacimiento del interés en este tipo de música, no solo acerca de Chávez y Revueltas sino de compositores de América Latina en general: Ginastera, Villa-Lobos, Cordero, Orbón, etcétera.*

Pero la obra de Revueltas fue interpretada en Estados Unidos antes de las ejecuciones citadas, que se dieron después de su muerte. Por ejemplo, es posible que *El afilador* y *Batik*, obras tempranas que Revueltas compuso o terminó en San Antonio, Texas, a mediados de la década de 1920 fueran tocadas con la participación del propio compositor en esa misma época y ciudad.

El Cuarteto de Cuerdas No. 2, titulado *Magueyes*, de Revueltas fue presentado con el auspicio de Aaron Copland[29] en el Primer Festival de Yaddo, en Nueva York, un encuentro de dos días, el 30 de abril y 1 de mayo de 1932, en el que se presentó música de varios compositores americanos contemporáne-

---

[28] La entrevista completa de Duffie a Mata está disponible en internet en www.bruce duffie.com /mata.html.

[29] Aaron Copland (1900-1990), muy influyente compositor y director estadounidense, uno de los principales impulsores y protagonistas en la búsqueda y construcción de un "sonido americano", de una identidad estadounidense para la música de concierto.

os, entre ellos el propio Copland (él tocó sus *Variaciones para piano*), Charles Ives (canciones), Walter Piston, Henry Brant, Wallingford Riegger y los mexicanos Carlos Chávez (*Dos piezas para piano*) y Silvestre Revueltas (Cuarteto de cuerdas No.2 *Magueyes*).

El Cuarteto *Magueyes* de Revueltas, según se puede concluir de la correspondencia de Copland, fue tocado por un cuarteto de músicos dirigido por el violinista alemán-americano Hans Lange[30], quien a finales de la década de 1920 y principios de la de 1930 fue asistente de Arturo Toscanini[31] cuando el director italiano estuvo al frente de la Orquesta Filarmónica de Nueva York. Lange fue después director con la Orquesta Sinfónica de Chicago (de 1936 a 1946) e impulsor de la que fue la Orquesta Sinfónica de Nuevo México.

Cabe señalar que un disco temprano con canciones de Revueltas, que incluyó también algunas canciones de Charles Ives[32], fue lanzado en Estados Unidos en 1957.

Tras la interpretación del Cuarteto *Magueyes* de Revueltas en el Primer Festival de Yaddo, Copland escribió en una carta a Carlos Chávez:

> *El [cuarteto de] Revueltas fue muy divertido. Parece un pequeño drama mexicano y puedo fácilmente imaginarlo siendo bailado. Para mi gran sorpresa el Cuarteto Lange fue muy entusiasta sobre él y lo tocará de nuevo la próxima temporada… Por otro lado, algunos de los músicos-espectadores*

---

[30] Hans Lange (1884-1960), violinista y director de orquesta alemán-estadounidense.

[31] Arturo Toscanini (1867-1957), icónico director de orquesta italiano, director en varias ocasiones de La Scala de Milán y que fue una figura dominante en la escena estadounidense durante varias décadas, tanto al frente de la Metropolitan Opera como de la Orquesta Filarmónica de Nueva York y la Sinfónica de la NBC, especialmente creada para que él realizara conciertos para ser emitidos radiofónicamente a escala nacional en Estados Unidos.

[32] Charles Ives (1874-1954), compositor estadounidense de gran calado pero cuyas composiciones permanecieron en varios casos ignoradas por muchos años, aunque figuras como Aaron Copland, Henry Cowell, Nicolas Slonimsky, Lou Harrison, Leonard Bernstein y Leopold Stokowski, entre otros, impulsaron en diferentes momentos su obra. El disco con canciones de Revueltas e Ives: Revueltas e Ives. *Songs*. Jacqueline Greissle (soprano), Josep Wolman (piano). SPA Records, New York (1957).

se confundieron porque la forma de las dos primeras partes parecía como rota, pero no lo estaba. Felicita [a Revueltas] de mi parte. (Copland, 2006)

Con todo, años después, en 1990, el descubrimiento y la valoración de ese y otros cuartetos de Revueltas en Estados Unidos parecía una labor aún pendiente o en desarrollo. Por ejemplo, el 8 de abril de 1990 John von Rhein, crítico de música del periódico *Chicago Tribune* desde 1977, al escribir sobre grabaciones del Cuarteto Latinoamericano de los cuartetos No. 2 (*Magueyes*) y No. 4 (*Música de feria*), dijo que, a juzgar por esas obras revueltianas ("menos conocidas" y "más fascinantes" que el Cuarteto No. 1 de Alberto Ginastera y el No. 17 de Heitor Villa-Lobos también incluidos en esa grabación), Revueltas es el Bartok mexicano, "absorbiendo influencias folclóricas dentro de texturas melódicamente filosas y contrapuntísticamente cargadas...".

Poco después de celebrado el Primer Festival de Yaddo, *Colorines*, obra orquestal de Revueltas, fue presentada en Nueva York el 4 de noviembre de 1932 por Nicolas Slonimsky[33], quien la dirigió al frente de la Orquesta de Cámara Panamericana de la Asociación Panamericana de Compositores en el auditorio de la Nueva Escuela de Investigaciones Sociales. Junto a *Colorines*, en ese programa se presentó *Polyphonica* de Henry Cowell, Choros No. 7 de Heitor Villa-Lobos, *Washington's Birthday* de Charles Ives, la cantata *Those Everlasting Blues* de Jerome Moross, la Primera Suite Cubana de Alejandro García Caturla y *Dichotomy* de Wallingford Riegger.

La película *Redes*, para la que Revueltas compuso, entre 1934 y 1935, una banda sonora que es tan poderosa e imbricada con los elementos visuales que, en cierto modo, podría decirse que en ciertas partes las imágenes fueron editadas siguiendo la música y no al revés (lo usual), fue proyectada en Nueva York en 1937 en el Teatro Filmarte, conocido en diversas épocas como Teatro Golden, Teatro Cort y Teatro Elysee, ubicado en 2020 W. 58th St., a unos

---

[33] Nicolas Slonimsky (1894-1995), compositor, director de orquesta y autor ruso-americano. Sus escritos sobre música y compositores han sido muy influyentes.

pasos de Carnegie Hall, hasta su demolición en 1985 tras haber sido también utilizado como estudio de la televisora ABC.

Al respecto de esa exhibición de *Redes*, Copland escribió un artículo que fue publicado en *The New York Times* el 9 de mayo de 1937. Copland explica a los lectores neoyorquinos que en México existe un movimiento musical de importancia, comparable a la pintura de Diego Rivera y José Clemente Orozco, protagonizado por Chávez y Revueltas. El primero, dijo Copland, era ya conocido de los melómanos neoyorquinos por sus apariciones al frente de la Orquesta Filarmónica de Nueva York. El segundo, añadió, merece ser igualmente reconocido:

> *Revueltas es el tipo de compositor inspirado en el sentido en que Schubert fue un compositor inspirado... Su música es un brotar espontáneo, una fuerte expresión de sus emociones interiores. No hay nada premeditado o no espontáneo en él... Su música es sobre todo vibrante y colorida... Es característico de Revueltas que no escribe sinfonías o sonatas tanto como vívidos cuadros sinfónicos. Sus obras se titulan* Esquinas *[Copland la tradujo como* Street Corners*],* Ventanas *[Windows],* Magueyes *[Maguey Plants],* Caminos *[Roads], títulos sugestivos que dejan mucho a la imaginación del escucha. Uno de sus más recientes trabajos orquestales, que fue grabado de modo privado en México[34], se llama* El renacuajo paseador *[The Frog Going Places]. (The New York Times, 9 de mayo de 1937).*

Copland añadió que Revueltas toma "tonos simples" de melodías folclóricas mexicanas y los "usa con toda la elaborada parafernalia disponible para el compositor que está exhaustivamente consciente del movimiento moderno en la música":

---

[34] De acuerdo a la correspondencia de Aaron Copland, una copia de esa grabación de *El renacuajo paseador* de Silvestre Revueltas le fue enviada por correo desde México a Estados Unidos, pero el material le llegó roto y Copland le pidió a Carlos Chávez si era posible que le enviaran otro.

Jesús Del Toro

Revueltas es un alma progresiva en todos los sentidos de la palabra. Una primera audición de su música casi con certeza traerá a la mente la imagen de Stravinsky o Bela Bartok, pero un conocimiento más íntimo de la partitura hace más evidente la personalidad especial del compositor. Hablando en sentido amplio, debo decir que la música de Revueltas ha sido apreciada más rápidamente en México que la de Chávez. Esto podría deberse a que su contenido es menos intelectual y puede ser más fácilmente entendido. La música de Chávez tiene fuerza, severidad y carece de colorido exterior. La música de Revueltas, en comparación, se deriva del lado más usual de la vida diaria mexicana. Es con frecuencia muy picante, como la comida mexicana misma... La partitura que Revueltas escribió para The Wave, *la película mexicana* Redes, *hoy en el Filmarte, fue compuesta en 1935 y tiene muchas de las cualidades características del arte de Revueltas. La necesidad de acompañamientos musicales de compositores serios se está volviendo evidente incluso para Hollywood. El gobierno mexicano, al escoger a Revueltas para proveer música para* The Wave *[el título con el que fue distribuida* Redes *en Estados Unidos], es como la URSS pidiendo a Shostakovich el sonido para sus mejores películas...* (The New York Times, 9 de mayo de 1937)

Algunas de las apreciaciones de Copland, como las que aluden a lo no premeditado de la música de Revueltas, su espontaneidad simple, su vínculo con Stravinsky o Bartok, su honda raíz en lo popular, en el mexicano de la calle, son temas debatidos desde la década de 1930 y lo siguen siendo hasta hoy (como en estas mismas páginas), aunque no necesariamente se comparta la forma como Copland entiende cada una de esas cuestiones.

Por otro lado, al parecer Copland creyó que ese artículo causó sorpresa en Chávez, pues al poco le dio explicaciones al respecto en una carta:

Supongo que te preguntarás cómo es que llegué a escribir esa pieza para The New York Times *sobre Silvestre [Revueltas]. De hecho, no tenía idea de que el* Times *fuera a usarla. La secretaria de publicidad del Teatro Filmarte, donde se exhibe* Redes, *me llamó y me pidió si podía darle algún material publicitario sobre* Redes *para atraer clientes al espectáculo. Lo hice muy de prisa y me sorprendió mucho cuando ella me llamó para decirme que lo vendió al* Times. *Al parecer todo lo que sea sobre México es de interés actualmente.* (Copland, 2006).

Es curioso que Copland le haya explicado las cosas a Chávez con el argumento de que el texto fue escrito con premura, dado que ciertas afirmaciones como que la música de Revueltas es más apreciada que la de Chávez en México o que la elección de Revueltas por el gobierno mexicano para componer la música de *Redes* (asignación que originalmente iba a ser de Chávez) fue como si la URSS hubiese elegido a Dimitri Shostakovich posiblemente habrían sido punzantes para Chávez tanto por lo dicho en sí como por haber provenido de un artículo de Copland en uno de los mayores periódicos estadounidenses.

El musicólogo estadounidense Howard Pollack, en cambio, consideró en su texto 'Más que buenos vecinos: la amistad de Aaron Copland con Carlos Chávez y Silvestre Revueltas' (en Bitrán y Miranda, 2002) que en ese artículo de Copland sobre *Redes* y en sus comparaciones entre la música de Revueltas y Chávez, el compositor estadounidense abordó la controversia "Revueltas versus Chávez, de una manera característicamente imparcial".

Pollack añadió que "en sus conferencias Norton de 1952, Copland se fijó exclusivamente en las virtudes de Revueltas y evitó cuidadosamente tomar partido en toda la controversia...". Pollack citó entonces a Copland, quien dijo que "Revueltas era un hombre del pueblo, con un oído maravillosamente agudo para los sonidos de la música popular. [...] Las piezas que nos dejó rebosan de abundancia y vitalidad –una abundancia y una vitalidad mexicanas– que hacen un placer escucharlas".

Con todo, Copland tuvo también expresiones de desdén o minimización respecto a Revueltas. En su libro *Our New Music* (publicado en 1941, el año siguiente a la muerte de Revueltas), Copland consideró a Revueltas un compositor "muy talentoso" pero "del tipo de compositor espontáneamente inspirado, cuya música era colorida, pintoresca y jovial. Desafortunadamente, él nunca fue capaz de apartarse de un cierto diletantismo que hace que lo mejor de su trabajo padezca de una hechura incompleta...".

Al respecto, Pollack también señaló que "la valoración de Revueltas por Copland –el compositor vibrante y accesible que capturó los sonidos populares y la imaginación de su país, pero cuya obra estaba estropeada por ciertas fallas técnicas– se parece a su evaluación de Gershwin", aunque, de acuerdo a Pollack, consideraba que Revueltas, posiblemente a diferencia de Gershwin, estaba "perfectamente al tanto del movimiento moderno en la música".

Recientemente, Joseph Horowitz escribió al respecto en su blog *Unanswered Question*[35] en ArtsJournal.com al presentar el podcast 'The Great Composer You've Never Heard Of' ('El gran compositor del que usted nunca ha escuchado'), que se transmitió en WWFM Classical Network. En ese programa, Horowitz, Ángel Gil Ordóñez, lúcido director español radicado en Estados Unidos que ha dedicado mucho de su creatividad y trabajo a la obra de Revueltas y al repertorio iberoamericano, y el destacado compositor y conductor radiofónico Bill McGlaughlin abordaron *Redes* y otras obras de Revueltas.

Horowitz afirmó directamente que "Chávez, un compositor menos importante pero con más influencia institucional, reprimió la música de Revueltas" e hizo también comparaciones con George Gershwin[36], a quien describe como "un compositor de genio que se hizo a sí mismo y que abreva de lo vernáculo sin apologías ni incomodidad".

Horowitz señaló que Gershwin fue "encasillado como un intruso diletante, y también lo fue Revueltas". Entre los "influyentes detractores" de Gershwin figuró Copland y tanto él como Chávez hicieron lo propio contra Revueltas, afirmó Horowitz, quien añade que "Chávez optó por tratar con condescendencia a Revueltas como un discípulo caído. Si Copland principalmente omitió a Gershwin, él apreció crecientemente los ingredientes de incipiente grandeza. Chávez, en comparación, excluyó activamente a Revueltas de muchos de los programas [de música mexicana] que él influyentemente curó en México y Estados Unidos".

Copland, por ejemplo, comparó en una ocasión las obras de Revueltas con el cuadro de un pintor moderno lleno de manchas que "deslumbran, pero no aportan más sentido", como comentó en su artículo Pollack.

---

[35] *Unanswered Question* de Joseph Horowitz se publica en: www.artsjournal. com/uq.
[36] George Gershwin (1898-1937), compositor estadounidense célebre por la poderosa inclusión de elementos del jazz en sus composiciones (*Rapsodia en azul*, Concierto para piano en fa, *Un americano en París* y *Porgy and Bess*, por solo citar algunas).

En principio, tal afirmación sería equívoca, pues la música de Revueltas está poderosamente cargada de sentido y puede argumentarse que, en todo caso, la influencia y relevancia logradas por el expresionismo abstracto en la historia de la pintura reducen ciertamente la pertinencia de la comparación de Copland y cuestionan la comprensión que en su momento él tenía de la pintura contemporánea y de la obra revueltiana. Pero su valoración fue esa y está en el contexto del citado desdén.

Un desdén que tuvo también que ver con interpretaciones y prejuicios con base en modas y estéticas del modernismo musical, del que Copland fue ariete, pero que Horowitz, por ejemplo, considera hoy en la obsolescencia. Su vigencia décadas atrás catalizó en Estados Unidos la minusvaloración de Gershwin y de Revueltas y su desvanecimiento presente, afirma Horowitz, ha propiciado una mejor y mayor apreciación de la obra de esos dos compositores, ya no a la sombra sino frente a frente con Copland y Chávez.

Horowitz también citó la conferencia de 1971 en el Colegio Nacional de México en la que Chávez afirmó que todas las composiciones de Revueltas eran repetitivas, similares en procedimiento y expresión y con un estilo que no evolucionó. Sobre ello, Horowitz aludió en su blog a la respuesta a tal apreciación de Chávez hecha por Kolb, quien halló en ella varios prejuicios, como la noción de que la composición madura debe incorporar elementos como el desarrollo y la organicidad que, él indicó, Revueltas rechazaba. "Revueltas tiende a basar sus composiciones en el principio de *montage* y *collage*, dialéctica o simbólicamente", dice Kolb, quien alude también el aspecto político en la música de Revueltas. Algo que Chávez no considera pues "él sólo evalúa la música de Revueltas desde el punto de vista formal", indicó Kolb.

Julio Estrada, en su artículo 'Carlos Chávez: -¿Quiénes son los otros?', publicado en 2009 en la revista *Perspectiva Interdisciplinaria de Música*, aborda la citada conferencia de Chávez de 1971 y otras de sus descalificaciones contra Revueltas. Estrada tradujo y publicó allí la carta, que él indica estaba hasta entonces inédita, que el musicólogo estadounidense Herbert Weinstock le envió a Chávez en noviembre de 1940, en la que el primero le reprocha al segundo su actitud hacia Revueltas, tanto en general como en específico por lo que Chávez escribió en una carta a Goddard Lieberson, crítico y promotor de la música del Siglo XX en Estados Unidos quien se quejó de que Chávez no presentó en sus recientes conciertos en Estados Unidos composiciones de Revueltas, y al compositor y crítico musical Virgil Thompson[37].

Algunos pasajes de esa misiva ilustran que ya desde entonces se percibía en Estados Unidos una animadversión de Chávez contra Revueltas, lo que Weinstock califica de una "suerte de actitud antimusical":

> …he deseado a menudo que tengas el gesto de tocar su música [de Revueltas] –tanto en México como en Estados Unidos– a pesar de existir cualquier dificultad personal. Me he encontrado, una y otra vez, en la posición de tener que defenderte en contra de los cargos de estar celoso de Revueltas, o de deliberadamente tratar de disminuir su reputación ignorándolo. He tenido, aunque con sentimiento creciente de incomodidad, que defenderte cuando […] desde tu rompimiento con Revueltas has dejado de programar sus composiciones… Si no tienes gran estima por las composiciones de Revueltas, y lo dices simplemente, estaría bien. Pero el evitar el tema completamente es dar en consecuencia la impresión, no importa cuánto lo niegues, de que el no tocar su obra se debió a disputas personales o a desacuerdos, una suerte de actitud antimusical que no puedo relacionar contigo. Si, por otra parte, piensas bien del compositor Revueltas, deberías decirlo y explicar con sencillez por qué, a pesar de pensar así, dejaste de tocarlo […] Si Stravinsky dirige composiciones de Prokofiev nosotros no sentimos que está "haciendo propaganda para la música rusa" sino que se está excediendo en un gesto a favor de un compatriota con quien fundamentalmente no está de acuerdo, e incidentalmente está procurándonos una útil interpretación, algo que en particular es importante dar… Lo que ciertamente deseo es que entiendas con claridad que el punto de vista de mucha gente aquí [Estados Unidos] es que la música moderna mexicana reside en Chávez y en Revueltas, y que a Chávez le ha más bien faltado […] hacer justicia a su compatriota más importante… Pienso que varias de sus piezas serían recibidas aquí con asombro y aceptación… (Estrada, 2009)

---

[37] Virgil Thompson (1896-1989) fue una de las plumas más punzantes e influyentes en la escena musical estadounidense. Junto con Aaron Copland, buscó componer y promover una "música clásica americana".

Con todo, Chávez, figura sustantiva en la música y la cultura mexicanas durante gran parte del Siglo XX, dirigió en 1959 *Sensemayá* con la Filarmónica de Nueva York y presentó en otros contextos obras revueltianas, si bien, como reiteró Estrada, la "tribulación recóndita de Chávez respecto a la presencia de Revueltas –viva o fantasmal–" le duró toda la vida e incluso se prolongó hasta fines del Siglo XX "a través de su herencia política en el medio musical" de México. (Estrada, 2009). Y Horowitz –quien en su blog alude a Chávez como supresor de la música de Revueltas– concluyó que "la reputación de Revueltas se encuentra recientemente al alza y su música será recordada por mucho más tiempo que la de Chávez".

La controversia 'Revueltas versus Chávez' es dilatada, se ha abordado intensamente en México y, también, en la escena estadounidense, donde no necesariamente se conocen sus dimes y diretes y sus repercusiones como en México, pero donde también se comenta y analiza. El blog y el podcast de Horowitz (y el resto de sus escritos y eventos en torno de Revueltas) son, en ese sentido, singulares porque, además de su contenido en sí, están dirigidos a una audiencia estadounidense que no solo conoce poco de tal controversia sino, más importante, tiene limitado conocimiento de la obra de Revueltas.

El fenómeno 'Revueltas versus Chávez', así, ha funcionado también como un forma de promoción de la obra revueltiana en Estados Unidos, ya sea en ejercicios como el citado de Horowitz o en festivales en los que se interpretaron en conjunto obras de ambos compositores, como el ya mencionado que la Biblioteca del Congreso, en colaboración con otras instituciones y personalidades[38], realizó del 11 al 16 de marzo de 2008 en Washington DC.

Y el factor Copland ha sido igualmente usado como vía de acceso para las audiencias estadounidenses a la obra de Revueltas, lo que tiene su ironía a

---

[38] Entre ellas la Galería Nacional de Arte de Estados Unidos, la Embajada de México y el Instituto Cultural Mexicano en Washington DC (entonces dirigido por Juan García de Oteyza) y el Consejo Nacional para la Cultura y las Artes de México. En ese festival participaron agrupaciones musicales como el Cuarteto Latinoamericano, la Camerata Interamericana dirigida por Mariano Vales, el PostClassical Ensemble de Ángel Gil Ordóñez y Joseph Horowitz y estudiosos de Carlos Chávez y Silvestre Revueltas como Leonora Saavedra y Roberto Kolb, entre otros.

juzgar por lo anterior, como ha sucedido en años recientes con los conciertos que el proyecto 'Copland and Mexico' del consorcio Music Unwound, dirigido por Horowitz, ha realizado con numerosas orquestas estadounidenses.

Pero la apreciación de la obra revueltiana en Estados Unidos se remonta, por lo que se ha referido, al menos a principios de la década de 1930, incluso a finales de la de 1920 (cuando Edgard Varèse se interesó, vía Chávez, en Revueltas). Y después de su muerte comenzó también en la escena estadounidense un importante trabajo de interpretación, valoración y descubrimiento o redescubrimiento que, con vaivenes e intermitencias, ha continuado hasta hoy con vitalidad creciente.

Tras el fallecimiento de Revueltas, el 5 de octubre de 1940 en la Ciudad de México, comenzaron a darse interpretaciones y recuperaciones de su obra, en buena medida por el impulso de su hermana, la actriz Rosaura Revueltas y por el interés que importantes directores tuvieron en algunas obras revueltianas.

Por ejemplo, Fritz Reiner hizo la premiere estadounidense de *Janitzio* con la Orquesta Sinfónica de Pittsburgh el 30 de enero y 1 de febrero de 1942[39] y la tocó de nuevo con la Orquesta Sinfónica de la NBC[40], en un concierto transmitido por radio a escala nacional el 3 de marzo de 1942. El 18 y 20 de octubre de 1946[41] la interpretó otra vez en la apertura de la temporada de la Sinfónica de Pittsburgh.

Esos conciertos de *Janitzio* se realizaron a partir de un manuscrito (Morgan, 2005), pues la partitura no fue publicada sino hasta 1966, y pudieron haber incluido uno más: estaba previsto que Reiner dirigiera *Janitzio* además de obras de Berlioz, Brahms, Riegger y Rossini con la Orquesta Filarmónica de

---

[39] Fritz Reiner interpretó en ese programa de la Orquesta Sinfónica de Pittsburgh, el 30 de enero y 1 de febrero de 1942, la premiere estadounidense de *Janitzio*, de Silvestre Revueltas, junto con obras de Paul Hindemith, Ralph Vaughan Williams, Wolfgang Amadeus Mozart, Wallingford Riegger, Maurice Ravel y Héctor Berlioz.

[40] El 3 de marzo de 1942, Fritz Reiner dirigió a la Orquesta Sinfónica de la NBC en un programa en el que junto a *Janitzio* de Silvestre Revueltas se tocaron obras de Ludwig van Beethoven, Wallingford Riegger y Héctor Berlioz.

[41] En esa ocasión, la Sinfónica de Pittsburgh dirigida por Fritz Reiner tocó junto a *Janitzio* de Revueltas, el 18 y 20 de octubre de 1946, obras de Johann Sebastian Bach, Johannes Brahms, Claude Debussy y Maurice Ravel.

Nueva York (denominada en ese momento New York Philharmonic-Symphony Orchestra) en el concierto de verano del 1 de julio de 1942 en el Estadio Lewisohn. Pero esa función se canceló debido a la lluvia.

Leopold Stokowski, con su orquesta personal, realizó en 1947 la primera grabación comercial de una obra de Revueltas[42]: *Sensemayá*. Antes, como se ha comentado, el 26 y 27 de febrero de 1945 la dirigió con la Orquesta Sinfónica de Nueva York[43] y la interpretó de nuevo el 13 de noviembre de 1949 con la Orquesta Filarmónica de Nueva York[44] (la primera vez que esa orquesta la tocaba). Años después, Stokowski programó *Janitzio*, con la Orquesta Sinfónica de Houston el 24 y 25 de marzo de 1958 y luego *Sensemayá*, con la Orquesta de Filadelfia, el 17 de diciembre de 1962[45].

Rosaura Revueltas también relató en su libro *Los Revueltas* que para preservar la obra de su hermano primero sacó copias fotostáticas de sus manuscritos y los envió a resguardo a la Biblioteca de Filadelfia, y luego procedió a contactar a editores estadounidenses para propiciar la publicación de las partituras de Silvestre (al parecer no confiaba que esa labor pudiera ser realizada enton-

---

[42] Silvestre Revueltas. *Sensemayá*. Leopold Stokowski and his Orchestra / Leopold Stokowski. RCA Victor, 12-0470 (1947) Disco monofónico 78 RPM. Esa primera grabación se incluyó en una producción especial con motivo del centenario del compositor: Silvestre Revueltas. *Revueltas Centennial Anthology 1899-1999*. RCA Red Seal (1999) CD.

[43] Leopold Stokowski dirigió con la Orquesta Sinfónica de Nueva York, el 26 y 27 de febrero de 1945, *Sensemayá* de Silvestre Revueltas en un programa con obras de Anis Fuleihan (1900-1970), Antonio Vivaldi, Johann Sebastian Bach, Burrill Phillips (1907-1988), Antonio Cesti y Richard Wagner, una combinación singular de repertorio histórico y contemporáneo.

[44] La Orquesta Filarmónica de Nueva York dirigida por Leopold Stokowski interpretó el 13 de noviembre de 1949 *Sensemayá* de Silvestre Revueltas y obras de Sergei Prokofiev, Maurice Ravel, Claude Debussy y Piotr Tchaikovsky.

[45] En el concierto de *Janitzio* en Houston, Stokowski dirigió también obras de Richard Wagner, Ludwig van Beethoven, Maurice Ravel e Igor Stravinsky. Y en el de *Sensemayá* en Filadelfia, Stokowski presentó además composiciones de Sergei Prokofiev, Maurice Ravel, Claude Debussy y Piotr Tchaikovsky.

ces, principios de la década de 1940, ni en México por insuficiencia de medios ni en Europa por la Segunda Guerra Mundial).

Optó por Southern Music (hoy Peermusic) y promocionó el repertorio revueltiano entre directores de orquesta. Rosaura menciona a Erich Kleiber, Jascha Horenstein[46], Otto Klemperer[47], Richard Lert[48], Fritz Reiner, Leopold Stokowski y el compositor Paul Hindemith.

De ello puede desprenderse que, a poco del fallecimiento de Revueltas, el impulso que su obra tuvo en Estados Unidos ante editores y directores en la década de 1940 produjo un efecto duradero en la preservación e interpretación de la obra revueltiana con repercusiones tanto en la escena musical de México como en la estadounidense.

Como complemento, cabe citar que Paul Bowles[49] escribió desde México, para la edición de noviembre-diciembre de 1941 de *Modern Music*, un punzante artículo en el que criticó la dificultad que, dijo, enfrentaban entonces los músicos mexicanos para ganarse la vida, la "pobreza técnica y estética de la radio en México", la falta de compositores para cine de relevancia más allá de Revueltas y Raúl Lavista[50] y lo que consideró, o le contaron, la renuencia de la familia de Revueltas de autorizar proyectos para dar a "conocer al mundo en general" la obra de Silvestre, fallecido el año anterior.

Por ejemplo, Bowles menciona en ese artículo sin dar más detalles que "la familia" no autorizó el proyecto ya avanzado de la casa Victor de hacer "un álbum con *Homenaje a García Lorca* y *Siete Canciones*" ni tampoco el plan del

---

[46] Jascha Horenstein (1898-1973), director de orquesta nacido en Ucrania, fue asistente de Wilhelm Furtwängler en Berlín y emigró a Estados Unidos en 1940.

[47] Otto Klemperer (1885-1973), director de orquesta y compositor alemán, se mudó a Estados Unidos en la década de 1930 y fue director musical de la Orquesta Filarmónica de Los Ángeles e invitado de muchas orquestas estadounidenses y europeas.

[48] Richard Lert (1885-1980) compositor nacido en Viena y que, al mudarse a Estados Unidos, fue por más de tres décadas director musical de la Orquesta Sinfónica de Pasadena, en California.

[49] Paul Bowles (1910-1999), compositor, escritor y traductor estadounidense, conoció a Silvestre Revueltas en la Ciudad de México hacia 1937.

[50] Raúl Lavista (1913-1980) fue uno de los compositores de bandas sonoras más importantes de la llamada Época de Oro del cine mexicano.

cineasta Herbert Kline y el escritor John Steinbeck de crear una banda sonora para la película *The Forgotten Village* con secciones de varias obras orquestales de Revueltas. También dijo que incluso escuchó que el director de orquesta Serge Koussevitzky[51] (titular de la Orquesta Sinfónica de Boston) tuvo que desistir de tocar cierta pieza de Revueltas porque "no pudo obtener la sanción de la familia" (Bowles, 2003).

En todo caso, al margen de esos comentarios de Bowles, es claro que Rosaura Revueltas emprendió desde la década de 1940 una importante promoción de la obra de su hermano Silvestre que tuvo reverberaciones en Estados Unidos y México. Rosaura misma contó que fue a partir del 18 de agosto de 1943 cuando la familia le entregó formalmente los manuscritos de Silvestre para que se dedicara a promover su publicación. Para 1941, cuando Bowles escribió sobre esos proyectos revueltianos que no llegaron a ser, posiblemente la familia simplemente no había aún determinado el camino a seguir pues, según escribió Rosaura, "después de haberlo discutido durante algún tiempo, ellos [la familia de Silvestre] consideraron, de común acuerdo, que yo era la más indicada para recoger ese material" (Rosaura, Revueltas, 1979).

Eugenia Revueltas, hija de Silvestre, ha continuado esa labor y versiones de obras que se creían perdidas o no eran conocidas han sido recuperadas o reconstruidas a partir del archivo de manuscritos de su padre que ella conserva.

La obra de Revueltas ha tenido también impactos en la percepción de la relación entre música y etnicidad en Estados Unidos. Por ejemplo, el compositor afroamericano estadounidense T.J. Anderson (1928) dijo que escuchó por primera vaz *Sensemayá* en 1971, ejecutada por la Sinfónica de Atlanta, y que ello le hizo ver la cuestión de lo multicultural en la música en un sentido más amplio, además de considerar a esa obra como "*La consagración de la primavera* del Nuevo Mundo" (Schwartz, Childs y Fox, 1998).

---

[51] Serge Koussevitzky (1874-1951), nacido en Rusia, fue uno de los mayores y más influyentes directores de orquesta en Estados Unidos de la primera mitad del Siglo XX. Fue titular de la Orquesta Sinfónica de Boston de 1924 a 1949, donde fue un destacado campeón de la música de compositores contemporáneos.

Anna Sokolow, la danza y Silvestre Revueltas

La actividad revueltiana en los años posteriores a su muerte no se limitó a la música sinfónica sino que su obra también fue usada con frecuencia en espectáculos de danza diferentes a aquellos en los que el propio Revueltas participó[52], aunque con algunos protagonistas comunes.

Por ejemplo, la bailarina y coreógrafa Anna Sokolow (1910-2000), cuyo grupo de danza La Paloma Azul escenificó *El renacuajo paseador* justo al tiempo que Revueltas fallecía (murió el 5 de octubre de 1940), tuvo una vinculación duradera con la música de Revueltas, o al menos con elementos de ella, que utilizó en sus espectáculos de danza.

A su regreso a Estados Unidos tras trabajar en México (a finales de la década de 1930 y principios de la de 1940), Sokolow presentó con frecuencia una coreografía llamada *Lament for the Death of a Bullfighter* que, se afirma, usaba música de *Homenaje a Federico García Lorca* de Revueltas (posiblemente el movimiento 'Duelo'). Fue una de las piezas de danza más celebradas en su momento de Sokolow, según se indica en un libro biográfico de la bailarina publicado en 1998 por Larry Warren.

Se comenta también que Sokolow presentó *El renacuajo paseador* en Nueva York, donde no se le recibió muy bien, y también *Songs for Children* (*Cinco canciones para niños y dos canciones profanas*, poemas de García Lorca y otros autores con música de Revueltas), que tuvieron mejor recepción. Esas coreo-

---

[52] Entre ellos *El renacuajo paseador* o el inconcluso ballet *La coronela*.

grafías y producciones de Sokolow fueron presentadas a partir de los primeros años de la década de 1940.

Al respecto, el 2 de marzo de 1941, *The New York Times* apuntó que el día siguiente tendría lugar la primera función en Nueva York en varias temporadas de Sokolow y su compañía, un montaje en el Teatro Mansfield con coreografías para *El renacuajo paseador*, *Homenaje a Federico García Lorca* y *Siete canciones para niños* (es decir, *Cinco canciones para niños y dos canciones profanas*). La música estuvo a cargo de una orquesta de cámara en la que habrían participado Alex North[53] y Alex Saron. Luego, en su edición del 4 de marzo, el *Times* hace comentarios poco auspiciosos de las coreografías que Sokolow hizo para esas obras de Revueltas.

Paul Bowles escribió sobre ese concierto en *Modern Music* (marzo-abril de 1941) que "*Homenaje a García Lorca* fue tocada en la manera que debe ser, con una orquesta contratada para ese propósito, *El renacuajo paseador* resultó ser Alex North tocando el piano solo, con el resto de los hombres [los músicos] sentados a su alrededor mirando... *Homenaje a García Lorca* es una apasionadamente delicada pieza... [en la que Bowles halla materiales "indígenas de influencia mestiza" que] no fue muy bien tocada. Las *Canciones para niñas* [*Cinco canciones para niños y dos canciones profanas*] no son lo que usted esperaría de su título pues no son por completo para niñas pequeñas, aunque tienen un encanto considerable. Como mucho de la música de cámara, esas canciones para piano y voz no son muy bailables. Con todo, la señorita Sokolow ha de ser felicitada por haber traído incluso todo este Revueltas a Nueva York" (Bowles, 2003).

Años después, en 1984, *The New York Times* indicó que Sokolow presentó tres solos, basados en coreografías de la década de 1930 [sic], uno de ellos el *Lamento* con la actuación de la bailarina Jane Carrington (Sokolow para en-

---

[53] Alex North (1910-1991), músico estadounidense cuyo nombre original era Isadore Soifer, trabajó por varios años como compositor y arreglista de la música de las puestas en escena de Anna Sokolow. Luego, se dedicó con intensidad a la música para el cine y fue el primer compositor en recibir un premio Oscar honorario por su trayectoria, aunque nunca ganó uno directamente tras haber sido nominado en 15 ocasiones.

tonces tenía ya más de 70 años) y música de Revueltas (posiblemente también del *Homenaje*).

Sokolow fue una figura singular en la danza en Estados Unidos y una fuerza central (con Waldeen) en el desarrollo de la danza mexicana. A finales de la década de 1930, el pintor Carlos Mérida la vio bailar en Nueva York y la invitó a México. Sokolow conoció entonces a varios de los principales artistas e intelectuales mexicanos de la época, incluido Silvestre Revueltas, cuya música al parecer tuvo un fuerte impacto en ella y en North, el compositor de mucha de la música que Sokolow incorporó en sus espectáculos dancísticos.

El archivo del 92nd Street Y, centro sociocultural en Nueva York, cuenta en su acervo con varios programas[54] de mano de espectáculos de danza de Anna Sokolow, realizados en el auditorio de la propia 92nd Street Y en la década de 1940.

Destacan al menos cuatro programas: uno del 18 de febrero de 1940 (cuando Revueltas aún vivía) que incluye las *Cinco canciones de niños y dos canciones profanas* y otro celebrado el 13 de diciembre de 1941 donde se usan partes de *Homenaje a Federico García Lorca* (música que Sokolow incorporó en uno de sus números clásicos: *Lament for the Death of a Bullfighter, Lamento por la muerte de un torero*). Estos programas de mano confirman la influencia y presencia que algunas obras de Revueltas tuvieron en el trabajo de Sokolow y señalan fechas precisas en que fueron interpretadas en Nueva York.

Y también muestran el contexto musical en el que esas obras de Revueltas figuraban en el trabajo de Sokolow: además de obras originales de North, en esos programas hay composiciones de Dimitri Shostakovich, nuevamente de Wallingford Riegger[55] (en uno de los programas se le menciona como Reigger), el mismo compositor cuya *New dance* fue parte del programa del concierto de *Janitzio* con la Sinfónica de la NBC dirigido por Fritz Reiner ya comentado y quien también tuvo una obra en la misma sesión del Primer Festival de

---

[54] La fuente de los programas publicados es el archivo del centro 92nd Street Y de Nueva York. Se agradece su gentil autorización para reproducirlos en este espacio.

[55] Wallingford Riegger (1885-1961) compuso obras orquestales, para cine y para danza. Fue uno de los primeros compositores estadounidenses en utilizar en sus piezas técnicas del dodecafonismo.

Yaddo, en 1932, en la que se tocó el Cuarteto No. 2 de Revueltas, además de obras de otros compositores y música popular de diversos orígenes.

Otros programas dancísticos de Sokolow con música de Revueltas también se realizaron en el auditorio Theresa L. Kaufmann del 92nd Street Y.

Uno data del 5 de diciembre de 1941 y tiene similitudes con los programas ya citados, del 13 de diciembre de 1941 y el 18 de febrero de 1940.

El segundo data del 12 de mayo de 1946 y también fue realizado en el auditorio del 92nd Street Y.

En el programa del 5 de diciembre de 1941 (como en el del 13 de diciembre siguiente) se incluye de nuevo *Lament for the Death of a Bullfighter*, al parecer con música de *Homenaje a Federico García Lorca* de Revueltas.

Otras obras en el programa fueron composiciones de North, compositor 'de cabecera' y compañero creativo de Sokolow en esta época; *Preludio* de Shostakovich (que también figura en el programa del 13 de diciembre); y *Case History No...* de Riegger, que también se presentó en el programa de Sokolow del 18 de febrero de 1940 que incluyó las *Cinco canciones de niños y dos canciones profanas* de Revueltas.

En el programa del 12 de mayo de 1946 se incluye, nuevamente, *Lament for the Death of a Bullfighter*, presumiblemente con música de *Homenaje a Federico García Lorca* de Revueltas. En el resto del programa, que incluye obras muy diversas, hay composiciones de Johann Sebastian Bach, Maurice Ravel y Alex North y figura una obra de Rodolfo Halffter[56], *Danza*, posiblemente una de las partes del ballet *Don Lindo de Almería*, que Sokolow presentó el 23 de marzo de 1940 en el Palacio de Bellas Artes de México con el Grupo de Danzas Clásicas y Modernas, aunque no se especifica en el programa. Además destaca el *Mexican Retablo (Retablo mexicano)*, una pieza que Sokolow interpretó también con frecuencia y que incorporaba música popular mexicana.

---

[56] Rodolfo Halffter (1900-1987), compositor español, miembro del renovador Grupo de los Ocho, considerado equivalente en música a la literaria Generación del 27. Emigró a México tras la derrota de la República Española, donde fue maestro en el Conservatorio Nacional, compositor de música para películas (*Jesús de Nazaret* de José Díaz Morales en 1942 y *Los olvidados* de Luis Buñuel en 1950 con base en temas del también español Gustavo Pittaluga) y pionero del dodecafonismo.

EL PROGRAMA (DETALLE) DEL 18 DE FEBRERO DE 1940

THE DANCE THEATRE SERIES OF THE Y.M.H.A.

PRESENTS

ANNA SOKOLOW AND ALEX NORTH

in a JOINT RECITAL
of
DANCE and MUSIC

Guest Artists Assisting Mr. North:

William Bales	Beatrice Kay
Mordecai Bauman	Milton Kaye
Dorothy Bird	Estelle Parnas
Mark Feder	Simon Rady

SUNDAY AFTERNOON, FEBRUARY 18th, 1940, at 4:00
IN THE THERESA L. KAUFMANN AUDITORIUM

YOUNG MEN'S HEBREW ASSOCIATION
FRANK L. WEIL, President
LEXINGTON AVENUE at 92nd STREET
ATwater 9-2400

PROGRAM

(PART ONE)

ANNA SOKOLOW

Alex North, Musical Director.

1. Ballad in a Popular Style .... Alex North
   ANNA SOKOLOW

2. Case History No. — .... Wallingford Riegger
   A study of a majority of case histories shows that petty criminals usually
   emerge from a background that begins with unemployment and follows
   its course from street corner to poolroom, from mischief to crime.
   ANNA SOKOLOW

3. Slaughter of the Innocents .... Alex North
   A Spanish mother protests against the barbaric Fascist air raids.
   ANNA SOKOLOW

4. Songs For Children .... Sylvestre Revueltas
   Lyrics by GARCIA LORCA

   a. The little horse.

   b. At one o'clock the moon comes out.

   c. Song of the foolish child.
   "mama I want to be of silver"

   d. The alligator's lament
   "the alligator is crying because he lost his wedding ring"

   e. Cradle Song.
   "Go to sleep my carnation"

   f. Serenade.

   g. The Truth.
   "Ay; it is very hard to love you in the way I love you"
   ANNA SOKOLOW

5. The Exile (A Dance Poem) .... Traditional Folk Music
   Arrangement by ALEX NORTH
   Poem by SOL FUNAROFF

   a. "I had a garden"

   b. "The beast is in the garden"
   ANNA SOKOLOW

ESTELLE PARNAS, Assistant Pianist   ESTELLE HOFFMAN, Soprano
ARNO TANNEY, Baritone

INTERMISSION

EL PROGRAMA (DETALLE) DEL 5 DE DICIEMBRE DE 1941

Y.M.H.A. Dance Theater

PRESENTS

Anna Sokolow

ASSISTED BY

Aza Bard
Clara Nezin
Frances Sunstein

☆

Sophie Cait	Jay William
Pianist	Narrator

Howard Cordery
Lighting

☆

AT
THERESA L. KAUFMANN AUDITORIUM

Sunday Evening, December 5th, at 8:50 p.m.

PROGRAM

1. PRELUDE .... Shostakovich
   "But, when days that endless creep
   Bring no word from me;
   Still your lonely vigil keep
   Dear one, wait for me"
   — Konstantin Simonov
   AZA BARD, CLARA NEZIN, FRANCES SUNSTEIN

2. MADRID 1937 .... Alex North
   Remember Plaza del Sol, O Goering, when first your Junkers . . .
   ANNA SOKOLOW

3. SIDE STREET
   A. Mama Beautiful .... Alex North
   "Me said it was a butterfly;
   She can't fool me."
   — Mike Quin

   B. Case History No. — .... Wallingford Riegger
   "R— R— followed the usual pattern, beginning with unemployment. From
   street corner to pool room, from mischief to crime . . . . At sixteen . . . ."
   — Juvenile Court Record
   ANNA SOKOLOW

4. BETWEEN THE WORLD AND ME * .... Norman Lloyd
   Poem by Richard Wright
   CLARA NEZIN

5. LAMENT FOR THE DEATH OF A BULL FIGHTER . Silvestre Revueltas
   ANNA SOKOLOW

   INTERMISSION

SONGS OF A SEMITE **

Persecuted, driven for centuries from ghetto to ghetto, the Jew has sought
refuge in the past, in the wisdom and legends of his ancestors. But Israel's seers
have also looked into the future, seeing visions of a time when they would live
in the garden of universal brotherhood.

1. THE EXILE
   "Is it nothing to you, all ye that pass by, behold and see . . ."
   (Lamentations 1, 12)
   ANNA SOKOLOW

EL PROGRAMA (DETALLE) DEL 13 DE DICIEMBRE DE 1941

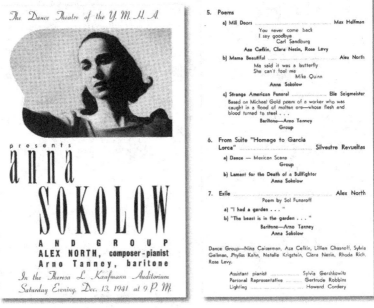

EL PROGRAMA (DETALLE) DEL 12 DE MAYO DE 1946

Estos programas son cortesía del centro cultural 92nd Street Y de Nueva York.

En paralelo al uso que Sokolow dio en sus espectáculos de danza a obras de Revueltas, cabe mencionar que North, que después se convertiría en un destacado compositor de música para cine (*Un tranvía llamado deseo*, *Espartaco*, *Cleopatra*, *¿Quién le teme a Virginia Woolf?* y *¡Viva Zapata!*, entre otras películas) también había conocido a Revueltas, en un periodo en el que el compositor mexicano estaba trabajando intensamente en partituras para cine: en 1939 produjo la música de *El signo de la muerte*, *La noche de los mayas* y *Los de abajo* y en 1940 la de *Qué viene mi marido*. Se dice que North hizo amistad con Revueltas en México y que asistió a sus clases, aunque el alcance de la vinculación que North tuvo con Revueltas y el grado de influencia o aprendizaje que pudo haber tenido de él son materia de investigaciones futuras.

Sokolow no fue la única en presentar obras dancísticas con música de Revueltas en Estados Unidos ni desde luego en interesarse en la obra revueltiana para la escena.

Waldeen (1913-1993), otra figura central en la historia de la danza mexicana, creó la coreografía para *La coronela*, obra inconclusa de Revueltas que fue terminada por Candelario Huízar y Blas Galindo[57] y estrenada bajo la dirección orquestal de Eduardo Hernández Moncada[58] en la Ciudad de México el 23 de noviembre de 1940, pocas semanas después de la muerte de Revueltas. De sus cuatro episodios, Revueltas sólo compuso bosquejos para piano de los tres primeros, por lo que para que Waldeen pudiera poner la obra en escena se encomendó a Galindo componer la cuarta sección, lo que él hizo, de acuerdo al catálogo de Kolb, utilizando materiales de otras composiciones de Revueltas y se recurrió a Huízar para orquestar la obra.

Galindo dijo al respecto a Roberto García Bonilla que "a mí me encargaron terminar el último episodio de *La coronela*. Lo hice de tal manera que no se supiera dónde había terminado él [Revueltas] y dónde había empezado yo. Recuerdo el color orquestal; era precioso, muy vivo. Hay un pasaje de la tuba

---

[57] Dos destacados compositores mexicanos, uno de mayor edad que Revueltas, Candelario Huízar (1882-1970) y otro más joven, Blas Galindo (1910-1993), una de cuyas obras más tocadas es *Sones de mariachi*.

[58] Eduardo Hernández Moncada (1899-1995) fue un pianista, compositor y director de orquesta mexicano.

junto al flautín que a nadie se le había ocurrido eso. Él rompió todas las reglas y leyes. Sabía lo que escribía y cómo sonaba" (García Bonilla, 2001).

Con todo, luego de algunas representaciones, la partitura de *La coronela* terminada por Huízar y Galindo y los manuscritos originales para piano de Revueltas se perdieron y solo quedaron, indicó Kolb, algunas fotocopias y fragmentos, con los que se reconstruyó una versión incompleta de *La coronela* que José Pablo Moncayó[59] dirigió en México en 1949. Finalmente, a finales de la década de 1950 y principios de la de 1960, José Yves Limantour emprendió una nueva reconstrucción de *La coronela*: encargó al propio Hernández Moncada la orquestación de los tres primeros episodios con base en copias de los manuscritos para piano de Revueltas y otros elementos y él mismo construyó un nuevo episodio, titulado 'El juicio final', usando porciones, por ejemplo, de la música que Revueltas compuso para las películas *Vámonos con Pancho Villa* y *Los de abajo*. Esa nueva versión fue estrenada por Limantour en 1962 y es la que ha servido de base para interpretaciones y grabaciones posteriores (como las realizadas a finales de la década de 1990 por Enrique Diemecke con la Orquesta Sinfónica Nacional de México y por Gisele Ben-Dor con la Orquesta Sinfónica de Santa Bárbara, en California).

Sokolow y Waldeen figuran entre las principales impulsoras del ballet moderno en México, pero otros artistas de la danza de talla internacional también mostraron un interés, aunque un tanto esporádico, en la obra de Revueltas. Por ejemplo, el bailarín y coreógrafo ruso Leonide Massine[60], figura principal de los Ballets Russes de Sergei Diaghilev de 1915 a 1921 y luego líder

---

[59] José Pablo Moncayo (1912-1958) fue otro importante compositor mexicano, autor del muy famoso *Huapango* pero también de una obra sinfónica y de cámara variada y extensa.

[60] Leonide Massine (1895 o 1896-1979) nacido en Moscú, Rusia, fue uno de los mayores bailarines y coreógrafos de su tiempo. Sucedió a Vaslav Nijinsky como figura estelar de los Ballets Russes de Diaghilev. Fue el coreógrafo del estreno de *El sombrero de tres picos* de Manuel de Falla y creó numerosos "ballets sinfónicos" utilizando obras orquestales para sus coreografías. Separado de Diaghilev trabajó con varias compañías, entre ellas el Ballet Russe de Montecarlo en la década de 1930 y 1940 y luego del Ballet Theatre de Nueva York y de numerosas compañías en Europa y América.

del Ballet Russe de Monte Carlo y otras compañías, también usó música de Revueltas en uno de sus espectáculos.

Se afirma que Massine deseó realizar un "ballet maya" con música de Revueltas, algo que no consiguió, pero en cambio creó el ballet *Don Domingo de Don Blas*, con seis piezas para piano de Revueltas arregladas para orquesta y un libreto basado en textos de Juan Ruiz de Alarcón. *Don Domingo de Don Blas* se estrenó en México el 16 de septiembre de 1942 y después fue representado por el estadounidense Ballet Theatre en Nueva York en octubre de ese mismo año.

Al respecto, en un artículo publicado el 7 de marzo de 1943 en el periódico *Chicago Tribune* se señala que "Massine no tuvo éxito en crear el ballet mexicano que quería... Tuvo una leyenda maya en mente, una antigua historia de sacrificio humano bailada con música de Silvestre Revueltas. Pero la administración insistió en un ballet mexicano moderno y *Don Domingo* fue el resultado... La gente lo encontró aburrido... no fue exitoso en la taquilla de Broadway".

No es claro cuáles fueron esas seis piezas para piano de Revueltas arregladas para orquesta que Massine usó en su *Don Domingo de Don Blas*. Según una reseña de John Martin sobre la representación de ese ballet publicada en *The New York Times* el 10 de octubre de 1942, Antal Dorati[61] fue el director musical en esa puesta en escena y un arreglista anónimo puso juntas seis piezas para piano de Revueltas. El resultado, según Martin, fue molesto e infeliz.

Curiosamente, en un artículo previo, publicado el 4 de octubre de 1942 también en el *Times*, Martin afirmó que fue el propio Dorati quien arregló esas seis piezas de Revueltas. En ninguno de los artículos especifica de cuáles se trató, pero es curioso que en el artículo previo al estreno de *Don Domingo de Don Blas* Martin haya atribuido el arreglo a Dorati y luego, en la reseña posterior a la representación, a un arreglista anónimo.

---

[61] Antal Dorati (1906-1988) fue un director de orquesta y compositor húngaro. Fue titular de la orquesta de Los Ballets Russes de Monte Carlo y del American Ballet Theatre, donde trabajó con Leonide Massine, y director musical de las orquestas sinfónicas de Dallas y Minneapolis y de la Sinfónica Nacional en Washington DC, en Estados Unidos.

El sitio en internet del American Ballet Theatre (abt.org) señala también simplemente que en *Don Domingo de Don Blas* Massine creó su coreografía con seis piezas para piano de Revueltas arregladas para orquesta.

En paralelo, Paul Bowles, en una reseña de *Don Domingo de Don Blas* publicada en *Modern* Music (edición noviembre-diciembre de 1942), afirma que en ese ballet Massine usó 'Baile' y 'Duelo', el primer y segundo episodio de *Homenaje a Federico García Lorca*, y partes de *Troka*, *Janitzio*, *Caminos* y *La coronela*. Así, quizá esas serían las seis piezas revueltianas que se dice integraron ese ballet, aunque queda la interrogante de por qué se mencionó que se trató de seis piezas para piano, cuando ninguna de esas composiciones es para ese instrumento, salvo los bosquejos de los tres episodios de *La coronela*, manuscritos que, por lo demás, al parecer se habían perdido unos dos años atrás.

Bowles añadió, en su reseña de *Don Domingo de Don Blas*, que "prácticamente toda la instrumentación es la de Revueltas" aunque "Dorati reorquestó 'Duelo' y 'Baile' de *Homenaje* y terminó *Troka*" (Bowles, 2003). No hace mención a arreglos en las porciones de *Janitzio* y *Caminos*, por lo que podría suponerse que Dorati habría dirigido las versiones originales.

Además, resulta curiosa la mención de Bowles de *La coronela* en conjunto con sus afirmaciones de que la mayoría de la instrumentación era la de Revueltas y solo mencionando a Dorati como arreglista en las partes tomadas de *Homenaje* y *Troka*. ¿Tuvieron acceso Massine y Dorati a material de la orquestación de Huízar o del episodio final de Galindo para *La coronela* de 1940, que para entonces estaba perdido o reducido a copias fragmentarias y, en su caso, en qué medida lo hicieron? ¿O al contenido de los bosquejos para piano de Revueltas, cuyos originales estaban también al parecer mayormente perdidos? Y es curiosa la afirmación de Bowles de que Dorati "terminó *Troka*", obra que no está inconclusa. ¿Se confundió Bowles y debió decir que Dorati instrumentó *La Coronela*, lo que es plausible si trabajó con copias sobrevivientes de los bosquejos para piano de Revueltas que pudo haber obtenido en México?

Es difícil saberlo pero, de haber sido efectivamente utilizadas porciones de *La coronela* en el *Don Domingo de Don Blas* de Massine, se trató de un singular antecedente de recuperación de esa obra, anterior (pero quizá basado en las mismas fuentes) al que hicieron años después Moncayo y Limantour.

Bowles no da en ese artículo más detalles e investigaciones adicionales son necesarias al respecto.

Sea como sea, Bowles también consideró fallido el ballet *Don Domingo de Don Blas* de Massine, al que llamó un "*collage* no muy competente" por considerar que para conservar su significado se debe preservar la música de Revueltas en su contexto. También afirma que al no ser esas obras revueltianas "fuertemente melódicas" y al fundar "su poder en el impacto emocional acumulativo, es imposible presentar pedazos de su música sin perder la mayoría de su sabor".

Bowles remató deplorando que Massine haya incluido un retazo de un ballet en la construcción de otro, en alusión a la música de *La coronela*, lo que refuerza la tesis de que en efecto se usaron fragmentos de ella en *Don Domingo de Don Blas*. "*La coronela* es un muy buen ballet por su propio derecho. ¿Por qué alguien debería romperlo para producir uno inferior?", concluyó Bowles.

La coronela, además, tuvo otras apariciones singulares en Estados Unidos. Aunque no hay mucha claridad sobre qué fue lo que se interpretó de esa obra, ni quién tocó la música, de acuerdo al periódico *The Daily Illini* de la Universidad de Illinois en Urbana-Champaign, el grupo mexicano Teatro de las Artes visitó esa institución académica en junio de 1941 e interpretó allí coreografías con música de Bach y Galindo además de *La coronela* de Revueltas.

Y en ese periódico también se indica que, previamente, ese grupo artístico mexicano ya había visitado universidades en San Antonio, Texas, y en Luisiana y que continuaría su gira en la Universidad Northwestern (en Chicago) y en Ann Arbor (donde se ubica la Universidad de Michigan). ¿Habrá sido *La coronela* también presentada en esos lugares? En todo caso, se trataría de interesantes representaciones tempranas, pocos meses después de su estreno en México y de la muerte de Revueltas y anteriores al *Don Domingo de Don Blas* de Massine.

La actividad revueltiana
se acelera

Leonard Bernstein, uno de los icónicos directores de orquesta estadounidenses, tuvo durante la década de 1960 interés en la música de Revueltas, que incluyó en varios conciertos y sobre todo en un festival stravinskiano en 1966. Pero su interpretación de repertorio revueltiano comenzó antes, el 30 de marzo 1943, cuando aún no cumplía 25 años y realizaba su debut como director en la ciudad de Nueva York. En esa ocasión, como él mismo contó en una carta[62], Bernstein dirigió *Homenaje a Federico García Lorca* en un concierto que también incluyó la zarzuela en un acto *The Wind Remains* (*El viento persiste*) de Paul Bowles, obra también inspirada en García Lorca.

Ya en la década de 1960, Bernstein tocó *Sensemayá* con la Orquesta Filarmónica de Nueva York el 9 de febrero de 1963 en uno de sus célebres conciertos para audiencias jóvenes (Young People's Concerts) dedicado en esa ocasión al 'Espíritu latinoamericano'.

Además de *Sensemayá* Bernstein tocó en esa ocasión obras de Oscar Lorenzo Fernández, Heitor Villa-Lobos, Aaron Copland y una propia (*Danzas*

---

[62] La carta de Leonard Bernstein fue dirigida a Renée Longy Miquelle y está publicada en la compilación *The Leonard Bernstein Letters* editada por Nigel Simeone. Curiosamente, en esa carta Bernstein se queja de la pobre calidad de la orquesta que debía dirigir, del poco e interrumpido tiempo para ensayar que había tenido y cuenta que martillazos del montaje de la escenografía azotaban durante los ensayos.

Jesús Del Toro

Sinfónicas de *West Side Story*). El concierto fue emitido unos días después, el 8 de marzo de 1963, por la cadena de televisión CBS.

Al hablar a la audiencia en ese concierto, Bernstein dijo que aunque todos los países de América Latina han producido "finos y serios compositores", México y Cuba destacan posiblemente, afirmó, por su "cercanía a los centros musicales estadounidenses o posiblemente porque tienen sus propias grandes ciudades internacionales". Bernstein entonces presentó a su joven audiencia *Sensemayá*, obra que, recordó, tiene origen en esos dos países por haber sido compuesta por el mexicano Silvestre Revueltas inspirado en el poema homónimo del poeta cubano Nicolás Guillén que aborda un rito tribal afrocubano en el que se mata una serpiente. Bernstein comentó:

> *[Esta] extraña y aterradora pieza, llamada* Sensemayá, *combina todas las influencias de las que he hablado, africana e india y europea. Es la obra de un sofisticado compositor [Revueltas] con una técnica muy avanzada, como Villa-Lobos, pero maneja una idea de primitivismo salvaje y todo ese salvajismo y violencia se escuchan… todo bajo control por la mano conocedora de un verdadero artista. Es mucho más complicada, más sincopada, más difícil que las otras obras que hemos oído hasta ahora. Pero Revueltas fue un verdadero artista que murió trágicamente joven, a la edad de 40 años, y a juzgar por esta corta pero emocionante pieza que vamos a oír, él habría alcanzado verdadera grandeza si hubiese vivido. Este es su poema africano-indio-cubano-mexicano para orquesta,* Sensemayá.

Bernstein dirigió *Sensemayá* en otras dos ocasiones con la Filarmónica de Nueva York: en un programa de subscripción los días 3, 4, 5 y 6 de octubre de 1963 con obras de Ludwig van Beethoven, Robert Schumann y Alberto Ginastera y, luego, en el concierto inaugural del *Festival Stravinsky. Su herencia y su legado*, realizado en Nueva York en 1966 en honor del compositor ruso Igor Stravinsky, entonces ya octogenario.

El programa inaugural de ese festival, dedicado a mostrar la influencia de la obra de Stravinsky en la música americana, fue dirigido por Bernstein el 30 de junio y 5 de julio de 1966 e incluyó *Sensemayá* de Revueltas, el *Concierto Capricornio* de Samuel Barber, *Dance Symphony* de Aaron Copland y *La consa-*

gración de la primavera de Stravinsky. Todo precedido del arreglo que Stravinsky realizó al himno de Estados Unidos.

La selección de *Sensemayá* para ese programa de Bernstein es un ejemplo más de la relación que con frecuencia se traza, no sin controversia, entre la obra de Revueltas y la de Stravinsky (un crítico de *The New York Times* de la época consideró que en ese programa fue *Sensemayá* la obra que más relaciones tenía con *La consagración de la primavera*) y del interés de Bernstein por esa pieza revueltiana.

En ese contexto, al buscar mostrar la influencia de Stravinsky en la "música americana" e incluir en ese programa a Revueltas junto a Barber y Copland, se revela que para Bernstein (como desde décadas anteriores consideraron otros músicos y directores, entre ellos el propio Copland) la "música americana" no se circunscribía a la de compositores estadounidenses sino que incluía también a la de compositores latinoamericanos. Un panamericanismo que no necesariamente subsiste actualmente.

Posteriormente directores de orquesta como Eduardo Mata, Jorge Mester, Michael Tilson Thomas y Enrique Arturo Diemecke, entre otros, y más recientemente Ángel Gil Ordóñez, Carlos Miguel Prieto, Esa-Pekka Salonen, Gisele Ben-Dor, Carlos Kalmar, Giancarlo Guerrero, Gustavo Dudamel, Miguel Harth-Bedoya, Carl St. Clair, Alondra de la Parra, Andrés Orozco Estrada, Delta David Gier y Donato Cabrera, por solo citar a algunos (charlas sobre la obra Revueltas con varios de ellos y otras figuras constituyen el corazón de este trabajo), han llevado el repertorio revueltiano a las salas de concierto de numerosas orquestas en varias ciudades estadounidenses.

Y en el ámbito de cámara se han registrado, ciertamente, una considerable cantidad de presentaciones de obras de Revueltas que escapan al alcance de este trabajo. Una grabación destacada, por solo mencionar una de ellas, es la de los cuatro cuartetos de cuerda de Revueltas que en 1993 realizó en Pennsylvania el Cuarteto Latinoamericano y que se lanzó en un CD[63] de la disquera New Albion Records, de San Francisco.

---

[63] Silvestre Revueltas. *Música de feria. Los cuartetos de cuerda.* Cuarteto Latinoamericano. New Albion Records, San Francisco (1993) CD.

Así, puede decirse que la vida y la música de Silvestre Revueltas han captado la atención de un sector entusiasta en Estados Unidos, al que la obra revueltiana ofrece una bocanada de aire fresco para el repertorio sinfónico y de cámara. Y su música también ha sido, en cierto modo, compañera en la difusión en Estados Unidos de repertorio mexicano contemporáneo.

En ese sentido, en programas con música de Revueltas se han presentado en Estados Unidos, por sólo dar dos ejemplos relativamente recientes, obras de compositores mexicanos contemporáneos como la *Fanfarria* de Eduardo Gamboa, tocada en 2008 en Nueva York junto a *La noche de los mayas* por la Orquesta Filarmónica de las Américas dirigida por Alondra de la Parra, o la *Obra para orquesta y órgano* de Ana Lara, cuyo estreno mundial en junio de 2009, con la Orquesta Sinfónica del Pacífico en Orange County (California) dirigida por Carlos Miguel Prieto, compartió programa también con *La noche de los mayas*.

Pero al contemplar en extenso la escena estadounidense, más allá de un círculo importante pero no demasiado numeroso de músicos, académicos y audiencias entusiastas que tocan, estudian y escuchan a Revueltas, buena parte de la comunidad musical de Estados Unidos aún desconoce o tiene ideas limitadas o distorsionadas sobre el compositor y su música.

Una encuesta preliminar realizada vía internet en el marco de esta investigación (antes que la encuesta principal presentada más adelante) entre un grupo de críticos de música clásica estadounidenses activos en los estados de Carolina del Sur, Colorado, Illinois, Hawaii, Kentucky, Minnesota, Nueva York, Oregon, Texas y Washington indicó que solo un puñado de ellos tenía conocimiento de Revueltas. El resto no respondió o aceptó explícitamente no conocer al compositor, aunque algunos de los participantes dijeron conocer la obra de otros compositores mexicanos y mencionaron a Carlos Chávez, Manuel Ponce y Daniel Catán.

En este sentido, en años recientes músicos, académicos y comunicadores se han dado a la tarea de descubrir, o redescubrir como lo afirman varios autores, promover y tocar a Silvestre Revueltas con la convicción de que se trata de uno de los mayores compositores del Siglo XX, jerarquía que, señalan, no le ha sido plenamente reconocida por factores diversos.

Para catalizar la divulgación de su obra y comenzar a iluminar al Revueltas real, ha sido necesario antes que nada realizar una intensa labor de poda de mitos, leyendas e incomprensiones.

Roberto Kolb, gran experto internacional en la obra de Revueltas, lo explica en la apertura de su artículo en inglés 'Silvestre Revueltas: Tale of an Unforgivable Oblivion', publicado en el portal de internet de Peermusic, casa editora estadounidense de buena parte de las obras de Revueltas:

> *La memoria de Silvestre Revueltas está inmersa en una nube de malos entendidos, prejuicios y mitos. Hasta hoy Silvestre Revueltas es [...] retratado como un compositor mexicano de talento extraordinario pero desconocido, como el embajador musical de México ante el mundo; un excesivamente olvidado maestro de la música occidental; una eminencia de la composición que emergió de un paisaje de cactus y tierra seca; incluso, el genio bajo el volcán que fue arruinado por el alcohol. Por más de medio siglo la ignorancia sobre la vida y música de Revueltas ha seguido nutriendo estás malas interpretaciones. Representaciones de Revueltas como un compositor meramente folclorista, con un talento fuera de lo común pero insuficientemente formado y llevando una desordenada vida entre poetas, sueños revolucionarios y dependencia del alcohol deben ser urgentemente reemplazadas con un entendimiento exacto y de fondo del hombre y su música.* (Kolb, www.peermusicclassical.com)

Peter Garland, autor de *In Search of Silvestre Revueltas* (1991), libro pionero en inglés sobre el compositor mexicano y frecuentemente citado por críticos musicales y académicos estadounidenses al hacer alusión a Revueltas y al "imperdonable olvido" (Kolb) en el que éste fue sumido, afirma:

> *Nosotros tendremos probablemente que esperar hasta el próximo siglo [es decir, el Siglo XXI presente] para tener una perspectiva correcta [sobre Revueltas]... Mi opinión es que esa perspectiva diferirá radicalmente de la que ha sido decretada a través de las universidades y el trabajo académico desde la década de 1940; y con esa visión corregida, Silvestre Revueltas figurará*

como uno de los grandes compositores de este siglo [el Siglo XX]. (Garland, 1991)

Con esa idea coincide Joseph Horowitz:

Si hay un compositor mexicano cuyo tiempo 'ha llegado' y que pueda inspirar un nuevo reconocimiento de la magnitud de los logros mexicanos, es seguramente él [Silvestre Revueltas]. (Horowitz, 2007)

Sobre el particular, Horowitz abundó, siguiendo a Kolb y otros, en ese énfasis y esa labor de desmitificación y redescubrimiento durante el ya mencionado festival sobre Chávez y Revueltas realizado en marzo de 2008 en la Biblioteca del Congreso en Washington DC (Horowitz, 2008; Kolb, 2008).

Kolb y otros estudiosos han hecho énfasis en que la obra de Revueltas es mucho más que un repertorio de cuño mexicanista o, desde la visión del Norte, una obra atractiva por su exotismo. Kolb ha reiterado en sus participaciones en Estados Unidos que la obra de Revueltas es múltiple: con una etapa experimental que suma sus inquietudes políticas y su filiación popular con la innovación musical modernista, otra que opta por un lenguaje más accesible para el público en general y que acepta las premisas del realismo socialista para hacer llegar de modo más directo su expresión emotiva y política y otra, al menos, en la que supo crear música funcional, incluso comercial como en varias de sus partituras fílmicas, que no necesariamente mostraban su voz más auténtica como compositor pero le permitían ganarse el sustento y participar del naciente y creciente sector de la música para cine.

Además, Horowitz ha puesto manos a la obra en esa labor con el PostClassical Ensemble, la orquesta en Washington DC que él dirige junto a Ángel Gil Ordóñez. El lanzamiento que ambos hicieron en 2016 de un DVD de la película *Redes*[64] con la imagen remasterizada por la World Cinema Foundation de Martin Scorsese y una nueva grabación de toda la banda sonora com-

---

[64] Silvestre Revueltas. *Redes*. PostClassical Ensemble / Ángel Gil Ordóñez, Naxos (2016) DVD.

puesta por Revueltas es una de las más poderosas aportaciones al redescubrimiento y la divulgación del repertorio revueltiano en Estados Unidos que pone, adicionalmente, la histórica película (y la magnífica fotografía de Paul Strand) al alcance del público con una nueva interpretación de la partitura de Revueltas (dirigida por Gil Ordóñez) y también con la versión original.

Gil Ordóñez, por ejemplo, hace algunas aportaciones interesantes pues ajustó un poco el *tempo* en algunas escenas de gran impacto (como en el funeral del niño y en la escena final de los pescadores remando en sus canoas 'hacia el futuro') para reforzar el impacto entre música e imágenes, un manejo diferente al original que aporta una experiencia enaltecedora.

Horowitz, además, es titular del consorcio Music Unwound, una colaboración entre orquestas sinfónicas de Estados Unidos patrocinada por la entidad pública National Endowment for the Humanities (NEH, Fondo Nacional para las Humanidades). Entre las iniciativas de Music Unwound figura 'Copland and Mexico' en la que, utilizando como puente la música de Aaron Copland y la relación que este compositor estadounidense tuvo con México en la década de 1930, se presentan a audiencias estadounidenses obras de Revueltas, principalmente *Homenaje a Federico García Lorca*, *Sensemayá* y, sobre todo, *Redes* con película y orquesta en vivo.

Horowitz ha curado y presentado obras de Revueltas en programas de la iniciativa 'Copland and Mexico' que han sido tocados por la Orquesta Sinfónica de Carolina del Norte, la Orquesta de Louisville, la Orquesta Sinfónica de Austin, la Orquesta Sinfónica de El Paso, la Orquesta Filarmónica de Las Vegas y la Orquesta Sinfónica de Dakota del Sur.

Kolb ha participado en varios de esos festivales con conferencias y clases que han permitido ampliar el conocimiento sobre Revueltas entre el público estadounidense y, también, entre la comunidad de los departamentos de música, profesores y alumnos, de varias universidades estadounidenses en las ciudades donde se realizaron los conciertos.

La suite de *Redes* ha sido también tocada con cierta frecuencia en Estados Unidos (Carlos Miguel Prieto, por ejemplo, la ha interpretado en años recientes) y, antes de la iniciativa Music Unwound, varias presentaciones de *Redes* con película y orquesta en vivo se realizaron en la década del 2000 en California, con la Orquesta Sinfónica de Santa Bárbara dirigida por Gisele Ben-

Dor y con la Filarmónica de Los Ángeles dirigida por Esa-Pekka Salonen, y en Washington DC con el PostClassical Ensemble dirigido por Gil Ordóñez.

Además, está el mundo de las grabaciones, cuya historia en el binomio Revueltas-Estados Unidos se remonta a 1947. "El primer esfuerzo de incorporar a Revueltas al mercado de las grabaciones comerciales se le debe al director estadounidense Leopold Stokowski, quien siempre manifestó un gran interés por la música más moderna de su tiempo, así como por los compositores de toda América y de México en especial", explica Eduardo Contreras Soto, quien indica que fue Stokowski quien el 11 de diciembre de 1947 grabó por primera vez *Sensemayá* (Contreras Soto, 1999). La peculiar grabación de esa obra por Stokowski está incluida en un CD[65] con numerosas obras de Revueltas lanzado con motivo del centenario de su nacimiento (1999).

Ya se han mencionado grabaciones que en las décadas de 1950 y 1960 realizaron, entre otros, Solomon, Surinach, Kurtz, Bernstein, Whitney y Mester.

Y aunque sin abundar, en el plano discográfico reciente (los trabajos de Kolb *Silvestre Revueltas, Catálogo de sus obras* y de Contreras Soto *Silvestre Revueltas: baile, duelo y son* constituyen referencia al respecto) cabe mencionar grabaciones de obras de Revueltas hechas por orquestas estadounidenses como las de Esa-Pekka Salonen con la Filarmónica de Los Ángeles y Gisele Ben-Dor con la Sinfónica de Santa Bárbara (las primera grabación de la versión íntegra de Limantour y Hernández Moncada de *La coronela*), que han dedicado CD enteros a la obra del compositor.

Michael Tilson Thomas incluyó *Sensemayá* en un disco de música latinoamericana lanzado en 1993 al frente de la Orquesta Sinfónica Nuevo Mundo.

Y Jorge Pérez Gómez, profesor de la Universidad de Nuevo México, realizó allí un CD con obras de Revueltas en 1997 con primeras grabaciones de *Batik* y *Pieza para orquesta* y otro, *Troka*, en la República Checa, publicado en 2000.

En la radio estadounidense se escucha también, esporádicamente en el general de las estaciones, pero con más frecuencia e importancia en ciertos programas específicos, el repertorio revueltiano. Por ejemplo, Bill McGlaughlin ha presentado varias obras de Revueltas en su famoso programa *Exploring Mu-*

---

[65] Silvestre Revueltas. *Centennial Anthology 1899-1999*, RCA Red Seal (1999) CD.

sic[66], que es emitido por estaciones de radio a todo lo ancho de Estados Unidos, y Elbio Barilari, compositor uruguayo y conductor de radio radicado en Chicago, comentó que ha presentado en su programa bilingüe *Fiesta*[67], también emitido por multitud de estaciones de radio estadounidenses, casi toda la obra de Revueltas, además de haber sido testigo o participante directo de numerosos conciertos de repertorio revueltiano en Chicago con agrupaciones como la Orquesta Sinfónica de Chicago (cuando Daniel Barenboim era su director musical), la Chicago Sinfonietta, la Orquesta Chicago Arts (dirigida por el méxicoamericano Javier José Mendoza) y la Orquesta del Festival de Grant Park (dirigida por el también uruguayo Carlos Kalmar), entre otras.

Algunas décadas atrás, dos programas radiofónicos producidos en California, uno en 1967 y otro en 1971, fueron ejemplo del interés y la apreciación que entonces ya existían en torno a Revueltas, en el primer caso, y de ecos de la relación y el desencuentro que tuvo con Carlos Chávez, en el segundo.

El 4 de abril de 1967, la radio KPFK de Los Ángeles presentó un programa especialmente dedicado a la música de Revueltas. En sus 68 minutos, William Malloch[68], director musical de esa estación radial, presentó y comentó algunas obras revueltianas (especialmente *Sensemayá* y *La noche de los mayas*) e hizo algunos comentarios sugerentes sobre ellas. Por ejemplo, al comparar la versión de *Sensemayá* grabada por Leopold Stokowski en 1947[69] —la primera grabación comercial de una composición de Revueltas— con una realizada por Luis Herrera de la Fuente al frente de la Orquesta Sinfónica Nacional de México (muy probablemente la de 1958). Malloch destacó el carácter pionero de Stokowski en la difusión del repertorio revueltiano pero también señala

---

[66] Más sobre el programa radiofónico *Exploring Music* de Bill McGlaughlin en el sitio de internet exploringmusic.wfmt.com.

[67] Más sobre el programa radiofónico *Fiesta* de Elbio Barilari en www.wfmt.com /programs/fiesta-latin-american-music-with-elbio-barilari/.

[68] William Malloch (1927-1996) fue un musicólogo y compositor estadounidense, director musical por muchos años de la estación radial KPFK de Los Ángeles, del Festival Musical de Ojai y de la Sociedad Mahler de California.

[69] Silvestre Revueltas. *Sensemayá*. Leopold Stokowski and his Orchestra / Leopold Stokowski. RCA Victor, 12-0470 / 18-0169 (1947).

que su ejecución resulta discutible: muy rápida en momentos y en ciertos pasajes con el ritmo alterado. En lugar de la asimetría del compás de 7/8 característico de *Sensemayá*, Malloch mostró pasajes que Stokowski abordó en 8/8, lo que, junto a la limitación técnica de la tecnología de grabación de entonces, no permitiría una apreciación cabal de la obra. Para ejemplificar su análisis y mostrar mejor el sonido de *Sensemayá*, Malloch hizo sonar la versión de Herrera de la Fuente[70]. Además, Malloch señaló que si bien no puede concluir si esa interpretación de Stokowski fue intencional o por accidente, pudo haberla tocado de ese modo para lograr que entrara completa dentro en una de las caras del disco de 78 rpm para el que fue grabada. Para fundamentar tal hipótesis Malloch presentó un pasaje extrañamente acelerado de la Séptima Sinfonía de Beethoven, que Stokowski habría hecho tocar así para que cupiera en un disco (antes de la llegada de los discos de larga duración, LP).

En todo caso, y como el propio Malloch comentó (y el historiador Joseph Horowitz ratifica también en estas páginas), la grabación de Stokowski de *Sensemayá* resultó influyente y abrió el camino para nuevas interpretaciones de repertorio revueltiano en Estados Unidos.

Malloch también presentó en ese programa la suite que Limantour ensambló de *La noche de los mayas*, justamente en la primera grabación que él hizo al frente de la Orquesta Sinfónica de Guadalajara en 1960[71]. Se trató, se dijo, de la primera vez que esa obra era emitida por la radio en el área de Los Ángeles. Es de destacar que Malloch afirmó explícitamente que se trata de una "partitura sintética" que incluye, en específico en el cuarto movimiento, pasajes que no fueron escritos por Revueltas. Nociones que no necesariamen-

---

[70] Luis Herrera de la Fuente (1916-2014), fue un destacado director de orquesta y compositor mexicano que fue titular de la Orquesta Sinfónica Nacional de México, la Sinfónica de Minería, la Sinfónica de Xalapa, la Filarmónica de Jalisco y, en Estados Unidos, de la Sinfónica de Oklahoma, además de director invitado de numerosas orquestas. La grabación citada es presumiblemente: Revueltas, Chávez, Herrera de la Fuente. *Redes, Sensemayá* (Revueltas), *Sinfonía india* (Chávez), Suite de *Fronteras* (Herrera de la Fuente). Orquesta Sinfónica Nacional / Luis Herrera de la Fuente. Musart, MCD-3017, México (1958).

[71] Silvestre Revueltas. *La noche de los mayas*, *Música para charlar*. Orquesta Sinfónica de Guadalajara / José Yves Limantour. Musart MCD 3022, México (1960).

te han sido comprendidas o reseñadas en muchas interpretaciones de esa suite desde entonces, como ha explicado Kolb en sus estudios sobre la recepción de *La noche de los mayas*. Malloch también criticó el desempeño de la Sinfónica de Guadalajara en esa grabación, aunque reconoció que tocó con autoridad y convicción, y recomendó a sus radioescuchas californianos hacer una visita a la vecina Tijuana para hacerse con discos de música de artistas mexicanos editados por Musart (sello de las grabaciones de Herrera de la Fuente y Limantour presentadas) al comentar que son de interés y muchos de ellos no estaban entonces disponibles en Estados Unidos.

El segundo programa radiofónico es la entrevista que Charles Amirkhanian y George Cleve[72] le hicieron a Carlos Chávez para la radio KPFA, en Berkeley, California, durante una emisión en vivo el 29 de julio de 1971. El tema principal fue la trayectoria de Chávez y la programación del Festival de Música Contemporánea de Cabrillo, en Aptos, California, fundado por Lou Harrison y del que Chávez era entonces director musical (lo fue de 1970 a 1973).

Destaca en esa entrevista que Amirkhanian y Cleve le preguntaron a Chávez sobre una grabación de su obra *Caballos de vapor* (también conocida como *Horse-Power* o simplemente *HP*) dirigida nada menos que por Silvestre Revueltas. Chávez dijo que se trató de un experimento, pues él comentó que prácticamente no había instalaciones de grabación en México en aquella época (la grabación habría sido realizada a principios de la década de 1930, presumiblemente entre 1932 y 1935) y todo se hizo en un estudio muy primitivo, que aún usaba la cera.

---

[72] Charles Amirkhanian (1945), compositor, percusionista y productor de radio estadounidense. Dirigió por varias décadas la estación de radio KPFA ubicada en Berkeley, California, y es director de la organización Other Minds, que promueve la música contemporánea. Ha sido uno de los impulsores principales de la grabación de obras de Conlon Nancarrow.
George Cleve (1936-2015), director de orquesta estadounidense de origen austriaco, fue fundador del Festival Estival Mozart en la Bahía de San Francisco y director de la Orquesta Sinfónica de Winnipeg (Canadá) y de la Orquesta Sinfónica de San José (California).

Los conductores entonces le dijeron que iban a reproducir esa grabación de *HP* dirigida por Revueltas. "¿Ustedes la tienen?", dijo sorprendido Chávez y preguntó cómo la habían obtenido, pues al parecer era una grabación rara, incluso para él. Se ejecutó entonces ese audio, de unos cinco minutos de duración (por tanto, solo un fragmento de *HP*, probablemente de la suite según dijo el propio Chávez), interpretado por la Orquesta Sinfónica de México bajo la batuta de Revueltas. Tras escucharla, Chávez comentó que no era una ejecución de primer nivel; ni una grabación de primer nivel, añadieron los conductores. Pero coincidieron en que es un documento singular y único.

Así, al margen de la anécdota, la obra de Revueltas, en varios grados, ha sido tocada, grabada y apreciada en Estados Unidos por décadas y su posición se ha fortalecido con más y mejores interpretaciones a lo largo de los años.

Con todo, el nombre y la obra de Silvestre Revueltas aún son poco conocidos y comprendidos a escala general, se les considera como algo exótico o sufren crueles erratas en tierras estadounidenses[73]. El crítico de música de *The Washington Post* Stephen Brookes lo llamó "el brillante y poco conocido compositor mexicano" y hace no muchos años directivos de una estación de radio comercial de música clásica de la costa oeste de Estados Unidos aún consideraban la realización de un programa especial dedicado a la obra de Revueltas incompatible con el "perfil demográfico" de sus radioescuchas. Y se le menciona como "Revultas" en el extracto en internet del programa 2008-2009 de la Orquesta Sinfónica del Pacífico y como "Reveultas" en un catálogo en línea de compositores que ofrecía la editorial W. W. Norton & Company.

Por otro lado, la intensa identificación de la voz de Revueltas con obras que no serían realmente representativas de su trabajo sustantivo (como la suite que José Yves Limantour hizo de *La noche de los mayas*) ha contribuido a etiquetar al compositor como un artista meramente nacionalista, lo que puede llevar a soslayar o malinterpretar el resto de su obra.

Horowitz, por ejemplo, al destacar la música de *Redes* comenta punzante que "*La noche de los mayas*, la 'partitura de Revueltas' promovida por Gustavo

---

[73] Perdone el lector aquellas erratas que hayan sobrevivido tras el esfuerzo de depuración y corrección que se realizó para este libro.

Dudamel y muchos otros, no fue compuesta por Revueltas. Es una confección *kitsch* creada por José Limantour después de la muerte de Revueltas que canibaliza la partitura que compuso Revueltas para una película sin distinción. Quédese con *Redes*".

El destacado crítico de música de *The New Yorker* e historiador de la música del Siglo XX Alex Ross, por ejemplo, solo hace una breve mención a Revueltas en su muy documentado libro *The Rest Is Noise (El resto es ruido)* y lo hace en alusión a *La noche de los mayas* en una referencia sugerente sobre esa pieza (la suite de Limantour) pero que al ser la única del repertorio revueltiano que comenta deja al lector con una visión fragmentaria de la obra de Revueltas y en buena medida ajena a la identidad principal de su obra.

> La noche de los mayas, *obra de 1939 de Revueltas originalmente concebida como una banda sonora de cine, ha encontrado una segunda vida como un lienzo sinfónico mahleriano que se mueve de episodios de danzas decididamente* kitsch *a extensiones de lamentaciones románticas a corazón abierto hasta un atemorizante bacanal maya que se derrame en un tumulto polirrítmico.* (Ross, 2007)

Otros plantean que aunque la suite de Limantour (o la de Hindemith) no es representativa del repertorio revueltiano, la popularidad e interpretación relativamente frecuente de *La noche de los mayas* han acercado la música de Revueltas al público de las salas de concierto y la radio estadounidenses.

Esto tiene una arista favorable pero también espinas. Kolb, por ejemplo, diferencia claramente la música que Revueltas hizo para el cine de aquella en la que desarrolló su voz más auténtica y, además, Revueltas no mostró interés en convertir la música de *La noche de los mayas* en una pieza de concierto, como sí hizo con *Redes* (aunque sea la suite de Kleiber la más tocada al respecto). En ese contexto, Contreras Soto califica la suite de *La noche de los mayas* de Limantour como "la genial invención de un mito musical" y comenta que "a pesar de que el resultado no guarda casi ninguna afinidad con los procedimientos de composición característicos de Revueltas [...] la suite de Limantour ha terminado por adquirir carta de naturalización en el catálogo revueltiano, y para muchas personas constituye la principal y hasta única referencia del lenguaje musical del compositor: una suite que él no preparó, y que nunca sabremos cómo habría preparado si hubiera deseado hacerlo. Los extremos de la pasión que esta obra genera en los directores afectos al espectáculo, y al grueso del público de las salas de concierto y de los consumidores de grabaciones digitales, han permitido la consagración comercial de la suite de Limantour en la decena de grabaciones que hoy existen de ella" (Contreras Soto, 2012).

Y, ciertamente, entre la música de Revueltas más tocada en Estados Unidos figura esa suite de Limantour, circunstancia que, como se ha mencionado, en algún modo promueve el conocimiento de Revueltas (y el interés por su repertorio) aunque lo haga con una obra un tanto artificial, que no sería cabalmente representativa de su composición.

Parte de ese interés tiene que ver con las improvisaciones de la "cadencia percusiva" que Limantour indicó en la cuarta y última parte de esa suite, que gustan mucho a los públicos pero que Contreras Soto califica "de franco mal gusto, alejadas cada vez más del estilo de composición [de Revueltas]". Contreras Soto menciona a Enrique Diemecke con la Orquesta Sinfónica Nacional de México, a Carlos Miguel Prieto con la Orquesta Sinfónica de Xalapa y, en Estados Unidos, a Esa-Pekka Salonen con la Orquesta Filarmónica de Los Ángeles entre los directores que han seguido la "dudosa aventura" de improvisar en ese movimiento final "fuera de todo control" y concluye que "cuando los resultados son éstos, vale la pena preguntarse si el éxito y la fama de la suite preparada por Limantour de *La noche de los mayas* son dignos de aplauso y celebración... o de lamentaciones" (Contreras Soto, 2012).

Sensemayá, por su parte, ha hallado una salida adicional en arreglos para banda de metales. El de Frank Bencriscutto fue incluido en 2015 en el disco *Latin Landscapes*[74] de la Orquesta de Alientos del Conservatorio de la Universidad de Cincinnati dirigida por Glenn D. Price junto a una transcripción para alientos de las *Tonadillas al estilo* antiguo de Enrique Granados y obras originales de Juan Serrano Alarcón, Hudson Nogueira y Victoriano Valencia Rincón.

---

[74] *Latin Landscapes*. University of Cincinnati College-Conservatory of Music Wind Orchestra / Glenn D. Price. Mark Records (2015) CD.

Y un poco antes, en 2011, la sección de metales de la Orquesta Sinfónica de Chicago, dirigida por Michael Mulcahy y con Anthony Kniffen en la tuba, lanzó un disco[75], grabado durante un concierto en vivo en 2010, con otro arreglo de *Sensemayá*, en este caso elaborado por Bruce Roberts. Junto a la obra de Revueltas, el disco incluye piezas de William Walton, Giovanni Gabrieli, Johann Sebastian Bach, Percy Grainger y Sergei Prokofiev.

Sea como sea, aún queda un amplio camino por andar rumbo a la mejor apreciación de la música de Revueltas en Estados Unidos. El crítico de música del periódico *The Washington Post*, Tim Page, escribió en 2003, en eco de una idea planteada antes por Horowitz, al reseñar el primer concierto de *Redes* con orquesta y película del PostClassical Ensemble: "El *New Grove Dictionary of Music and Musicians* concede a Revueltas sólo unas 500 palabras, menos que las que da a Madonna, por ejemplo. El mejor, y en realidad el único, estudio de Revueltas en inglés fue escrito por el compositor Peter Garland [...]".

Como se ha citado, otros artículos históricos sobre Revueltas y sus años en Estados Unidos ya se han elaborado desde entonces, comenzando por los de Parker (2002 y 2004) y Candelaria (2004). Y, como ha comentado Kolb, en Estados Unidos ha tenido lugar en años recientes una importante actividad académica, con producción de artículos y tesis que en ciertos aspectos supera a la que se da en México.

Y, para señalar un caso relativamente temprano, en 1946 se presentó en el Departamento de Música de la Universidad Northwestern (en el área de Chicago) el trabajo de tesis doctoral *Contemporary Symphonic Activity in Mexico with particular regard to Carlos Chávez and Silvestre Revueltas*, escrito por Orin Lincoln Igou[76], en el que se hace un esbozo biográfico del compositor, se compilan referencias sobre él disponibles entonces en Estados Unidos y se

---

[75] Walton, Gabrieli, Bach, Grainger, Revueltas y Prokofiev. *Chicago Symphony Orchestra Brass Live*. Chicago Symphony Orchestra / Dale Clevenger, Jay Friedman, Michael Mulcahy y Mark Ridenour. CSO-Resound (2011) CD. Revueltas, Serrano Alarcón, Nogueira, Granados y Valencia Rincón.

[76] Orin Lincoln Igou (1909-2010) fue un músico y musicólogo estadounidense formado en la Universidad Northwestern (cerca de Chicago) y profesor de música por más de 40 años, 30 de ellos en la Universidad Estatal de Nueva York.

exploran las relaciones y desencuentros con Carlos Chávez. También Igou mencionó, por ejemplo, que él encontró elementos de un uso revueltiano del corrido en *Cuauhnáhuac*, aludió al interés de Revueltas en obras musicales para el público infantil y a su afinidad por lo popular y, retomó citaciones que señalan que Revueltas "no intentó ser nacionalista en su música".

Igou añadió que "los intereses sociológicos y políticos de Revueltas se revelan en *Redes* y en dos composiciones orquestales adicionales": *Itinerarios* y *Homenaje a Federico García Lorca*. Y también comenta que debe "verse con sospecha el cargo de un Revueltas completamente derrotado por problemas de forma. Cualquier opinión así puede fácilmente surgir de la desilusión del crítico de no encontrar en esas partituras el tratamiento formal al que está acostumbrado en música más estereotipada". (Igou, 1946)

Buena parte del estudio de Igou se dedica a la descripción y análisis de algunas obras orquestales de Revueltas (*Cuauhnáhuac*, *Esquinas*, *Colorines*, *Alcancías*, *Homenaje a Federico García Lorca*, *Sensemayá* y *Caminos*, entre ellas).

Sus ilustraciones de compases de partituras de esas obras, en tiempos en que su disponibilidad era presumiblemente limitada, resulta curioso como también lo es la reproducción de las cartas que Julián Carrillo, Miguel Bernal Jiménez, Salvador Contreras[77], Candelario Huízar, José Pablo Moncayo, Blas Galindo y Carlos Chávez le enviaron a Igou a Chicago (entre 1943 y 1946) con comentarios y perspectivas sobre las música mexicana.

De vuelta al presente, el lanzamiento en 2016 del DVD de *Redes* ha abierto una nueva ventana a la apreciación de la obra de Revueltas porque la banda sonora grabada nuevamente por el PostClassical Ensemble (en Maryland, en 2014) permite escuchar la música en una dimensión que no era posible en la limitada grabación original, y porque la imagen remasterizada hace lo propio con la fotografía de Paul Strand. Además de ello, el planteamiento de Ángel Gil Ordóñez partió de un conocimiento sustantivo de la obra de Revueltas tras un trabajo de más de una década de tocarla y, sobre todo, de colaborar en despejar mitos o interpretaciones simplistas del repertorio revueltiano (que

---

[77] Los compositores mexicanos Julián Carrillo (1875-1965), creador del 'Sonido 13', Miguel Bernal Jiménez (1910-1956) y Salvador Contreras (1910-1982).

con frecuencia aún lo plantean meramente en términos de un exotismo o de un nacionalismo mexicanista) para explorar su carácter multifacético y su honda vena política y popular. Eso permitió a Gil Ordóñez, quien ha tocado con intensidad repertorio de Revueltas en Estados Unidos, y también en España y Cuba, hacer una versión informada y propositiva de *Redes* en la que, por ejemplo, se toma ciertas libertades con el tiempo para permitir una mayor emotividad en ciertos pasajes y, luego, lo recupera inteligentemente en otros momentos para mantener la sincronización general entre música e imágenes.

Poco después, en 2017 Lorenzo Frank Candelaria y Joseph Horowitz colaboraron en El Paso, Texas, en una presentación de obras de Revueltas y conferencias sobre su obra que tuvo una singular fuerza contemporánea en un contexto de resistencia artística con tonos sociales y políticos (combinación que quizá habría sido del agrado de Revueltas).

En el marco de Music Unwound, Horowitz presentó con la Orquesta Sinfónica de El Paso, dirigida por el checo Bohuslav Rattay, el programa 'Copland and Mexico' y, por consiguiente, *Homenaje a Federico García Lorca*, *Sensemayá* y *Redes* con película y orquesta en vivo. En ello colaboró la Universidad de Texas en El Paso, de la que Candelaria es directivo académico e integrante del Departamento de Música.

El 17 y 18 de febrero de 2017, en El Paso, ciudad de Estados Unidos fronteriza con México y menos de un mes después de que Donald Trump asumió la presidencia estadounidense tras ganar las elecciones de 2016 con un discurso hostil hacia los inmigrantes y con la promesa de levantar un muro en toda la frontera, la Orquesta Sinfónica de esa ciudad presentó un programa que mostró las relaciones creativas y de mutuo entendimiento que pueden darse entre Estados Unidos y México.

En una ciudad en la que el tema de la deportación de inmigrantes indocumentados, la separación de familias y el levantamiento de muros es una cuestión inmediata, punzante y dolorosa, la orquesta y la universidad de El Paso, en colaboración con Horowitz y el consorcio Music Unwound, ofrecieron un ejemplo de entendimiento binacional de relevancia, pues no solo se presentaron las obras de Copland y Revueltas en El Paso, sino que el programa fue también presentado en parte en la vecina Ciudad Juárez, Chihuahua.

Un momento climático en ese contexto fue cuando, en una presentación que originalmente parecía meramente complementaria, Horowitz y Candelaria tocaron fibras de una audiencia singular: estudiantes de *high school* (preparatoria) de una escuela del área de El Paso, muchos de ellos de ascendencia mexicana, acudieron al auditorio de su plantel para ver fragmentos de *Redes* (del DVD producido por Horowitz y Gil Ordóñez para Naxos) y ser invitados al concierto que de esa obra realizaría unos días después la sinfónica local.

Como el propio Horowitz comentó en su momento, la reacción de esa joven audiencia ante una película que, en apariencia, le sería ajena histórica, temática y mediáticamente (una cinta en blanco y negro de la década de 1930, con un tema de lucha político-social de un pueblo de pescadores, y que en gran parte transcurre sin diálogo, con la música de Revueltas como protagonista) resultó sorprendente. Los estudiantes se interesaron y se expresaron sobre detalles que audiencias adultas de orquestas sinfónicas estadounidenses rara vez mencionan, por ejemplo, en las charlas previas o posteriores a los conciertos. Comentarios sobre la dinámica entre el diálogo (o su carencia) y la música en *Redes*, sobre el impacto de la fotografía en blanco y negro y el balance que tiene con la música en comparación a lo que habría sucedido si la película fuera en color o sobre el contenido social de la trama, la lucha de pescadores mexicanos para liberarse de la opresión de un cacique que manipula el precio del pescado y los tiene en la miseria, se discutieron en ese auditorio repleto con centenares de estudiantes.

Para Horowitz y Candelaria los aplausos de esa audiencia nueva resultaron quizá tanto o más reconfortantes que los de la sala de conciertos.

Todo mientras comenzaba a circular la versión de que el proyecto de presupuesto de Trump implicaba la eliminación del Fondo Nacional para las Humanidades (National Endowment for the Humanities, NEH), patrocinador de Music Unwound, y del Fondo Nacional para las Artes (National Endowment for the Arts, NEA). Ambas son instituciones centrales en el apoyo a la actividad artística, cultural y humanística en Estados Unidos, país en donde son proporcionalmente reducidos los apoyos públicos a la práctica artística (en comparación, por ejemplo, con Europa o México) y donde las instituciones culturales dependen de fondos privados, donaciones y taquilla.

La música de Revueltas que resonó entonces en El Paso fue un puente entre Estados Unidos y México en un momento de sensible tensión para las comunidades de ambos países y, también, un ejercicio de resistencia ante el avance de políticas que supondrían la eliminación de tajo del apoyo público al arte y la cultura, áreas que no se encontrarían entre las consideraciones presupuestales primarias de la presente administración estadounidense.

Al escribir estas líneas aún no se había consumado la eliminación del NEH y el NEA, y quizá al final eso no suceda, pero la incertidumbre era sustantiva. Pero la presión antiinmigrante y la noción de alzar el muro fronterizo siguen con ominosa fuerza. La presentación de *Redes* y otras obras (de Copland y Revueltas) en ese contexto fue en El Paso una defensa de la convivencia y la tolerancia y del valor de apoyar al arte y la cultura. El espíritu político de la música de Revueltas se expresó allí de un modo diferente y propositivo.

Dos ejercicios similares se dieron a finales de 2017 y principios de 2018 con la Orquesta Filarmónica de Las Vegas y la Orquesta Sinfónica de Dakota del Sur, respectivamente, que también presentaron el programa 'Copland en México' de Music Unwound, con la película *Redes* con orquesta en vivo y otras obras de Revueltas bajo la batuta de Donato Cabrera (Las Vegas) y Delta David Gier (Dakota del Sur), programas que tuvieron también componentes de presentaciones comunitarias y una posición humanista ante asuntos como la diversidad, la inmigración y la libertad artística. La de Dakota del Sur, por ejemplo, destacó por su afán de vinculación con la comunidad de trabajadores mexicanos que vive y labora en esa entidad.

No fue la primera vez que la música de Revueltas (en específico *Redes*) tiene resonancias de lucha más allá de lo estrictamente sinfónico en conciertos recientes en Estados Unidos. En 2013, al final de un concierto de 'Copland and Mexico' con la Orquesta de Louisville (Kentucky), que no hacía mucho había experimentado una larga huelga de músicos, algunos miembros de la audiencia se preguntaron si la presentación de *Redes*, con su historia de lucha de los pescadores, era una suerte de mensaje que se estaba enviando en alusión a las causas o al resultado de la reciente huelga de la orquesta y el conflicto que se dio entre los músicos y la administración. No era el caso pero las resonancias de la música de Revueltas y de *Redes* tuvieron su efecto.

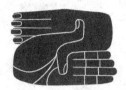

Texas y Chicago en la vida y obra de Silvestre Revueltas

Silvestre Revueltas y su hermano Fermín residieron en Austin, Texas, desde septiembre de 1917 y durante 1918 para estudiar en el St. Edward's College, hoy St. Edward's University, según indica Lorenzo Frank Candelaria, quien aborda la figura de Louis Gazagne, hermano de Congregación de la Santa Cruz, grupo religioso a cargo del St. Edward's College. Gazagne, nacido en París, Francia, impartía allí clases de diversas materias, entre ellas matemáticas y música. De la lectura de correspondencia entre Gazagne y Rosaura Revueltas, hermana del compositor, Candelaria señala que el primero conoció al entonces joven músico de forma cercana y afirma que la estimación entre ambos durante esa época habría sido importante (Candelaria, 2004).

Esa correspondencia entre Gazagne y Rosaura Revueltas se inició muchos años después del paso de Silvestre por Austin y después de la muerte del músico. Candelaria relata que, a principios de la década de 1940, luego de volver Gazagne a Estados Unidos de una estadía de casi 20 años en la India y Pakistán, el religioso intentó contactar a Revueltas "tras escuchar una transmisión de su *Janitzio* ejecutada por la Orquesta Sinfónica de la NBC" (Candelaria, 2004). Gazagne después se enteró de que el compositor había fallecido y, tras algunas gestiones y posposiciones, entabló en 1946 correspondencia con Rosaura.

La que mencionó Gazagne no se trató de cualquier transmisión, sino de una de las emblemáticas emisiones radiofónicas de la Orquesta de la NBC, creada especialmente por el magnate David Sarnoff para Arturo Toscanini (Horowitz, 2005; Ross, 2007) pero que en ocasiones contó con directos alternos, como Leopold Stokowski, y otros invitados. Como se ha mencionado fue Fritz Reiner quien dirigió ese *Janitzio*.

La fecha mencionada por Candelaria al respecto de esa transmisión radiofónica, febrero de 1942, es también importante: ratifica que la obra de Revueltas, a poco de su muerte (octubre de 1940), era interpretada por una de las mayores orquestas de su tiempo, como era la de la NBC, cuyas emisiones radiofónicas marcaron época en Estados Unidos. Tal transmisión de *Janitzio* fue, además, cinco años anterior a la primera grabación de *Sensemayá*, realizada por Stokowski en 1947. Años después de ese concierto, Reiner (uno de los numerosos grandes directores europeos que en las décadas centrales del Siglo XX vivieron y trabajaron en Estados Unidos) fue director musical de la Orquesta Sinfónica de Chicago.

Una anécdota recogida por Candelaria y otras fuentes es una referencia a un temprano ejercicio de composición que Revueltas habría realizado en Austin y que parte de una alusión del propio Revueltas compilada en 'Apuntes autobiográficos' *en Silvestre Revueltas por él mismo*:

> *[…] hice una primera composición para violín y piano y la sometí a uno de mis profesores, quien, al leerla, me dijo entusiasmado: "Muy interesante; es un estilo completamente debussiano…". "¿Debussiano?", pregunté, "¿qué quiere usted decir?". Me contestó: "Pues esta música se parece a la de Debussy" y observando mi sorpresa, me preguntó: "¿No conoce la música de Debussy?". "Jamás he oído música de ese compositor, e ignoro que exista algo semejante a lo que acabo de componer"… Más tarde, al conocer de cerca la música de Debussy, me he dado cuenta de que toda mi música mental era idéntica […] Hasta 1924 viví en esa actitud. El encontrar que ya había habido alguien que diera forma a mi mundo nuevo me hizo sostener una lucha tremenda que se tradujo por la inacción, pues resolví no componer jamás, sin crear mi propio lenguaje.*

Candelaria añade que "Silvestre no menciona el nombre del profesor que lo desilusionó […] y que inadvertidamente lo forzó en el camino de crear un lenguaje musical más propio, pero Rosaura [Revueltas] estaba convencida de que no pudo ser otro que el hermano Louis Gazagne" (Candelaria, 2004).

Con todo, parece que Revueltas no abandonó tajantemente (al menos por algunos años) los caminos "Debussianos". Más tarde (1926-1929) en San Antonio, Revueltas trabajó en las obras *Batik* (1926) y especialmente, en lo que a este argumento corresponde, *El afilador* (1924-1929), si bien la primera versión de esa obra es anterior a la llegada de Revueltas a San Antonio. "Expresión de un sentimiento extremo de soledad, nada ajeno a la vida de Revueltas, *El afilador* es una pieza esencialmente impresionista que en nada anuncia el lenguaje que reconoceremos más adelante, en la década de los años treinta", explicaron Susana G. Aktories y Roberto Kolb (Aktories y Kolb, 1996).

Peter Garland señala que "lo que es más interesante aquí, más que su 'Debussyismo' temprano, es que admite que empezó a componer [...] en su juventud [...] Según mi conocimiento, casi ninguna obra de Revueltas de los años de 1920 ha sobrevivido. [...] Yo he visto sólo una partitura, una *Petite Suite* en tres movimientos para piano [...] Hay una fecha al final del segundo movimiento, pero el año es prácticamente imposible de descifrar, presumo que es 1918. Los tres movimientos breves son muy cromáticos, pero es todavía claramente una pieza de juventud, más cercana a la música de salón que a su posterior y vigoroso estilo" (Garland, 1991).

¿Sería ésa la obra que conoció y calificó Gazagne? Aquí no podemos concluirlo, aunque en el catálogo del repertorio revueltiano de Kolb solo se menciona una obra datada claramente en la época de Revueltas en Austin: *Andantino casi allegretto* (1918).

Con todo, Garland —que no consideró en ese argumento a *El afilador*, *Batik* y otras composiciones de la década de 1920 que en efecto han sobrevivido— comenzó su análisis de la obra de Revueltas en 1930.

De *Batik*, Kolb escribió más recientemente: "Fue allí donde él cocinó un experimento inicial [...] Contrario a lo que uno podría esperar, no hay nada exótico en esa música: [...] apunta a la modernidad de compositores como Milhaud y Auric, cuyas obras Revueltas tocó un año antes en un concierto de música nueva que [Carlos] Chávez organizó en la Ciudad de México" (Kolb, 2008).

Parker indica que *Batik* "impresionó a [Carlos] Chávez, quien en esa época vivía en Nueva York, y quien compartió su entusiasmo por Revueltas con Edgard Varèse[78]" (Parker, 2002).

Pero antes de esas composiciones, Revueltas dio un paso sustantivo en su vida, que sería en muchos sentidos determinante en su futuro.

Rosaura Revueltas comentó que habría sido justamente Gazagne quien sugirió al padre de Silvestre enviarlo al Chicago Musical College una vez que culminó sus estudios preparatorios en Austin (Rosaura Revueltas, 1979).

Así, Revueltas y su hermano Fermín arribaron a Chicago en enero de 1919, el primero para estudiar en el citado Chicago Musical College (institución que fue fusionada con la Universidad Roosevelt en 1954) y el segundo en el Instituto de Arte, de acuerdo a Robert Parker en su artículo 'Revueltas, The Chicago Years' (Parker, 2004).

En Chicago, Revueltas vivió al menos en tres domicilios identificados por Parker: hacia 1920 en una casa de huéspedes en 102 East Oak Street, entre la calle Rush y la avenida Michigan, muy cerca del Lago Michigan y hoy, como ya era entonces, una zona acomodada y muy céntrica. Estaba cercana al Musical College y a teatros donde Revueltas trabajó en orquestas. Para 1923, señaló Parker, Revueltas vivía en otra parte, no muy lejos de allí, en 110 North Dearborn. Ninguno de esos edificios en los que vivió Revueltas existe actualmente, pues fueron substituidos, en el caso del de la calle Oak por comercios (en esa calle hay actualmente tiendas de lujosas marcas de moda) y en el de la calle Dearborn por un rascacielos de condominios.

La tercera casa que Parker mencionó como residencia de Revueltas (al examinar los registros del sindicato Chicago Federation of Musicians al que se afilió) se ubica en 5507 West Adams Street. Los registros al respecto datan de 1920 y 1925 y la última fecha sería, presumiblemente, aplicable para esa dirección, ubicada en un barrio popular en el oeste de Chicago. Esa casa en la

---

[78] Edgard Varèse (1883-1965), compositor francés que residió numerosos años en Estados Unidos. Fue una de las voces más influyentes de la vanguardia en la música y aunque su obra es reducida tuvo considerable impacto en otros compositores de las primeras décadas del Siglo XX. Su trabajo de promoción de la música contemporánea también fue destacado.

calle West Adams al parecer aún existe, pues según registros de empresas de bienes raíces la edificación que actualmente se ubica en esa dirección fue construida en 1910.

Pero más allá de las viviendas que lo albergaron en Chicago, ciudad a la que Revueltas calificaba de "gris y blanca" y de la que no le gustaba el clima (es de suponer que por sus severos inviernos), su estancia en esa ciudad, interrumpida por varios viajes a México (entre ellos uno debido al fallecimiento de su padre), es clave en su vida por dos grandes cuestiones: su matrimonio el 31 de diciembre de 1919 con Jule Klarecy, con quien tuvo a su primera hija (Carmen), y su desarrollo como músico tanto en el plano académico con sus estudios de violín y composición en el Chicago Musical College como en lo profesional con su trabajo en orquestas de teatros y cines de la ciudad.

En la parte académica Parker identifica entre los profesores de Revueltas a León Sametini (violín) y Félix Borowsky (composición) y señala que otros maestros que enseñaron a Revueltas, como Sevcik y Kochansky, mencionados por Rosaura Revueltas, lo habrían sido por cortos periodos al no aparecer en el listado de la facultad.

En todo caso, fue en Chicago que Revueltas creó nuevas composiciones tempranas luego de lo que produjo en Austin (1918) y, antes, en la Ciudad de México (1915). En 1919 compuso cuatro piezas tituladas, como indica Parker citando el catálogo elaborado por Roberto Kolb, *Andante*, *Moderato* Op. 4 (fragmento), *Solitude* y *Valsette*. Más importante habría sido *Chanson d'automne* (*Canción de otoño*), obra para voz y piano sobre poesía de Paul Verlaine que, de acuerdo a Parker, es una muestra de su "inclinación impresionista". Kolb data esta obra hacia 1923 y, de acuerdo a Parker, Revueltas la habría compuesto para su esposa Jule.

Varias de las obras tempranas posteriores las compuso o comenzó Revueltas durante su estancia en México en 1924, periodo en el que empezó a cambiar su estilo de composición y dio pasos rumbo a lograr una voz propia, pero su estancia en Chicago tuvo otras transformaciones importantes en su vida.

Parker comenta que la prohibición del alcohol que comenzó en Estados Unidos en enero de 1920 "tuvo un enorme impacto en la vida social de Chicago..." y cita al historiador de esa ciudad Robert G. Spinney, quien afirma que la ilegalidad del alcohol en lugar de demonizarlo le confirió *glamour*, lo hizo más popular y se incrementó su demanda. Ese negocio ilícito de alcohol dio pie a una era de *gangsters* y violencia.

Y, según Parker (quien cita a Contreras Soto), en esa época el padre de Revueltas se consternó por "la afinidad hacia el alcohol" que Silvestre y Fermín habían aparentemente cultivado en Chicago.

Además, fue en Chicago donde Revueltas se dedicó profesionalmente a tocar en orquestas de teatros de cine mudo, que según Parker superaban los 200 en el Chicago de 1923. En ellos, como en otras ciudades de Estados Unidos, se ofrecía tanto piezas musicales en sí como acompañamiento musical durante la exhibición de películas mudas. En ello Revueltas se ganó la vida en esos años, y después durante su estancia en San Antonio y Mobile, y fue una actividad que habría también sido importante en otro punto de la posterior evolución de su composición y de su universo creativo: la música para el cine, de la que *Redes* es su exponente más notable y en la que también figuran *Vámonos con Pancho Villa* y *La noche de los mayas*, entre otras ya citadas.

Contreras Soto indica que "una de las cualidades evidentes en el trabajo revueltiano para la escena y la pantalla es lo bien entrelazado que se halla con las imágenes, los personajes y el desarrollo de las acciones, trascendiendo el papel convencional de mero adorno o relleno y pasando a ser la pieza fundamental de toda la creación del ambiente dramático de las producciones escénicas o fílmicas" (Contreras Soto, 1999).

Esto es especialmente evidente en *Redes*, en donde la música está firmemente enlazada, diríase que imbricada, con la imagen y viceversa. El nuevo DVD de *Redes* de Gil Ordóñez y Horowitz permite, por su calidad visual y sonora, apreciar esto a mayor escala.

Revueltas finalmente se separó o dejó a Jule Klarecy y a su hija Carmen y se fue de Chicago definitivamente en 1925. Tras una nueva estancia en México, donde participó en una serie de conciertos de música nueva impulsados por Carlos Chávez y realizó una gira de conciertos de cámara, llegó a San Antonio en 1926.

Así, puede afirmarse que las vivencias de Revueltas en Chicago entre 1919 y 1925 y luego San Antonio y Mobile en donde vivió y trabajó tocando en orquestas de teatros de cine mudo entre 1926 y 1928, contribuyeron a su formación como compositor en general y, en específico, de música para el cine.

Revueltas residió en las dos últimas ciudades entre la primavera de 1926 y el final de diciembre de 1928 (Parker, 2002), aunque en ciertas fuentes la fecha de 1929 es usada para referirse a su retorno a México. Al principio tocó en San Antonio con un trío que formaban él al violín, la soprano Lupe Medina de Ortega y el pianista Francisco Agea, con quienes había realizado la mencionada gira por México.

Al poco tiempo, se integró como concertino "en la orquesta del suntuoso cine Azteca, en el corazón del centro de San Antonio", indicó Parker. Ese teatro y el Saenger, en Mobile, Alabama (donde también tocó y que es hoy sede de la Sinfónica de Mobile), aún existen. El Teatro Aztec de San Antonio se caracterizó desde su apertura por una abigarrada y *kitsch* decoración interior de ídolos, estelas, figuras y calendarios de inspiración mesoamericana, y no exclusivamente aztecas pues abundan elementos de tipo maya y otros francamente eclécticos. Tras sucesivas remodelaciones, esa ornamentación perdura y el Teatro Aztec (luego llamado por un tiempo Aztec on the River) es uno de los últimos teatros de decoración temática que quedan en Texas.

En el Aztec, Revueltas tocó en una orquesta de 26 músicos dirigida por Kirk Frederick. Su programa inaugural incluyó "*Mignon* de Ambroise Thomas, una elaborada producción escénica con 16 chicas aztecas en *La Corte de Moctezuma* y la película muda *Other Women's Husbands*", indicó Parker.

Su labor en esos años (y antes en Chicago) en orquestas de salas de cine mudo en San Antonio y Mobile tuvo al parecer un considerable impacto en sus ideas y sus habilidades como compositor para el cine, que luego se desarrollaron en *Redes* (que en ciertas escenas es una suerte de película muda con la música como elemento hegemónico), *Vámonos con Pancho Villa* o *La noche de los mayas*, por solo citar algunos de los filmes para los que Revueltas produjo música.

En San Antonio, señala Parker, Revueltas habría dado clases de música a cambio de un espacio de estudio en 717 Garden St. (luego 1015 South St. Mary's) en el acaudalado barrio de King William y luego vivido con "otra mujer, identificada solo como 'Aurora'..." en 318 Madison St. (Parker, 2002). Parker luego señala que se trató de Aurora Murgía, hija del general mexicano Francisco Murguía "ejecutado tras el colapso de su revuelta contra el gobierno de [Álvaro] Obregón".

A Revueltas tampoco le gustó el clima de San Antonio, en este caso presumiblemente por el calor, pero es en una de las casas en esa ciudad en donde vivió en esa época y que aún subsiste donde fue colocada una placa conmemorativa, instalada en 2006 por impulso de Parker, un homenaje en el que participaron Eugenia Revueltas, hija de Silvestre, Kolb y otros entusiastas del compositor.

En San Antonio, Revueltas también tocó –su actividad como intérprete fue importante– en recitales en el Hotel St. Anthony, en donde en una ocasión (1926) interpretó al violín, junto a Medina de Ortega y el pianista Eulalio Sánchez, obras de Paganini, Brahms, Schubert, Ravel y De Sarasate, entre otros autores. El instrumento que tocó Revueltas era, señala Parker citando reportes de prensa de la época, "un genuino Guarnerius de 1684" prestado por un potentado de Chicago.

No es claro quién habría sido el propietario de ese instrumento ni qué violín específico fue el que Revueltas tuvo y usó en préstamo. En el *Catálogo de raros y antiguos violines, violas, violonchelos y arcos* de la colección de Lyon & Healy, en Chicago, publicado en agosto de 1924 aparece un violín denominado 'Andreas Guarnerius, Cremona, 1684', a la venta entonces por 6,000 dólares. ¿Habrá sido ese el violín que tocaba Revueltas?

En todo caso, en la versión final de *El afilador* y en *Batik*, donde ya comienza a perfilarse el Revueltas de su época posterior como compositor, fueron creadas por Revueltas en ese período. *Batik*, como se ha mencionado, tuvo impacto en Chávez y en Varèse y, señaló Parker, "esto llevó a la aceptación de Revueltas en la Asociación Panamericana de Compositores, fundada por Varèse y Henry Cowell[79]..." (Parker, 2002).

En diciembre de 1926, Revueltas se mudó de empleo al Teatro Texas, tras haber sufrido en el Aztec una ruda reprimenda, indica Parker, por sus excesos con el alcohol. En 1928 Revueltas se muda de nuevo y trabajó en Mobile, en la orquesta del Teatro Saenger, pero su trabajo como compositor se detiene

---

[79] Henry Cowell (1897-1965), compositor estadounidense destacado por su experimentación y su apoyo a compositores de Estados Unidos y América Latina.

allí, según Parker. A lo más, estudiaba "partituras con la ayuda de una victrola. Y se quejaba de no hallar tiempo para escribir su propia música".

Para entonces, el trabajo de los músicos en las orquestas de teatros comenzó a menguar. Ya hacia 1925 habían comenzado a aparecer artilugios mecánicos que permitían añadir música a las películas (de las empresas Vitaphone y Movietone, indica Parker) y poco después la llegada del cine sonoro llevó a la extinción a esas orquestas. Pero en 1928 Revueltas se instaló en Mobile, Alabama, y vivió en 551 Government Street, no lejos del Teatro Saenger. Trabajó como violinista en la orquesta de ese teatro, como hizo en muchas otras, e incluso habría llegado a dirigirla. Pero al poco fue instalado en ese teatro un sistema Vitaphone, que sincronizaba música previamente grabada con las imágenes de las películas.

Eso provocó el final de la orquesta del Teatro Saenger e hizo volver a Revueltas a San Antonio, donde participó en varios recitales, donde se tocó, por ejemplo, música de Bach, Schubert, Debussy y Poulenc. Fue entonces cuando se vio envuelto en un extraño episodio tras el que "fue hallado por la policía en el Hospital Santa Rosa con heridas de cuchillo en cara y cuello, infligidas por un atacante desconocido", escribió Parker.

Al poco tiempo, Revueltas recibió la oferta de Carlos Chávez para volver a México y pospuso (y no canceló) un concierto programado para el 30 de diciembre de 1928 en San Antonio bajo la escusa de que su madre estaba enferma y debía ir a verla a México. Parker afirma que Revueltas habría dicho eso para "proteger su reputación en San Antonio" en caso de que necesitara volver si no prosperaba su retorno a México.

Ya no volvió a San Antonio y comenzó entonces un periodo de poco más de una década en México, hasta su muerte en 1940, en la que compuso sus mayores obras. Pero, a la luz del paso de Revueltas por orquestas de teatros de películas mudas en Chicago, Texas y Alabama, Parker realiza un saldo:

Como músico de teatro en San Antonio y Mobile él tocó, arregló y dirigió una amplia gama de música del gusto popular. Pero tan frecuentemente como le fue posible, él interpretó y estudió obras de maestros reconocidos y de los más avant-garde [...] Su notable logro como compositor para el cine, con un total de nueve bandas sonoras, parece irónico si se tiene en cuenta que el advenimiento de las películas sonorizadas en 1928 lo dejó sin trabajo como músico de teatro en Estados Unidos. (Parker, 2004)

Al final, la placa conmemorativa colocada frente a la casa en el número 317 de la Calle Wickes, en San Antonio, al parecer la última residencia en Estados Unidos de Silvestre Revueltas, sirve de telón de este recuento:

El mexicano Silvestre Revueltas (1899-1940) tuvo una breve pero prolífica vida como violinista y compositor. Él llegó a San Antonio en 1926 y fue concertino en el Teatro Aztec. Él también tocó y enseñó en el San Antonio College of Music. Mientras vivió en esta ciudad, por un tiempo en esta dirección, compuso el septeto Batik y lo envío a su colega y amigo Carlos Chávez, cuya recomendación logró la inclusión de Revueltas en la Asociación de Compositores de Estados Unidos. En 1928, Chávez invitó a Revueltas al puesto de subdirector y solista de la Orquesta Sinfónica de México, en la Ciudad de México. Su trabajo continúa recibiendo aclamación de músicos y audiencias en las Américas y más allá. (2006)

2
Las voces y el ensueño

Diálogos desde el escenario y la primera fila sobre la música de Silvestre Revueltas en Estados Unidos

Bienvenido… este Silvestre [Revueltas] mexicano, hombre, artista, que en medio de nuestra tremenda lucha nos deja una profunda estela de optimismo, de potencia, de genio.
Rafael Alberti

Las entrevistas que componen este capítulo fueron realizadas de viva voz por el autor (salvo una, que se hizo de modo epistolar entre Chicago y Maine) en Albuquerque, Chicago, El Paso, Houston, Los Ángeles, Louisville, Maryland, Nueva Jersey, Nueva York, San Antonio, San Francisco y Washington DC, en Estados Unidos, y también en la Ciudad de México, entre 2010 y 2018. Aquellas realizadas originalmente en inglés fueron traducidas al español. Con ligeras ediciones para propiciar su mejor lectura, estas entrevistas constituyen la parte medular de este libro.

Leonard Slatkin

El estadounidense Leonard Slatkin (1944) es actualmente director musical de la Orquesta Sinfónica de Detroit y director musical honorario de la Orquesta Nacional de Lyon (Francia). Ha dirigido orquestas en todo Estados Unidos y alrededor del mundo y a lo largo de su carrera ha sido director musical de la Orquesta Sinfónica de San Luis (Missouri), de la Orquesta Sinfónica Nacional en Washington DC y director jefe de la Orquesta Sinfónica de la BBC en Londres. Ha sido director principal invitado con la Real Orquesta Filarmónica de Londres, la Orquesta Philharmonia, la Orquesta Sinfónica de Pittsburgh, la Orquesta Filarmónica de Los Ángeles y la Orquesta de Minnesota y ha actuado como director invitado con muchas otras. El interés por el repertorio musical latinoamericano contemporáneo de Slatkin lo llevó en 2001 a tocar, por ejemplo, La noche de los mayas *de Silvestre Revueltas, con la Orquesta Sinfónica Nacional de Estados Unidos, en el Kennedy Center de Washington DC.*

El contenido revueltiano de esta entrevista es parte de una conversación entablada con Slatkin en 2009 en el contexto de un concierto de la Orquesta Sinfónica de Houston en el que dirigió, entre otras obras, la Missa Latina[80] *del compositor puertorriqueño contemporáneo Roberto Sierra.*

---

[80] La *Missa Latina* de Roberto Sierra (1953) fue comisionada por la Orquesta Sinfónica Nacional de Estados Unidos y estrenada, bajo la batuta de Leonard Slatkin, en Washington DC en febrero de 2006.

DEL TORO: ¿Cómo es la música Silvestre Revueltas considerada hoy en la escena musical de Estados Unidos? ¿Está teniendo un renacimiento?

SLATKIN: Cuando se mira la historia de la música de concierto emanada de las diversas naciones latinoamericanas ciertos nombres están al frente: claramente Alberto Ginastera, Heitor Villa-Lobos, Carlos Chávez y Silvestre Revueltas. Revueltas entre ellos probablemente puede ser caracterizado como la versión latinoamericana de Stravinsky. Si bien los otros compositores son realmente originales también, Revueltas tomó esta clase de mundo sonoro y mundo rítmico que Stravinsky creó antes en *La consagración de la primavera* y le infundió a veces elementos mayas, otras veces otros elementos de la cultura mexicana. La pieza de Revueltas que se toca con cierta frecuencia es *Sensemayá*, pero casi tan popular es la música que compuso para el cine y que fue construida en una suite de concierto, *La noche de los mayas*. Él no escribió mucho para la orquesta, en realidad no compuso mucho y probablemente se puede poner toda su música confortablemente en tres CD, quizá en menos, no estoy seguro. Pero lo que escribió es realmente original y distinto a lo que existía en la cultura mexicana. Los directores más jóvenes se sienten sinceramente energizados por lo que él escribió, les parece realmente único, y parece que les gusta mucho tocarlo para capturar el espíritu de esa energía. Y sospecho que las contadas piezas que escribió continuarán vigentes en el repertorio. Es un nombre que siempre estará con nosotros.

Donato Cabrera

Donato Cabrera (1973), músico de ascendencia méxicoamericana, es director musical de la Orquesta Filarmónica de Las Vegas y de la Sinfónica de California. Fue además director asistente de la Orquesta Sinfónica de San Francisco y director asociado de la Ópera de San Francisco. Ha sido director musical de la Orquesta Sinfónica de Green Bay, del Festival de Música de New Hampshire y fundador del Ensamble de Música Americana Contemporánea. Ha sido director invitado de numerosas orquestas, entre ellas la Orquesta Sinfónica de Chicago, la Orquesta Sinfónica Nacional en Washington DC, la Orquesta de Louisville, la Orquesta Sinfónica de Oaxaca (México) y la Orquesta de Concepción (Chile).

La charla con Donato Cabrera tuvo lugar en 2010 en el Davies Symphony Hall, sede de la Orquesta Sinfónica de San Francisco, en esa ciudad californiana.

DEL TORO: Silvestre Revueltas es uno de los compositores mexicanos más importantes del Siglo XX, ¿cuál es la posición del repertorio de Revueltas en general y en relación al repertorio latinoamericano desde el punto de vista de la Orquesta Sinfónica de San Francisco?

CABRERA: Pienso que obviamente Revueltas es hoy considerado uno de los más importantes, posiblemente el principal compositor latinoamericano cuya obra es tocada por orquestas estadounidenses. Y de las obras de Revueltas ciertamente la más popular y la más tocada es *Sensemayá*, que he dirigido en un par de ocasiones, no necesariamente en conciertos de subscripción, y la he hecho varias veces en conciertos para niños. En mi posición como director asistente de la Sinfónica de San Francisco con frecuencia doy conciertos para niños o jóvenes y es ciertamente una pieza que toco con frecuencia en esos conciertos para ilustrar el ritmo en la música[81]. Es una pieza muy buena para eso. Pienso que la música clásica latina en general se está convirtiendo ahora cada vez más en parte de la corriente principal del repertorio que es ejecutado, especialmente aquí en California, con la Filarmónica de Los Ángeles y la Sinfónica de San Francisco. Y ciertamente con orquestas en Texas y Arizona[82]... Uno puede esperar que estas piezas se toquen cada año y es un repertorio bienvenido... Dependiendo de cómo es programado, pienso que encaja muy bien con otras obras compuestas en Norteamérica en el mismo periodo en el que Revueltas componía. Por ejemplo, encuentro muchas similitudes entre él y Aaron Copland, Samuel Barber y compositores de esa era. Ellos tienen una voz similar, si bien cada uno usa armonías un poco diferentes y hace diferente uso de las percusiones y los instrumentos...

DEL TORO: Has mencionado a Copland y Barber. Algunos dirían también que, por ejemplo, algunas obras de Revueltas tienen cierta similitud con algunas obras de Charles Ives.

CABRERA: Sí. Al estudiar a Revueltas ciertamente siento que tiene un afán de crear música, músicas que suceden simultáneamente, para ilustrar dos lugares distintos, por ejemplo música que sucede en una plaza abajo en la calle y la que es tocada dentro de una casa al mismo tiempo. Entonces, sí, hay un sentido de dos diferentes voces simultáneamente, lo que es muy evidente en Ives.

DEL TORO: Tocas a Revueltas con frecuencia en conciertos para niños, ¿cuál es la reacción de las audiencias jóvenes cuando escuchan *Sensemayá*?

CABRERA: Oh, les encanta porque tiene mucha energía y esta cualidad de usar todos los diferentes tipos de percusiones. Es esa maravillosa energía lo que atrae a los niños de inmediato...

---

[81] En noviembre de 2017, Donato Cabrera dirigió también *Homenaje a Federico García Lorca* y *Redes*, con película en vivo, al frente de la Orquesta Filarmónica de Las Vegas, de la que es director musical.

[82] Eduardo Mata, quien con frecuencia dirigió conciertos con música de Revueltas en Estados Unidos, fue director musical de la Sinfónica de Phoenix, en Arizona, de 1972 a 1978 y de la Sinfónica de Dallas, en Texas, de 1977 a 1993.

DEL TORO: ¿Encuentras ironía o un sabor infantil en obras de Revueltas?

CABRERA: La ironía no sé si la escucho necesariamente. Pero sí escucho definitivamente un asombro de tipo infantil. Es una buena palabra, infantil, en el mejor sentido... En un momento él está interesado en crear un color sonoro y luego algo lo lleva a otro color o emoción. Y no tienen que estar relacionados. Justo como los niños, hacen algo que los ocupa y luego cambian completamente. Obviamente me gustaría poder aún hacer esto. Todos deseamos retener esa habilidad, esa curiosidad infantil. Y él la tiene en su música...

DEL TORO: Hablando de la música de Revueltas en sí, algunos la entienden, aquí y en México, como parte de la expresión nacionalista, por su uso de voces populares, pero también se le estudia cada vez más como un importante modernista. ¿Qué puedes decir de ese modernismo de la música de Revueltas?

CABRERA: Bueno, he hallado que *Sensemayá* y otras de sus obras que he escuchado y estudiado tienen una cualidad modernista. Y no lo digo a la ligera. Hay una cualidad cinemática, una habilidad [de Revueltas] de retratar la condición humana. Y no necesariamente porque use sonidos folclóricos, no por ello sino por el contraste en cómo él usa estos instrumentos, estas armonías, estos ritmos, con acordes y sentido de la orquestación similares a los de Stravinsky. Eso crea un contraste que es modernista. El mundo sonoro resultante, este choque de dos diferentes mundos, es justo lo que fue la naturaleza del Siglo XX. Allí reside esta sensibilidad modernista.

DEL TORO: ¿Cuando escuchas la música de Revueltas, no sólo como director sino como una persona interesada en todo tipo de música, dónde la colocas en comparación a otro repertorio latinoamericano o contemporáneo? Has dicho que le encuentras similitudes con Copland, Barber y otros compositores estadounidenses, ¿cuál es la estatura, la posición de la música de Revueltas en relación a la de otros compositores de su tiempo?

CABRERA: Yo pienso que lo interesante de Revueltas... lo que es muy impactante es que tiene una voz peculiar. Yo creo que tiene mucho que ver con lo que he mencionado, la idea de estos choques de sonoridades y acordes, en lugar de simplemente usar sonidos folclóricos. Tiene esta muy interesante forma de reunir ambas cosas que es completamente única. Pero lo que es incluso más interesante es que él lo hace diferente en cada obra. No puedes decir que lo que escuchas en *Sensemayá* es lo mismo que en *La noche de los mayas*. Es completamente diferente. Y con todo lo escuchas y, a causa de estos choques, identificas a Revueltas porque Chávez y otros compositores de su generación no hacían eso. Copland no hacía eso en su música. Él se mantenía en un tema y lo trabajaba en toda su extensión y es distintivo de esa pieza de música. No es un choque. Mientras que con Revueltas tú tienes siempre este encontronazo.

DEL TORO: ¿Cuando diriges música de Revueltas, en los ensayos, qué piensan o dicen los músicos sobre ella?

CABRERA: Hay algo al respecto, y lo siento cuando dirijo *West Side Story*[83], cuando dirijo *Appalachian Spring*[84]. Tienen este ritmo modernista, algo con lo que pueden moverse, que les habla desde el mundo actual. Es viviente. Cuando tocas algo de Haydn o Beethoven están esta asombrosa belleza y sus maravillosas explicaciones. Pero son de hace 200 años. Cuando ellos tocan a Revueltas, especialmente aquí donde vivimos con nuestra conexión con la cultura hispana, está en nuestros oídos, en nuestra sensibilidad. Y los músicos de la orquesta se identifican con ello de inmediato y lo disfrutan mucho.

DEL TORO: Al respecto de esa conexión con la herencia hispana o mexicana, ¿qué piensas que las audiencias aquí [en San Francisco] sienten sobre la música de Revueltas, sobre su música como parte de su legado musical vivo? ¿Crees que saben de ello o que lo están descubriendo?

CABRERA: Creo que lo están descubriendo, en el proceso de descubrirlo. Cuando ven el nombre de Revueltas hoy, saben de lo que se trata. Pienso que los directores de orquesta en Estados Unidos podemos hacer un mejor trabajo al ejecutar algunas de sus otras obras. Muchas de sus piezas para orquesta son valiosas, pero no son tocadas. Pero está ganando terreno. Estamos descubriendo, tanto los miembros de la audiencia como las orquestas, que hay mu-

---

[83] *West Side Story*, de Leonard Bernstein, se estrenó en Broadway en 1957. En 1961 Bernstein elaboró una suite titulada *Danzas sinfónicas de West Side Story*.
[84] Aaron Copland compuso el ballet *Appalachian Spring* entre 1943 y 1944.

cho más que tocar de su música. Por eso es actualmente uno de mis objetivos tocar más de su música cuando tengamos la oportunidad[85].

DEL TORO: ¿Piensas que la oportunidad para tocar más repertorio de Revueltas es no sólo, como has mencionado, en conciertos especiales o con música de compositores relacionados sino en los programas de subscripción principales?

CABRERA: Sí, definitivamente... Y quiero hacer no solo Revueltas sino otros compositores latinoamericanos. Tengo una relación con una orquesta en Chile, con la que haré un concierto en celebración de los 200 años [de la Independencia]... Dirigiré una pieza de cuatro diferentes países latinoamericanos[86]. Con esta relación con esta orquesta chilena estaré descubriendo música de Sudamérica, y las obras que me gusten las traeré para tocarlas aquí [Estados Unidos]. Es una manera muy natural y he tenido la suerte de tener esta habilidad de ir a Sudamérica y de vincularme con ellos. Por ejemplo, con el estupendo compositor chileno Guillermo Rifo: un sonido maravilloso, una sensibilidad muy moderna y realmente única. No había escuchado este tipo de voz hasta ahora y estoy ansioso de traer su música a Estados Unidos.

DEL TORO: Cuando entrevisté a Leonard Slatkin él dijo que los cuatro mayores compositores de la primera mitad del Siglo XX, sin hablar de los contemporáneos, eran Chávez, Villa-Lobos, Ginastera y Revueltas...

CABRERA: Es una buena lista.

---

[85] Además de las citadas interpretaciones de *Sensemayá, Homenaje a Federico García Lorca* y *Redes*, Donato Cabrera también dirigió en 2010 *La coronela*, en este caso con la Sinfónica de San Francisco.

[86] Se trató del programa *Bicentenarios*, de la Orquesta Sinfónica de la Universidad de Concepción, organizado como homenaje a los 200 años de las independencias de Argentina, Chile, Colombia y México. Cabrera dirigió el 31 de julio de 2010 en Chile ese concierto que incluyó *Danza fantástica* y *Tres aires chilenos* del chileno Enrique Soro (1884-1954), la *Suite al sur del mundo* del también chileno Guillermo Rifo (1945), Ceremonia indígena del colombiano Guillermo Uribe Holguín (1880-1971), *Huapango* del mexicano José Pablo Moncayo (1912-1958) y la suite del ballet *Estancia* del argentino Alberto Ginastera (1916-1983).

DEL TORO: ¿Qué opinas de ello, a quién enlistarías cuando piensas sobre los compositores latinoamericanos más importantes de esa época?

CABRERA: Concuerdo en esa lista [en el sentido de que] esos cuatro compositores son los más populares... Yo añadiría a José Pablo Moncayo, pienso que es un compositor fantástico pero no bien conocido.

DEL TORO: ¿Y Chávez...?

CABRERA: Encuentro su música... muy similar a la de De Falla. Él usa un idioma folclórico de un modo directo. Es fantástico, pero no tiene ese peculiar choque de culturas que yo escucho en Revueltas...

DEL TORO: Chávez fue un modernista también..., pero en ese periodo Revueltas tomó una ruta diferente.

CABRERA: La fragmentación, la deconstrucción que es única en Revueltas no lo es en Chávez... Yo pienso que Chávez hizo un maravilloso trabajo al incorporar esas percepciones, esos sonidos percibidos [la música popular o indígena de México] en la música clásica occidental. Pero pienso que la música de Revueltas es más cruda. De algún modo sus colores son más vibrantes y no están conectados... Rojo, verde, amarillo en muy amplias y brillantes pinceladas.

DEL TORO: En la orquesta, por ejemplo al tocar *Sensemayá*, las percusiones tienen un rol muy importante, pero también lo tienen los metales. Las cuerdas tienen su rol. Pero cuando tú la diriges, ¿cómo manejas esto?

CABRERA: Para mí el ritmo es lo máximo. Lo uso como la llave, el corazón de lo que todos han de oír y a lo que deben responder en la orquesta. Los metales son como una suerte de comentario a lo que sucede, a este continuo impulso rítmico. Y aunque los metales capturan la atención de todos no son los que conducen al resto de la orquesta... Para mí, se trata de tener ese impulso rítmico como lo más poderosa, la más prominente voz en la orquesta...

DEL TORO: Todo tiene una suerte de acumulación vertical....

CABRERA: Tienes una sucesión de capas y desde mi punto de vista es importante establecer cada una. Entonces, si todo está colocado bien, tú empiezas a escuchar todo ello, estos saltos sonoros verticales, Pero, nuevamente, cada capa tiene que estar realmente concentrada en la danza rítmica que está sucediendo. Ese pulso que no sólo está creando el impulso rítmico sino también la atmósfera, la habilidad para que todos esos otros sonidos hablen. Me parece que si ese impulso rítmico en la percusión está definido tú casi escuchas la música que aún está por suceder. Es un fenómeno realmente extraño en esta obra. Por ello es importante tener ese impulso rítmico realmente en marcha.

DEL TORO: ¿En qué otros compositores encuentras una conexión con esta clase de estructura en capas?

CABRERA: Es buena pregunta. En Stravinsky. Hay algo en Revueltas, en su vitalidad rítmica y la estructura de sus acordes, que he escuchado en Stravinsky.

DEL TORO: ¿En el Stravinsky del tiempo del *Pájaro de fuego* y *La consagración de la primavera* o en sus etapas posteriores...?

CABRERA: No, es más bien en la Sinfonía en tres movimientos[87] donde he escuchado una similitud. En *Apolo*[88], para cuerdas, hay estos acordes jazzísticos que no siempre escuchas en el resto de su obra. El Concierto para cuerdas[89] es otro ejemplo de música de Stravinsky que tiene similitudes con la de Revueltas. Y *Dumbarton Oaks*[90]... Y sabes, hay algo en la música de Mozart que tiene esa cualidad rítmica que cuando todo queda alineado crea estas estructuras sonoras verticales. Pienso en el final de *Don Giovanni*, con todas estas piezas diferentes sucediendo simultáneamente. Es un ejemplo perfecto de música 150 años anterior a Revueltas que tiene esa similitud.

---

[87] Stravinsky compuso su Sinfonía en tres movimientos entre 1942 y 1945. De esta obra se ha dicho que Stravinsky retomó el estilo de su 'periodo ruso' pero bajo la mirada de su posterior 'periodo neoclásico'.

[88] El ballet *Apolo* (o *Apolo musageta*) fue compuesto por Stravinsky entre 1927 y 1928.

[89] El Concierto en re para orquesta de cuerdas fue compuesto por Stravinsky en 1946.

[90] Stravinsky compuso *Dumbarton Oaks*, o Concierto en mi bemol para orquesta de cámara, entre 1937 y 1938. Las cuatro obras de Stravinsky citadas tienen una conexión estadounidense: fueron compuestas en Estados Unidos (Concierto en re y Sinfonía en tres movimientos) en los primeros años luego de que Stravinsky emigró al país o fueron comisionadas por personas o instituciones estadounidenses (*Apolo*, *Dumbarton Oaks* y Sinfonía en tres movimientos).

Jesús Del Toro

DEL TORO: Para ti, un músico de herencia mexicana, ¿sientes que la música de Revueltas es parte de tu identidad?

CABRERA: Esto es muy interesante porque en cierto modo estoy descubriendo mi propia herencia. Soy mitad mexicano, mi familia del lado de mi padre es mexicana. Todos estábamos en el sur de California y pasé mucho tiempo con mis abuelas y tías abuelas y ellas preparaban sus platillos especiales para mí cuando las visitaba. Tengo el sentimiento de todo ello a través de mi familia, que es muy representativo de la cultura mexicana. Estoy con amor y emoción descubriendo la cultura de México y también de Sudamérica, ahora que estoy dirigiendo esta orquesta en Chile. Estoy muy emocionado por ello, es una nueva vista, un nuevo valle musical que se me abre. Y tengo mucho que aprender. Tengo muchas cosas emocionantes en mi futuro y quiero, por ejemplo, empezar a programar a este compositor chileno [Rifo] y a Chávez y Revueltas tanto como sea posible. Porque es parte de mi herencia, algo de lo que estoy orgulloso y emocionado por aprender más.

DEL TORO: Los programas de subscripción son definidos porque se desea presentar gran música pero también porque se necesita tener algo que la gente quiere escuchar... Existe una relación entre el arte y el mercado... En una ocasión se me dijo que un gerente de una radio comercial de música clásica en la costa oeste encontraba la música de Revueltas demasiado "étnica" para dedicarle un programa especial, aunque no tenía problemas para programar música de Bartok, que en varios casos es también "étnica". ¿Encuentras tú resistencia o renuencia a incluir música de Revueltas y de otros compositores como él con mayor frecuencia y en programas de subscripción?

CABRERA: Programar conciertos de subscripción es servir a un cliente. Y también depende mucho de quién es el artista invitado, sea un director o un solista. Eso juega una parte muy importante. Para un director invitado tienes que programar aquello que él o ella quiera dirigir. Eso impulsa esos programas de subscripción.... Cuando se programa algo para una orquesta sinfónica se hace con base en las fortalezas de los artistas participantes. Las fortalezas de Michael Tilson Thomas son mucha música americana, música estadounidense mo-

derna especialmente. Mahler. Él tiene esa famosa grabación de *Sensemayá*[91].
Pero si alguien especializado en música de América Latina viene, estoy seguro
que no habrá duda de programar piezas de Revueltas o de cualquier otro. Es
cuestión de traer a las personas para las que es importante tocarlo. Pero no
siento ninguna duda ante música que suene muy étnica. Eso no sucede, al
menos ciertamente aquí [la Sinfónica de San Francisco]... Y diría que en general, en todas las orquestas mayores, es música que queremos incluir.

DEL TORO: En la década de 1930, que es el periodo principal de Revueltas, en
México es una época de nacionalismo, de descubrimiento o construcción de
lo nacional. Y en ese sentido se necesitaba encontrar a los grandes iconos
mexicanos. Y en la música existió esta escuela o idea de citar la música indígena en una forma clásica... Pero a Revueltas no le interesaba realmente la
música precolombina, estaba mucho más interesado en los sonidos de la calle... Y cuando introducía elementos folclóricos, a veces los rompía al nivel de

---

[91] Michael Tilson Thomas (1944) es el director musical de la Orquesta Sinfónica de
San Francisco, orquesta con la que, por ejemplo, el 7, 8 y 9 de octubre de 2010 tocó
Sensemayá en un programa de subscripción que además incluyó *Ciranda das sete notas*
(para fagot solista y orquesta de cuerdas, de 1933) de Heitor Villa-Lobos, *Amériques*,
la histórica obra de vanguardia de Edgard Varèse, y la Séptima Sinfonía de Ludwig
van Beethoven. Además, en su disco *Tangazo* (1993), Tilson Thomas dirigió a la Orquesta Sinfónica Nuevo Mundo (qué él mismo estableció en Miami a mediados de la
década de 1980) en *Sensemayá* de Revueltas, *Sinfonía india* de Carlos Chávez, la suite
de *La rebambaramba* y Rítmica No. 5 de Amadeo Roldán, *Danzón cubano* de Aaron
Copland, *Tres danzas cubanas* de Alejandro García Caturla, *Tangazo* de Astor Piazzolla
y 'Danzas' del ballet *Estancia* de Alberto Ginastera. En la portada de ese CD de 1993
no aparecen Revueltas ni Caturla entre los compositores cuya música está incluida en
él. El mismo disco se reeditó en 2002, ya con Revueltas mencionado en la portada
(pero no Caturla ni Roldán) con el título *Latin American Classics* bajo el sello de Decca. El CD de 1993: Chávez, Copland, García Caturla, Ginastera, Piazzolla, Revueltas
y Roldán. *Tangazo. Music of Latin America*. The New World Symphony / Michael
Tilson Thomas. Polygram Records / Argo (1993) CD. El CD de 2002: Chávez, Copland, García Caturla, Ginastera, Piazzolla, Revueltas y Roldán. *Latin American Classics*. The New World Symphony / Michael Tilson Thomas. Decca, (2002) CD.

la caricatura. Y en ocasiones eso escandalizaba a algunos en México. Él era un rebelde, cortaba por detrás esa idea oficial.

CABRERA: Él era un iconoclasta. Diferente.

DEL TORO: Exacto. Eso hoy es quizá más apreciado que el nacionalismo simple.

CABRERA: Ese siempre es el caso de quienes rompen el molde y componen rompiendo las fronteras preconcebidas en torno a esta música, sea música folclórica ingresando al mundo de la música clásica o no. Y esa clase de cosas son siempre apreciadas después, o cuando se mira atrás. Es una voz verdadera. Él [Revueltas] estaba poniendo en música lo que él escuchaba en el mundo de su época, no lo que pensaba que sonaba la música precolombina 500 años atrás. No tiene nada que ver con eso. Pero en su momento la gente simplemente no sabía qué pensar de esta música. Era demasiado cruda, demasiado real en cierto modo. Demasiado real.

DEL TORO: Demasiado real...

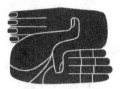

Jorge Pérez Gómez

Jorge Pérez Gómez (1963) es un músico originario de la Ciudad de México, profesor de dirección orquestal en el Departamento de Música de la Universidad de Nuevo México y director de la orquesta sinfónica de esa institución. Formado en México, Italia y Estados Unidos ha dirigido orquestas en esos países y realizado una amplia actividad formativa al frente de la Orquesta Sinfónica de la Universidad de Nuevo México. En su labor docente, en materias como actividad orquestal y dirección de orquesta, ha hecho uso intensivo del repertorio de Silvestre Revueltas.

En 1997 y 2000 Pérez Gómez dirigió y produjo dos discos con obras de Revueltas, con primeras·grabaciones (Batik) y obras poco grabadas anteriormente (Troka), al frente de la Orquesta de Cámara de la Universidad de Nuevo México y la Orquesta Filarmónica de Moravia, respectivamente. Ha también dirigido la Orquesta Sinfónica Nacional de México, la Orquesta Sinfónica de la Universidad de Guanajuato, la Orquesta del Festival de Montanhas (Brasil) y las orquestas filarmónicas de Oradea y Brasov de Rumania.

En 2010 se realizó esta charla sobre Revueltas en el despacho de Pérez Gómez en la Universidad de Nuevo México en Albuquerque.

DEL TORO: Tú has sido uno de los más entusiastas promotores de la música de Silvestre Revueltas en el entorno universitario de Estados Unidos, ¿cómo has visto la presencia o ausencia de su obra en el escenario musical de este país?

PÉREZ GÓMEZ: Sí, para mí ha sido quizá el proyecto más importante, o uno de los más importantes, desde que vine a la Universidad de Nuevo México en 1990 el presentar obras características de compositores latinoamericanos y lo que más me ha impresionado es que poco a poco los estudiantes que han pasado por esta universidad, y que luego salen de otra universidad y tienen otras experiencias, siempre me agradecen que si no fuera por esta situación aquí en Nuevo México no hubieran conocido a Revueltas. Lo importante es que en realidad todos tenemos la tendencia a estar más cómodos con eso que nos es familiar... Entonces las universidades en Estados Unidos están fundamentalmente ligadas a Europa en el sentido de que conocer lo que se hace en Francia o en Alemania o en Austria se considera natural. Pero por otro lado, por mucho tiempo, quizá hasta hace unos 10 años, era difícil encontrar situaciones en donde la música latinoamericana fuera comúnmente programada con repertorio considerado tradicional... Para mí, al ver cómo Revueltas es aceptado como una figura internacional, más allá de México y más allá de si es latinoamericano, y al ver cómo su música es una obra maestra, porque él era realmente un genio que no dejó muchísimo escrito pero eso que dejó es realmente excepcional, ha sido posible por su propio peso establecer como una cosa común el poder tocar música de Revueltas aquí en donde estoy yo. Además porque hay la idea y el interés... de querer conocer Latinoamérica, la cultura mexicana. [Eso] me facilitó presentar la música de Revueltas.

DEL TORO: ¿Cómo se percibía la música de Revueltas aquí en la Universidad de Nuevo México, en su departamento de música y su orquesta, cuando tú llegaste a principio de los 90 y qué ha cambiado?

PÉREZ GÓMEZ: Lo que ha cambiado es que estos últimos 20 años han coincidido también con el desarrollo de la tecnología de las computadoras, del conocimiento mucho más automático de lo que existe en el mundo a través de internet. Y eso ha facilitado un poco el quitar los muros de protección que existían. Antes..., uno tendría que andar a la biblioteca a buscar información sobre un aspecto de música mexicana... Pero ahora no es raro que un americano tenga grabaciones de un grupo sudafricano en su iPod... Eso quizá ha venido a ayudar a que la música de Revueltas... [sea] más aceptada como una cosa común, más normal y nadie lo cuestiona [al usarla en el proceso de educación de los músicos] al grado de ¿por qué esto [y no un compositor europeo]? El mundo integrado a través de la tecnología hace fácil poder hacer esta música mexicana. Lo que sí es interesante es ver la reacción de alumnos que

han estudiado toda su vida, especialmente hasta llegar a la universidad, repertorio fundamentalmente europeo, con complicaciones rítmicas quizá no muy
grandes, [ante] cierto tipo de sonoridades características de Revueltas que son
absolutamente geniales y mexicanas. El uso de la disonancia de un modo coherente pone en cuestión el hecho de que toda la primera parte de la educación de estos jóvenes sea con música que quizá tenga poca disonancia en
términos relativos a eso que encontramos en la música de mediados del Siglo
XX. Lo interesante es que para ellos, para mí por ejemplo, la música de Revueltas tiene un contexto que no es nada más la sonoridad. Para mí realmente
penetra las capas más profundas de la identidad mexicana: el sentido del
humor, una percepción del mundo en la que hay que tomar con cierta casualidad el mismo hecho de la vida, este tipo de filosofía de la unión de la vida y
la muerte, que todo es casi una broma, que no hay que tener una gran seriedad enfrente de los problemas. Esto está dentro de la música de Revueltas pero para uno que no es mexicano, la mayoría de los estudiantes aquí son americanos, es difícil entender éste doble sentido, este tipo de sutileza que refleja
realmente la música de la cultura mexicana, estas cosas de no tomarse en serio, el doble sentido, que no se sabe en la mañana qué sucederá durante el
día... Breton decía que México era el epítome del surrealismo. Ver la realidad
con cierto humor y penetrar en el sistema educativo es muy difícil, porque es
una cosa que es parte de la cultura y cuando no se ha vivido en eso durante
los primeros años de vida es difícil sobreimponerlo a alguien que no lo ha experimentado. Entonces quizá el gran logro para mí es que los estudiantes se
vean inspirados por esta música en el sentido de que ya no cuestionan por qué
tocamos esto en lugar de una sinfonía de Beethoven, sino que verdaderamente vienen inspirados para que su curiosidad los lleve más allá. Entonces,
además de disfrutarlo personalmente, me ha dado particularmente placer ver
que poco a poco [Revueltas] se ha convertido más en una parte de la norma.

DEL TORO: Toda esa ironía, doble sentido, humor y al mismo tiempo también
un sentido trágico que en cierto modo se juntan en el concepto de lo mexicano están presentes en la obra de Revueltas. Pero la obra de Revueltas ha sido
encasillada por algunos dentro de lo meramente nacionalista, que en cierto
modo lo era, pero por otro lado él la creó apartándose de los cánones o los

clichés que en su época, y todavía hoy, tratan de marcar lo que debería ser o es la música mexicana...

PÉREZ GÓMEZ: Sí, para mí es un aspecto realmente único de Revueltas, que sin usar melodías que se pueden referir como parte del folclor popular es indiscutible que cuando uno escucha la música de Revueltas eso es mexicano y no tiene que hacer uso de una referencia o una melodía que es parte de una cultura autóctona mexicana. Entonces yo creo que el alcance de Revueltas fue lograr, porque hay diversos niveles de logro y en mi opinión Revueltas realmente es el epítome, representar la cultura en sus aspectos, lo más obvio y superficial y también lo más sutil y difícil de entender si uno no lo ha vivido, si no es parte del paisaje mexicano. Y ese hecho de poder representar el humor, el doble sentido de todo lo que se dice, tiene siempre otra cosa que viene unida a las palabras literales, al color, a la comida, a los extremos, por ejemplo, en sabores. En esto Revueltas muestra en su música en muchos instantes lo que en mi opinión es un increíble talento, una increíble capacidad para mostrar todo eso que nos hace mexicanos y que es mucho más allá que cantar una canción folclórica o lo que se come con la tortilla...

DEL TORO: Cuando enseñas a los estudiantes la obra de Revueltas..., ¿qué es lo que más te interesa explicarles y qué es lo que más les llama la atención?

PÉREZ GÓMEZ: Siempre en los ensayos de orquesta, por ejemplo en el caso de *Sensemayá*, la pongo como ejemplo porque es quizá la más conocida obra de Revueltas de todo el repertorio que se toca, trato de mostrarles el contexto de con qué la ha escrito, por qué la ha escrito. Porque toda la obra de Revueltas estaba conectada a la vida política de México, a la situación política del mundo, con la Guerra Civil en España, estaba conectada a todas las artes, pintura, escultura, teatro, danza, y entonces me sirve de vehículo para no nada más enseñar cuestiones musicales técnicas de que si este ritmo se hace así porque tiene estas particularidades sino también me sirve como un vehículo para dar a conocer el contexto de por qué fue escrita esta obra, cuál era la conexión por ejemplo con Nicolás Guillén, el autor del poema *Sensemayá*, la correlación política de Batista[92]... con la serpiente que viene muerta al final del ritual. Entonces yo trato de no nada más abordar los ensayos desde el punto de vista técnico-musical, lo que se puede hacer porque de todos modos es una enseñanza con complejidad rítmica, con complejidad de orquestación, con complejidad armónica, sino además de eso uno lo pone en contexto con la situación política, cuándo fue escrita [la obra], la relación con este poeta o este pintor o este escultor y cómo todo estaba integrado. Me ayuda para dar más a los estudiantes ahora que se hacen tantas obras de arte interdisciplinarias, porque eso es una cosa también de nuestro tiempo. Antes se hacían los conciertos por la música, se tocaba y se escuchaba la música, pero ahora tenemos mucho más estos conceptos de ir a un concierto de música con una imagen, con bailarines, con otros elementos agregados al espectáculo que lo hacen también una experiencia visual además de ser una experiencia auditiva. Todo con la ayuda de los medios tecnológicos. Pienso que abordar las cosas desde este punto de vista le hace mucho más fácil a un estudiante, que no conoce el contexto de la música por sí sola, aceptar que esto viene junto, como parte de toda una vida, de un lugar que tenía todo ese espectro de posibilidades y de artistas viviendo en un mismo lugar al mismo tiempo. Por ejemplo, con el *Homenaje a Federico García Lorca*. Muchos de estos estudiantes no saben quién fue Federico García Lorca. Entonces no nada más hablamos de la música. También, por ejemplo, de cómo Revueltas pone en *Homenaje a Federico García Lorca*, como decíamos, elementos de humor pero también de tragedia por la muerte de García Lorca y como todo viene tejido dentro de la obra. Con Revueltas siempre parece como si fuera un modo de mostrar un poco este sentido del humor y de esta tragedia y de esta aceptación de que la muerte es parte de la vida y... que nos podemos también reír con la muerte.

---

[92] Tras el golpe de estado llamado la 'Revuelta de los sargentos' en Cuba, en 1933, Fulgencio Batista cobró poder creciente, tanto en las fuerzas armadas cubanas como en su influencia y control sobre los sucesivos gobiernos de la isla, que habrían sido sus marionetas hasta que él finalmente ascendió a su primera presidencia en 1940. La represión de movimientos sociales y de izquierda y la explotación perpetrada por las compañías trasnacionales en la década de 1930 fueron severas y en ese contexto Nicolás Guillén escribió *Sensemayá*, poema incluido en su libro *West Indies Ltd.* (1934).

Jesús Del Toro

Entonces es interesante incorporar todos estos conceptos a un currículum educativo que normalmente no habría tenido todas estas ramificaciones.

DEL TORO: Cuando los estudiantes u otros músicos con los que tú has trabajado se concentran en lo musical, ¿en qué posición colocan a Revueltas, conociendo su lugar y su época, dentro de la historia de la música...?

PÉREZ GÓMEZ: Por ejemplo, una experiencia que también fue muy reveladora fue grabar música de Revueltas en la República Checa[93] con músicos de la República Checa, que realmente son músicos profesionales y también tienen un vasto repertorio de música complicada desde todos los puntos de vista, ritmo o estructura, etcétera, etcétera. Pero no se esperaban, cuando llegamos con la producción que hizo Quindecim de *Troka*, del disco *Troka*, que esta música fuera de este grado de dificultad. Y no nada más no lo esperaban sino que yo sentí que con el número de sesiones que nos habían dado originalmente para hacer el disco no lo acabábamos y entonces ellos, tengo que decir que por el interés que despertó completar el disco, donaron casi el doble del tiempo de lo que estaba programado para grabarlo, si no lo hubiéramos dejado incompleto, porque les parecía verdaderamente estupendo, de primer nivel... Con el ingeniero de sonido Xavier Villalpando, que estaba en Olomouc, la ciudad checa en donde estuvimos haciendo esta grabación, tuvimos la experiencia de que los músicos estaban intrigados por una cosa que era estupenda, de gran nivel y que no se esperaban que tuviera esta calidad. Ellos mismos reconocieron que era especial. Entonces yo pienso que poco a poco, no porque yo sea mexicano y porque sea Revueltas, pero por su valor como música, su genialidad de él, independientemente de ser mexicano, me da gran placer aportar a un mejor conocimiento de la obra de un compositor que realmente es de calidad mundial. Obviamente no se discute abiertamente en qué lugar está Revueltas, pero siento que verdaderamente hay una diferencia ahora que hace 20 años..., poco a poco ha estado ocupando el lugar que se merece. Antes era una cosa extraña, un proyecto especial, un concierto de música lati-

---

[93] Silvestre Revueltas. *Troka*. Orquesta Filarmónica de Moravia / Jorge Pérez Gómez. Quindecim Recordings (2000) CD. El disco además de *Troka* incluye *Colorines*, *Música para charlar*, *Caminos*, *Batik* y *Redes* (la suite de Erich Kleiber).

noamericana, siempre se sentía que era un espacio especial hecho a propósito para presentar esta música. Y ahora pienso que poco a poco se ha convertido en parte más tradicional de los currículos educativos y de los repertorios de las orquestas y pues eso me da gran gusto.

DEL TORO: ¿Qué otros proyectos con música de Revueltas has realizado en estos años, cuáles son los que más te han satisfecho?

PÉREZ GÓMEZ: Antes de venir a la Universidad de Nuevo México estuve en la Universidad de Kansas tres años. Ahí toqué *Sensemayá*, y gustó mucho, pero sin ningún elemento interdisciplinario agregado... Acá en Albuquerque, además de tocar un buen número de obras en concierto, en 1996 produjimos un disco que se llama *La música de Silvestre Revueltas*[94] que incluye dos primeras grabaciones de obras de Revueltas: *Batik*, de 1926, y *Pieza para orquesta* [de 1929]... Con este disco la casa editorial que controla la mayoría de las obras de Revueltas nos dio un lugar especial por estar mostrando este repertorio en Estados Unidos. Este fue un proyecto muy importante. Otro proyecto importante fue que en 2000, al cambiar el milenio, hicimos toda una presentación de *La coronela* que Revueltas dejó al final de su vida... Entonces, además de dar una charla sobre la Revolución Mexicana y un poco de la historia de los conflictos, tuvimos una exposición audiovisual para el público... un espectáculo con diapositivas de las imágenes de José Guadalupe Posada[95]. Esto también gusto mucho. Otro proyecto ha sido tocar en concierto obras normalmente poco conocidas de Revueltas que fueron presentadas en quizá el más importante proyecto que he hecho hasta ahora: *Troka*. La culminación de

---

[94] Silvestre Revueltas. *La música de Silvestre Revueltas*. Orquesta de Cámara de la Universidad de Nuevo México / Jorge Pérez Gómez. Universidad de Nuevo México / Serie AA de Música Latinoamericana (1997) CD. Incluye *El renacuajo paseador*, *Batik*, *Ocho por radio*, *Pieza para orquesta*, *Tres sonetos*, *Siete canciones* y *Homenaje a Federico García Lorca*.

[95] Silvestre Revueltas comenzó a componer en 1940 música para el ballet *La coronela*, inspirado en la gráfica de José Guadalupe Posada, para la compañía de la bailarina y coreógrafa estadounidense Waldeen (1913-1993). A la muerte del compositor, el 5 de octubre de ese año, la música estaba incompleta y sin orquestar, esbozada en tres guiones para piano. *La coronela* fue terminada y orquestada por otros músicos.

este proyecto fue un espectáculo con marionetas concebido con la compañía de teatro de marionetas de la Ciudad de México Teatro Tinglado, de la cual su director es Pablo Cueto, nieto de Germán Cueto[96], quien originalmente debía colaborar con Revueltas para presentar *Troka* con marionetas durante la vida de Revueltas. En 2003 logramos traer aquí al Teatro Tinglado y sus miembros, que son cinco con Pablo Cueto incluido, a presentar *Troka* con marionetas creadas por ellos como parte de un espectáculo que ellos ya tenían montado, que se llama *Las historias Revueltas*, en el que había ya tres espectáculos de Revueltas: uno *Sensemayá*, otro *El renacuajo paseador* y otro *El rey enano de Uxmal*. Entonces *Troka* se convertía en el cuarto espectáculo con marionetas de un espectáculo total de aproximadamente una hora porque cada historia de marionetas dura 15 minutos... Troka es un robot inspirado en el mural de Diego Rivera en el Palacio de Bellas Artes y Germán List Arzubide[97], escritor estridentista, creó a Troka 'el poderoso', un tipo de *transformer* de los años 30, y escribió un libro en el que en cada capítulo Troka se convierte en una máquina diferente para explicar cómo la tecnología va a tener efectos benéficos para todos. Esto tenía un contexto político-comunista, el hecho de que la tecnología, antes de los problemas de contaminación, se pensaba que iba a resolver todos los problemas. Hay dos niños que viajan con Troka en diferentes aventuras y Troka durante los capítulos se transforma en diversas máquinas, por ejemplo en un telescopio y desde el punto de vista de un telescopio Troka habla con estos niños de cómo las estrellas son ahora parte de la vida... Por eso te digo que este proyecto es interesantísimo, porque como Germán List Arzubide era pedagogo... pensaba que a través de las marionetas también se podía crear un método para enseñar mejor a los niños. Entonces ya estamos más allá de la literatura, más allá de la música, estamos aquí tocando cómo

---

[96] Germán Cueto (1893-1975) fue un escultor, pintor y titiritero mexicano, muy cercano al movimiento artístico mexicano de los estridentistas, y amigo de Silvestre Revueltas. Su familia ha continuado la tradición del títere mexicano.

[97] Germán List Arzubide (1898-1998) fue un poeta y escritor mexicano, uno de los pilares del movimiento de vanguardia conocido com estridentismo, junto con Manuel Maples Arce. Silvestre Revueltas y su hermano Fermín, pintor y muralista, fueron muy cercanos al estridentismo.

hacer la diferencia para que nuestros niños tengan más interés y que ciertos conceptos de matemáticas o tecnología puedan ser más fácilmente abordados por ellos. Entonces lo verdaderamente sensacional de este proyecto de *Troka* es que tiene el aspecto del libro original, tiene el aspecto de crear las marionetas. Un artista venezolano que ahora vive en Austin, Texas, que era profesor aquí en la Universidad de Nuevo México, hizo cinco litografías, imágenes de la transformación de Troka en diferentes máquinas, y diseñó la cubierta del disco *Troka* producido en la República Checa[98]. También queríamos crear una imagen visual de Troka. Y a través del Centro de Computación, aquí en la Universidad de Nuevo México, a la imagen original de Troka que aparece en el libro de Germán List Arzubide le dimos una animación por computadora y se presentó esta animación. La última parte de todo fue la presentación con las marionetas. Mi gran ideal, obviamente no he llegado a este punto, pero yo tengo tanta fe en *Troka*, era que se pudiera crear un juego de computadora en el que un niño podría crear su propia decisión de qué transformación quiere de Troka. Entonces entre el desarrollo de las computadoras, la literatura, las marionetas, las litografías, para mí *Troka* ha sido uno de los puntos culminantes de mi paso por Nuevo México. Además, en *Troka*, en la obra musical, Revueltas utiliza 'A la víbora, víbora de la mar', canción para niños, hace una referencia literal de esta música. Troka mismo, el robot, es representado por la tuba. Troka aparentemente debería ser perfecto porque se puede transformar en todas las posibilidades mecánicas que existen. Como decía Germán List Arzubide, Troka es el epítome de todo lo bello que es mecánico, las grúas, los trenes, los engranes, las torres de petróleo. [Pero] lo simpático de todo es que Revueltas escribió el tema de Troka en siete octavos, que en términos musicales da cierta imperfección, digamos, porque los números pares –dos, cuatro, seis, ocho– en términos de ritmo en música son simétricos pero si es uno, tres, cinco, siete son asimétricos. Entonces hace que el movimiento del robot mismo sea imperfecto, él mismo se está riendo de la imagen de que Troka debe ser perfecto, pero la verdad es bastante imperfecto... Siempre está este sentido del humor estupendo en el que todo eso que parece ser serio es absoluta-

---

[98] José Luis Rodríguez, según el crédito del citado CD.

Jesús Del Toro

mente para reír..., esto es fundamental del espíritu mexicano. Al final de la obra musical de *Troka*, Revueltas cierra con una marcha en lo que podría ser cualquier pueblo de México... Entonces lo que nosotros creamos fue tratar también de hacer que Troka, al final del espectáculo con las marionetas, tuviera una interacción con el público, así el público no permanece separado del espectáculo y de las marionetas sino que se vuelve un poco integrado al espectáculo mismo... Pablo Cueto, por cierto, reconoce en la puesta en escena con las marionetas el problema de la contaminación, que no existía cuando Troka fue concebido, pero hay un momento en que la música es bastante caótica, en el centro de la obra musical de *Troka*, y Pablo Cueto utilizó ese momento para mostrar la basura y la contaminación. Entonces es [un espectáculo] bastante actualizado... Este proyecto de *Troka* para mí ha sido el más importante en mi paso por Albuquerque.

DEL TORO: ¿Después *Troka* la llevaron a México?

PÉREZ GÓMEZ: La llevamos a México en 2004 y se presentó por primera vez con marionetas en la Universidad de las Américas en Cholula, Puebla, y luego también en Atlixco y en la Ciudad de Puebla y también fue un gran suceso. Para mis estudiantes, la mayoría americanos, haber ido a esta gira de conciertos a Puebla fue una experiencia... Si estamos hablando de los efectos de Revueltas en la educación de los estudiantes americanos, estas cosas son las que hacen una huella, porque para ellos tocar Revueltas en México con una compañía de marionetistas mexicanos se convirtió en una experiencia educativa de un valor incalculable. ¿Cuántas veces logra uno tocar un vals vienés en Viena para un público vienés que entiende el vals como lo que era para Johann Strauss? Es lo mismo llevar eso que es mexicano a México a través de los americanos... Yo les digo a mis estudiantes que me considero un buen educador en la medida en que yo los puedo inspirar a que hagan más de lo que están haciendo. Si yo logro con lo que hago y con el amor que le tengo a la música que ellos por lo menos amen lo que yo amo a la mitad, e inspirarlos, con eso me considero que he hecho un buen trabajo. Entonces el poderlos llevar a México y que fueran parte de esta presentación me dio gran placer porque la inspiración que eso creó en ellos para entender a Revueltas, para entender México, para entender *Troka*, fue una cosa única...

DEL TORO: Con el tiempo esos estudiantes que serán músicos en orquestas, solistas, profesores, van a comenzar a asumir a Revueltas como algo natural en el repertorio de la música...

PÉREZ GÓMEZ: Para el tubista que tocó esa serie de conciertos en México, siendo la tuba Troka mismo, el tema de *Troka*, para él Revueltas de repente se convierte en una prioridad que realmente no hubiera experimentado si no se hicieran este tipo de proyectos. Porque no es lo mismo tocar la tuba en una Sinfonía de Tchaikovsky, músico ruso, que hacer una cosa en el contexto cultural al que pertenece...

DEL TORO: ¿Qué proyectos futuros con Revueltas estás planeando?

PÉREZ GÓMEZ: Quiero hacer *Planos* y no sé si le agregamos una coreografía. Tenemos diversas ideas. Lo que sí me queda claro es que mientras más elementos le agregamos a la música –una historia, danza, una parte visual– más éxito tenemos en el propósito de lo que se proyecta. Estoy pensando en *La noche de los mayas*, estoy pensando también en *Redes*, quizás con la ayuda del Departamento de Cine, porque obviamente *Redes* y buena parte de la obra de Revueltas fue música para películas... Ver si tenemos una interacción con el Departamento de Cine y tocar con las imágenes. Hay problemas de presupuesto y diversas cosas. Hay una obra poco conocida de Revueltas que se llama *El afilador*, este personaje típico de las calles de México que va con una rueda afilando cuchillos. Entonces hay cosas desconocidas que verdaderamente una vez más son únicas y muestran el espíritu de lo que es México al máximo, porque con la orquestación de *El afilador*, como está compuesta por Revueltas, es una imagen perfecta de este personaje que tenemos en la cultura mexicana.

DEL TORO: Lo has dicho varias veces: la obra de Revueltas te parece muy abierta a lo multidisciplinario...

PÉREZ GÓMEZ: Sí, porque me queda muy claro que para él componer música era parte de una experiencia de vida en un contexto lleno de diversas partes creativas... De color, de todo lo que tiene que ver con los sentidos, de la comida, de escultura, en fin del paisaje en México... Me queda claro que se puede hacer la obra de Revueltas abierta para una interpretación visual...

DEL TORO: Con lo que tú has hecho, con lo que has visto que otros han hecho en Estados Unidos con la obra de Revueltas, ¿cuál crees que es la posición que en el futuro podría adquirir el repertorio revueltiano?

PÉREZ GÓMEZ: Yo tengo la seguridad de que es sólo cosa de tiempo para que Revueltas se convierta en un compositor común en las programaciones y común en los currículos educativos de las instituciones en Estados Unidos. Esto porque esta música es de tal calidad por sí sola, independientemente de dónde viene, del aspecto cultural, etcétera, que yo pienso que su importancia caerá por su propio peso... No puede competir con Beethoven, Mozart u otros que son el alma de las programaciones de las orquestas en Estados Unidos y en el mundo porque esta música es reconocida como la esencia de donde salió la música clásica, que fue Europa. Pero sin llegar a ese grado de popularidad, de todos modos pienso que poco a poco se gana un poco de terreno en lograr que Revueltas sea reconocido como figura mundial, no sólo como mexicano sino por su lugar en el mundo de los compositores en general.

DEL TORO: En comparación con la de Revueltas, ¿cómo se estudia, cómo se toca la obra de Carlos Chávez en Estados Unidos?

PÉREZ GÓMEZ: Chávez también me parece un compositor estupendo. Yo por limitaciones del número de conciertos que se tienen me he concentrado en Revueltas, pero eso no significa que Chávez no tenga también un lugar importante. Él hizo bellísimas composiciones y es difícil para mí decir mejor Revueltas en lugar de Chávez o mejor Chávez en lugar de Revueltas. Cada uno tuvo sus aportaciones y realmente no me gustaría clasificar... Yo he tratado de sólo ver el valor de lo que Revueltas contribuyó, porque estas comparaciones realmente no aportan nada desde el punto de vista de la importancia que tienen los dos... Chávez invitó a Revueltas a ir de director con él a la Sinfónica de México y luego en un punto sí tuvieron sus diferencias. Si uno lo estudia desde el punto de vista humano entre ellos uno acepta que no acabaron en los mejores términos. Pero uno que sólo está interpretando aportaciones al mundo de la música y al mundo cultural pues realmente tiene que tratar de mantener eso fuera del juicio.

DEL TORO: ¿Es Revueltas, en tu experiencia y no sólo aquí en la Universidad de Nuevo México sino en cualquier lugar donde alguien lo toca en Estados Unidos, una puerta de entrada al resto de la música mexicana? ¿Un estudiante al que le enseñas Revueltas te pregunta qué otros compositores hay en México?

PÉREZ GÓMEZ: Absolutamente. Hay compositores excelentes, contemporáneos en México. Y para uno que comienza y quiere entender un poco en dónde comenzar a entender a los compositores o a la música de un país, Revueltas para nosotros me parece perfecto, porque después de ahí vienen Moncayo, Galindo... Hay tantos que han hecho bellísimas obras y el acceso a ellos viene abierto al presentar algo como Revueltas...

DEL TORO: Es un gran embajador...

PÉREZ GÓMEZ: Si yo tuviera que escoger cuál es el mejor, el más representativo de eso que en mi opinión nos puede abrir contacto con el mundo, Revueltas sería el que escogería. Pero, como digo, he estado trabajando más en la música de él así que no quiero hacer juicios sobre la música de ningún otro compositor. Sólo que Revueltas es absolutamente una carta de presentación estupenda para México.

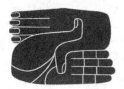

Joseph Horowitz
y Ángel Gil Ordóñez

Dos de los más entusiastas y activos promotores de la música de Silvestre Revueltas en Estados Unidos son Joseph Horowitz y Ángel Gil Ordóñez, cabezas del Post-Classical Ensemble, actualmente orquesta residente de la Catedral Nacional en Washington DC.

Horowitz (1948) es un preeminente historiador de la música clásica en Estados Unidos y uno de los mayores expertos en la escena musical contemporánea estadounidense. Es autor de varios libros centrales en la crónica de la música clásica en Estados Unidos durante los siglos XIX y XX, entre ellos Conversations with Arrau, Understanding Toscanini, Classical Music in America. History of its Rise and Fall *y* Artist in Exile: How Refugees from War and Revolution Transformed the American Performing Arts.

Ha sido pionero en la innovación en la programación y la curación de conciertos en Estados Unidos con el festival Schubertiade del centro cultural 92nd Street Y en Nueva York, la Orquesta Filarmónica de Brooklyn y la Orquesta Filarmónica de Nueva York. Además, ha creado programación sinfónica como cabeza del consorcio Music Unwound, una asociación de orquestas sinfónicas estadounidenses apoyada por la entidad pública National Endowment for the Humanities (Fondo Nacional para las Humanidades de Estados Unidos), y diseñado los programas 'Dvorak and America', 'Copland and Mexico', 'Charles Ives's America' y 'Kurt Weill's America'. En 'Copland and Mexico', Horowitz presenta la influencia que tuvieron en ese compositor estadounidense sus viajes a México en la década de 1930 (cuando compuso, entre otras obras, El Salón México*) como puerta de entrada a la música de*

Silvestre Revueltas. Conciertos de Music Unwound con repertorio revueltiano y la curaduría de Horowitz han tenido lugar con la Orquesta Sinfónica de Carolina del Norte, la Orquesta de Louisville, la Orquesta Sinfónica de Austin, la Orquesta Sinfónica de El Paso, la Orquesta Filarmónica de Las Vegas y la Orquesta Sinfónica de Dakota del Sur. Además, con la Orquesta Sinfónica del Pacífico y, sobre todo, con su PostClassical Ensemble ha presentado numerosos conciertos con música de Silvestre Revueltas en Estados Unidos, con énfasis en Homenaje a Federico García Lorca, Sensemayá *y* Redes *con película y orquesta en vivo, aunque también ha presentado varias de sus canciones y obras de cámara.*

Gil Ordóñez (1957) es un director de orquesta español, fundador y director musical del PostClassical Ensemble en Washington DC, director principal del Perspectives Ensemble de Nueva York, director de la orquesta de la Universidad de Georgetown en Washington DC y asesor artístico de Trinitate Philharmonia en León, México. Fue discípulo de Iannis Xenakis, Pierre Boulez y Sergiu Celibidache. Fue director asociado de la Orquesta Nacional de España y ha dirigido, entre otras agrupaciones musicales, a la Orquesta Sinfónica de Munich, Les Solistes de Berne, la Orquesta Sinfónica del Pacífico, la Ópera de Colorado y la Orquesta Filarmónica de Brooklyn.

Gil Ordóñez ha presentado, en colaboración con Horowitz, numerosas obras de Revueltas con el PostClassical Ensemble en Washington DC y recientemente encabezó la producción bajo el sello de Naxos de un nuevo DVD de la película Redes, *cuya banda sonora completa fue interpretada y grabada de nuevo bajo su batuta. También ha tocado repertorio de Revueltas en España y Cuba.*

Este diálogo se realizó en 2010 en la casa de Gil Ordóñez en Washington DC.

DEL TORO: Con su orquesta PostClassical Ensemble y en otros proyectos han tocado y promovido de modo intenso la obra de Silvestre Revueltas en Estados Unidos. Joe [Horowitz], ¿cómo es Revueltas visto hoy por los directores y las orquestas estadounidenses y en la escena musical del país? ¿Cómo se percibe la música de Revueltas?

HOROWITZ: Bueno, lo primero que quiero decir, Jesús [Del Toro], es que en nuestros siete años hemos tocado más obras de Revueltas que de cualquier otro compositor. No era nuestra intención [inicial] pero fuimos imbuidos en

esta labor de promoción[99] porque nos sentimos seguros de que es un compositor cuyo tiempo ha llegado. Y, más específicamente, siento que la mesa se está
invirtiendo en relación a Carlos Chávez y Revueltas. Chávez representó la
música mexicana fuera de México en el momento del modernismo, y Chávez
fue la persona con una cercana asociación con Aaron Copland y con Estados
Unidos. Ahora, el momento del modernismo ha pasado, y el favorecido es
Revueltas. En los lances del modernismo, pienso que existía un prejuicio distintivo contra Revueltas. Lo puedes encontrar en los escritos de Copland, por
ejemplo. Revueltas era visto como un amateur con talento. Además, él no se
implicó en las complejidades del modernismo –aunque Revueltas es en varios
sentidos también un modernista– y las complejidades conscientes o las preocupaciones sobre sí mismo de un Copland o un Igor Stravinsky no eran para
él. Era un compositor más visceral. Yo comparo esto con el prejuicio contra
George Gershwin, que también fue visto por Copland como un talentoso diletante. Creo que hoy ya no tenemos problema en dar a Gershwin y a Revueltas su verdadero lugar y no los penalizamos más porque no eran autoconscien-
tes, porque no eran ruidosa y patentemente complejos. Así, si miro mi bola de
cristal puedo decir que el momento de Silvestre Revueltas está llegando y si
hay algo que lo muestra es la frecuencia de sus interpretaciones. Aún no tenemos una realmente decisiva, activa muestra de promoción comparable a la
grabación de *Sensemayá* por Leopold Stokowski[100], pero Esa-Pekka Salonen

---

[99] Horowitz se refiere al tiempo de existencia, hasta el momento de esta conversación,
del PostClassical Ensemble, fundado en 2003. La entrevista se realizó en 2010 y por
ello la cuenta de siete años. En realidad, en los siguientes años desde 2010 a 2018
tanto el PostClassical Ensemble como Horowitz en proyectos con otras orquestas han
presentado aún más repertorio revueltiano. Destaca el DVD de la película *Redes*, con
la música de Revueltas grabada de nuevo por completo por el PostClassical Ensemble
bajo la batuta de Gil Ordóñez. Silvestre Revueltas. *Redes*. PostClassical Ensemble /
Ángel Gil Ordóñez, Naxos, (2016) DVD.

[100] En el sentido de que esa grabación de *Sensemayá* hecha en 1947 por Leopold Stokowski, la primera en el ámbito comercial de una obra de Silvestre Revueltas, en
buena medida catalizó el interés y abrió camino a otras grabaciones que siguieron en
años posteriores, en las décadas de 1950 y 1960.

hizo un CD [de Revueltas][101] y nosotros hemos hecho *Redes* aquí, y también se ha hecho en Santa Bárbara[102] y en Los Ángeles[103], la película con música en vivo. Y nosotros, tú lo sabes, esperamos hacer un DVD de *Redes*, para la disquera Naxos[104]... Eso ciertamente tendrá un gran impacto internacional en la reputación de Revueltas. Yo comparto la frustración de Roberto Kolb acerca de lo frecuente que se toca *La noche de los mayas*, que no lo representa [a Revueltas], y hemos sido muy afortunados de tener la ayuda de Roberto para programar uno de nuestros conciertos de Revueltas en la Biblioteca del Con-

---

[101] Silvestre Revueltas. *Sensemayá. Music of Silvestre Revueltas*. Los Angeles Philharmonic, Los Angeles Philharmonic New Group / Esa-Pekka Salonen. Sony Classical (1999) CD.

[102] La Orquesta Sinfónica de Santa Bárbara dirigida por Gisele Ben-Dor, quien con esa orquesta dirigió y grabó otras obras de Revueltas (*Itinerarios*, *Colorines* y *La coronela*).

[103] La Filarmónica de Los Ángeles, dirigida por Esa-Pekka Salonen.

[104] Es la ya citada nueva grabación de la partitura completa de la música de *Redes* de Revueltas, realizada en 2014 en Maryland por el PostClassical Ensemble bajo la dirección de Gil Ordóñez y la producción de Horowitz, que se tradujo en el lanzamiento en 2016 de un DVD de la película con una banda sonora grabada con tecnología de alta definición y una ejecución orquestal de alto nivel. Además, el filme usado en el DVD de Naxos es el que fue remasterizado por World Cinema Project de Martin Scorsese, por lo que se trata de un producto visual y musical distinto al original (que se incluye también en el DVD). La disponibilidad a amplia escala de este DVD, por añadidura, llena un vacío en el mercado pues antes de su lanzamiento era difícil para el público poder apreciar la película y, por ende, la música completa de *Redes*. Salvo un libro especial dedicado a la obra de Paul Strand y publicado en 2010 por Aperture Foundation y Fundación Televisa que incluyó un DVD de *Redes* con el filme remasterizado y la banda sonora original (Krippner, James, Morales Carrillo, Alfonso y Strand, Paul. 2010. *Paul Strand in Mexico*. Aperture Foundation y Fundación Televisa. New York City) y un DVD similar de The Criterion Collection, parte de un set con otras películas selectas remasterizadas por World Cinema Project (Martin Scorsese's World Cinema Project: *Touki Bouki, Redes, A River Called Titas, Dry Summer, Trances, The Housemaid*. The Criterion Collection (2013) DVD/Blu-ray), también con la banda sonora original, prácticamente no era posible para el público apreciar *Redes* ni la música completa que Revueltas compuso para esa película.

greso[105], en el que él identificó cuatro voces de Revueltas en un intento de resumir la diversidad estilística de este compositor. Entonces, no hay una respuesta directa a tu pregunta. Yo ciertamente pienso que la próxima vez que haya una nueva edición de *The New Grove Dictionary of Music and Musicians*[106] no encontrarás en ella lo que hallas si lo abres ahora: páginas sobre Chávez y un cuarto de página sobre Revueltas. Ciertamente auguro mucho más que eso.

DEL TORO: Has comentado que ahora que los modernistas han pasado Revueltas tiene un renacimiento, pero en ciertos sentidos Revueltas es visto como un compositor nacionalista, en otros como un músico revolucionario con un contenido político en su música pero también como un modernista, diferente a Chávez y sus contemporáneos, pero de una manera singular e innovadora. ¿Piensas que Revueltas es así o entiendes su música más bien como una parte importante del movimiento musical nacionalista en México?

HOROWITZ: Yo me inclino por Roberto Kolb, que insiste que Revueltas tiene cuatro voces distintas, y tú has ya articulado tres de ellas. La voz política, la voz modernista, la voz nacionalista... La cuarta creo era la voz afrocubana.

DEL TORO: En *Sensemayá*, por ejemplo.

HOROWITZ: Sí. Esas son las cuatro voces.

DEL TORO: ¿Y esa voz irónica, satírica...?

---

[105] Horowitz y Gil Ordóñez fueron protagonistas de un festival dedicado a la música de Carlos Chávez y Silvestre Revueltas realizado en marzo de 2008 en la Biblioteca del Congreso de Washington DC. En ese festival, Horowitz y Gil Ordóñez presentaron con su PostClassical Ensemble un variado programa con obras de Revueltas, curado por Roberto Kolb Neuhaus. Se interpretaron entre otras obras *Ocho por radio*, *Homenaje a Federico García Lorca*, *Caminando*, *Canto de una muchacha negra*, *Sensemayá* (en versión para orquesta de cámara), *Batik* y *Planos*. Kolb ha colaborado con frecuencia en los proyectos revueltianos de Horowitz y Gil Ordóñez.

[106] La más reciente edición fue publicada el 29 de enero de 2004, con 29 volúmenes. *The New Grove Dictionary of Music and Musicians*. 2004. Oxford University Press.

GIL ORDÓÑEZ: Bueno, yo creo que la cuarta es la voz revolucionaria, y en realidad lo que me atrae de Revueltas es que lo siento más cercano a la generación musical de España, en ese tiempo, que a la de México. Si estás interesado en la generación musical en la España de la década de 1930, que era muy política, muy comprometida, la estética de esta generación, que toma a De Falla como modelo, es muy cercana a la de Revueltas. La forma en que componían, sus temas, sus fines políticos, su parte popular, Federico García Lorca... ¿Por qué la obsesión de Revueltas con Federico García Lorca? Él fue a España durante la Guerra Civil y tuvo una epifanía. Se reunió con todos estos intelectuales. Quedó muy impresionado con su compromiso, con la música popular, el flamenco, la raíz popular. Yo siento a Revueltas muy cercano a esa generación de compositores españoles.

HOROWITZ: ¿En qué compositores españoles estás pensando?

GIL ORDÓÑEZ: Fue una gran generación de compositores, que he estado tratando de presentar aquí [en Estados Unidos], que es parte de la Generación de 1927. En España el año 1927 fue un momento muy importante, el aniversario [el tercer centenario de la muerte] de Luis de Góngora, uno de los más importantes poetas del Siglo de Oro. Todos los poetas revisitaron de algún modo esa literatura, la generación de Federico García Lorca, Rafael Alberti, José Bergamín... Una muy importante generación de poetas. Al mismo tiempo, hubo una gran generación de compositores. Por ejemplo los hermanos Ernesto y Rodolfo Halffter... Rodolfo en realidad se fue a México [en 1939] y estoy seguro que conoció allí a Revueltas...

DEL TORO: Sí. Y quizá lo conoció en España antes, en el viaje de Revueltas durante la Guerra Civil[107]...

GIL ORDÓÑEZ: Y si miras sus temas... Estamos hablando del espectáculo para marionetas, es muy cercano a una pieza de Rodolfo Halffter, *Don Lindo de Al-*

---

[107] En el contexto del II Congreso Internacional de Escritores para la Defensa de la Cultura de 1937.

mería, que es una pantomima, es un ballet completamente simbólico[108], en la línea de las películas de Luis Buñuel... Es como, por ejemplo, *El perro andaluz* de Dalí y Buñuel, esta clase de cosas simbólicas, algo disparatadas... Revueltas está más cerca de eso que, probablemente, la generación americana y de Chávez, con todo y su mexicanidad.

DEL TORO: Consideras que Revueltas es como un compositor español [de su época]...

GIL ORDÓÑEZ: Yo siento que Revueltas es un compositor de la Generación de 1927...

DEL TORO: Rafael Alberti escribió en esa época[109] que encontraba una relación cercana entre De Falla y Revueltas porque ambos, en cierto modo, descubrieron o reinventaron lo popular, de una manera nueva, moderna. De Falla con el flamenco y la tradición musical española y Revueltas... con su manejo de lo callejero, lo popular.

GIL ORDÓÑEZ: Me alegra que lo hayas mencionado, viniendo de Alberti tiene mucho sentido.

DEL TORO: ¿Y qué hay de los compositores estadounidenses de su época? Revueltas conoció a Copland...

HOROWITZ: No sé de ningún compositor estadounidense que realmente evoque a Revueltas, pero sí pienso que las duplas de Gershwin y Copland, por un lado, y de Revueltas y Chávez, por el otro, son interesantes. Ya he mencionado esto, pero en ambos casos tú tienes a un declarado modernista que no

---

[108] En el caso de Silvestre Revueltas, por ejemplo, *Troka* o *El renacuajo paseador*. Incluso, Revueltas presentó *El renacuajo paseador* durante su viaje a España, en noviembre de 1937. *Don Lindo de Almería* fue compuesto en 1936, el mismo año en que habría sido compuesta la versión de *El renacuajo paseador* que, de acuerdo al *Catálogo* compilado por Roberto Kolb, Revueltas presentó luego en España.

[109] El texto de Rafael Alberti fue publicado originalmente en el periódico *La Voz* el 24 de septiembre de 1937, fue reproducido en el libro ya clásico de escritos y correspondencia del compositor mexicano: Revueltas, Silvestre. 1989. *Silvestre Revueltas, por él mismo*. Ediciones Era. México.

acepta por completo la obra de un eminente contemporáneo que no está tan inmerso en la complejidad, y por ello pienso que aunque Gershwin y Revueltas no tienen muchas semejanzas..., ellos ocupan el mismo nicho de cara al modernismo y... son ambos beneficiarios del momento postmoderno. Así, las razones por las que ellos fueron alguna vez dejados de lado eran en ambos casos las mismas y en ambos casos ya no son pertinentes. Puedes ir aún más allá y sugerir similitudes en relación a los géneros populares. Estos son dos compositores que tuvieron la habilidad de absorber una influencia popular sin viciarla, sin de algún modo socavarla o desnaturalizarla. En el caso de Copland, por ejemplo, encuentro que no es realmente un populista natural[110]. Él es un populista autoinventado más que un populista instintivo. Cuando él tiene elementos populares siente la necesidad de recomponerlos, ponerlos al revés, factorizarlos... hacer todas esa cosas buenas que los modernistas hacen para mostrar que son buenos compositores. Gershwin no siente ninguna compulsión por hacer esto, ni tampoco Revueltas. Ellos están muy cómodos absorbiendo, de una manera amigable, los elementos populares. No sienten ninguna necesidad de mostrar su maestría sobre lo popular.

DEL TORO: En cierto modo esto también sucedió con la música de Chávez en comparación con la de Revueltas... Chávez usó música popular o indígena, la incorporó en sus composiciones pero también para traducirla en la tradición eurocéntrica. Así, tenemos estas tonadas populares, esta música indígena mexicana, pero necesitamos crear una sinfonía...

HOROWITZ: Coincido por completo. Hay un eurocentrismo en Copland y Chávez que no se encuentra en Gershwin ni en Revueltas. Revueltas no siente ninguna necesidad de usar la forma de sonata, de construir una sinfonía. No se adhiere a ninguno de los modelos estructurales que le dan *pedigree* a la música europea justo como Gershwin compone un concierto para piano pero no siente ninguna compulsión por mostrar que sabe cómo construir un mo-

---

[110] Populista en el sentido de incorporar elementos y evocaciones del folclore o de la vivencia de la gente común en sus obras y, también, de hacer esas composiciones accesibles para las audiencias populares.

vimiento en forma de sonata. Estoy seguro de que sabía cómo hacerlo, pero no lo hizo no porque no lo supiera sino porque era algo importante para él.

DEL TORO: Ángel [Gil Ordóñez], has dirigido numerosas obras de Revueltas en Estados Unidos[111]. ¿Qué piensas y sientes ante esas obras y cuál es la reacción de los músicos cuando las tocan, qué piensan ellos de la música de Revueltas?

GIL ORDÓÑEZ: Para mí, dirigir a Revueltas no es algo extraño. Es, como te comenté antes, un repertorio que es para mí como el de un compositor español en cierto modo. Sobre los músicos, pienso que ellos están fascinados en primer lugar con las combinaciones orquestales... es fascinante tener dos violines, una tuba, trombón, trompetas... Es una combinación muy inusual para un ensamble instrumental, muy heterogéneo, y eso fascina a los instrumentalistas. Luego, cómo él [Revueltas] construye las melodías... En *Sensemayá* el clarinete en mi bemol a media nota del pícolo, ese tipo de cosas, esas bellamente construidas desafinaciones. Y eso realmente funciona... A mí me gusta mucho casi todo lo que he dirigido. Me gusta mucho *Planos*, es una pieza extraordinaria, no sé exactamente la razón de ello, pero creo que logra muchas cosas extraordinarias musicalmente. Desde luego me gusta *Homenaje a Federico García Lorca,* es una de las más bellas y dramáticas piezas escrita por un compositor latinoamericano o español en el Siglo XX...

DEL TORO: ¿Qué tanto *Homenaje a Federico García Lorca,* el gran poeta recientemente asesinado, reflejó la relación entre el trabajo de Revueltas y el sentir en España en esa época?

GIL ORDÓÑEZ: Federico García Lorca creó un teatro que recorrió toda España, sus pueblos. El componente popular era muy importante para él, los temas eran populares y él de cierta forma los sincretiza... Yo pienso que Revueltas hace un homenaje mexicano a Federico García Lorca, los temas del primer y el tercer movimiento son mexicanos, no españoles. Y entonces tenemos este

---

[111] A lo largo de varias temporadas del PostClassical Ensemble en Washington DC y en presentaciones en España, Gil Ordóñez ha dirigido, al menos, *Sensemayá* (versiones de cámara y para orquesta sinfónica), *Homenaje a Federico García Lorca, Redes* con película y orquesta en vivo, *Planos, Batik, Ocho por radio* y varias de sus canciones.

llanto, este asombroso lamento de instrumentos llorando en el segundo movimiento, el trombón llora, todos están llorando, y él [Revueltas] preguntándose cómo pudo suceder esta tragedia, este gran poeta asesinado en la Guerra Civil.

DEL TORO: Ustedes han programado, y lo harán de nuevo, mucho repertorio de Revueltas pero ¿consideran que la obra revueltiana es hoy vista en Estados Unidos sólo como música para ser programada en un festival mexicano o en un programa de música latinoamericana? ¿O creen que varias de sus obras han comenzado ya a ser incorporadas como cualquier otra pieza de repertorio que un director puede querer dirigir, que Revueltas es ya un compositor que está allí para ser considerado más allá de los festivales y los conciertos especiales?

HOROWITZ: Es una pregunta crucial. Y que también concierne a la música española. ¿Ha de ser puesta en el *ghetto*, segregada como música exótica que está fuera de la corriente principal europea? ¿O ha de ser considerada como música de valor equiparable y de comparable importancia histórica? No puedo contestar tu pregunta. Probablemente tu pregunta identifica con perspicacia un obstáculo, un problema, que probablemente es el caso que Revueltas es percibido y programado como algo exótico. Tu respuesta en realidad se responde a sí misma. No has hecho una pregunta sino una declaración. Y pienso que tu declaración es probablemente correcta. ¿Qué piensas tú?

GIL ORDÓÑEZ: Bueno, en general yo creo que este es el caso en general con la música latinoamericana, con la música española. Joe y yo hemos tratado en efecto de cambiar esa mentalidad por muchos años con la música española, y lo estamos tratando con Revueltas, de eliminar este exotismo. Pero es muy difícil. En tanto sigamos viendo en orquestas *La noche de las mayas* y *Sensemayá*, que es una pieza fantástica, esto es un problema.

HOROWITZ: Es una declaración importante, y bastante controversial. Tú no quieres encasillarlo como un compositor de solo dos obras...

GIL ORDÓÑEZ: Correcto.

HOROWITZ: Y la otra cosa que me molesta, y esto va a ser controversial, es la ejecución de la suite de *Redes* de Kleiber. No pienso que funciona, realmente no honra la música. Se trata de música programática para cine y si vas a hacer *Redes*, lo mejor es mostrar la película y tocar la partitura.

DEL TORO: Revueltas hizo él mismo una versión de concierto de *Redes*[112]. Pero la que más se toca es la suite de Kleiber...

HOROWITZ: Tampoco creo que esa funcione. No lo creo. La maravillosa música que cierra la película, que es tan específica al final del filme[113], con todo lo impactante que es, si la tocas por separado podrías preguntarte ¿qué rayos es esto?

GIL ORDÓÑEZ: Sí.

HOROWITZ: Es muy impactante, pero no parece tener mérito como música autónoma. Y en realidad no lo tiene, no es música autónoma, es música para cine.

DEL TORO: Los mismo sucede con *La noche de los mayas*, pero peor.

HOROWITZ: Bueno, este es un caso en que el calibre real de la partitura podría compartir la vulgaridad de la película.

DEL TORO: ¿Por qué creen que Revueltas, De Falla u otros aún son considerados exóticos? Está el ejemplo de Bartok, que es parte del repertorio regular...

HOROWITZ: Esta es otra pregunta muy penetrante y profunda. Estás realmente insertando la aguja en la hendidura... Nunca me he hecho esa pregunta, pero

---

[112] Revueltas dirigió en México su versión para concierto de *Redes* en mayo de 1936, dos meses antes de que se estrenara la película, en julio de ese año. También la dirigió en Barcelona, en octubre de 1937, durante su viaje a España en tiempos de la Guerra Civil. Pero esa partitura quedó en el olvido y, en cambio, la suite de Kleiber, compilada en 1943, ha sido muy tocada y grabada desde entonces. No fue sino hasta que Roberto Kolb y José Luis Castillo reconstruyeron y grabaron por primera vez en 2002 esa partitura que ha podido apreciarse lo que debió haber sido esa versión orquestal de *Redes* de Revueltas: Silvestre Revueltas. Orquesta Sinfónica de la Universidad de Guanajuato / José Luis Castillo, Quindecim Recordings (2004) CD.

[113] La escena de los pescadores en sus canoas remando hacia su pueblo para exigir sus derechos en una lucha por su futuro.

si lo hubiera hecho pienso que habría tenido una especie de respuesta peligrosa. Y tiene que ver con la percepción de lo hispano... Estás haciendo preguntas muy difíciles.

GIL ORDÓÑEZ: Estás preguntando algo crucial, y yo estoy de acuerdo con Joe...

DEL TORO: Porque Bartok hizo algo similar, trabajó con música popular...

GIL ORDÓÑEZ: Es perfecto. ¿Por qué no tenemos problema en escuchar el Concierto para orquesta[114] y seguimos sin escuchar con frecuencia *El retablo de maese Pedro*[115] o el Concierto para clave y cinco instrumentos? Pienso, como Joe, que hay algo allí y quizá tiene que ver con la idea de los conciertos *pops*, una idea que por cierto yo detesto, que ha puesto a estos compositores...

HOROWITZ: España y México...

GIL ORDÓÑEZ: ...en una categoría especial que es *pops*. Yo odio eso. A *El sombrero de tres picos* de De Falla no lo ves como parte del repertorio pero no me sorprendería ver esta música en un concierto *pops*. Recuerdo que un amigo nuestro vino a una de nuestras interpretaciones de *El amor brujo*[116] y dijo exactamente eso: "yo siempre pensé que esta música era de conciertos *pops*, y ahora he descubierto dimensiones que nunca había tenido en mente"... Estás haciendo preguntas muy importantes...

DEL TORO: Por ejemplo, entrevisté a Donato Cabrera, director asistente de la Orquesta Sinfónica de San Francisco[117]. El usó *Sensemayá* no en un concierto *pops* sino en un concierto para niños. *Sensemayá* es una obra compleja...

HOROWITZ: Lo es.

---

[114] El Concierto para orquesta fue compuesto por Bela Bartok en 1943.

[115] *El retablo de maese Pedro*, una ópera para marionetas, y el Concierto para clave y cinco instrumentos son obras que Manuel de Falla compuso en la década de 1920.

[116] Otra obra de Manuel de Falla.

[117] Donato Cabrera es también actualmente director musical de la Orquesta Filarmónica de Las Vegas. Él y Horowitz presentaron con esa orquesta en noviembre de 2017 el programa 'Copland and Mexico' de Music Unwound, que incluye varias obras de Revueltas, en especial *Redes* con película y orquesta en vivo.

DEL TORO: ...con muchas capas, mucho color y como Ángel ha dicho tiene sus dificultades al tocar. Pero, por el otro lado, tiene al atractivo de la historia del poema, sobre matar la serpiente, y quizá por ello es una buena pieza, no para un concierto *pops* sino para un concierto para niños, para los jóvenes[118]. Pero esto es diferente a lo que tú decías...

GIL ORDÓÑEZ: Pero también en *Scheherezade*, de Rimsky-Korsakov. Está contando una historia también. Entonces, yo pienso que en realidad esto tiene que ver, por un lado, con este enlatamiento de lo hispano como una cosa exótica y además con el hecho de que este repertorio ha sido constantemente interpretado solo en estos conciertos específicos...

HOROWITZ: Y la analogía de Gershwin es otra vez pertinente. Es un problema que la música de Gershwin tiene que superar, la noción de que el Concierto en fa es una pieza *pops*. La Orquesta Sinfónica de Boston programó por primera vez el Concierto en fa en un programa de subscripción hace pocos años y todas las docenas de interpretaciones que se han dado allí antes de eso fueron de la Orquesta Boston Pops.

DEL TORO: Y si se piensa que *La noche de los mayas* es de las más tocadas...

HOROWITZ: Lo que nos dice que por alguna razón los compositores no son tan respetados como deberían ser...

GIL ORDÓÑEZ: Es verdad.

HOROWITZ: Y tenemos que rascarnos la cabeza y decir qué está pasando. Qué hay acerca de ellos. Debes leer en voz alta el comentario de Copland en su libro *Our New Music*[119]. Dice: muy talentoso, con una palmadita en la cabeza, pero no realmente un buen compositor.

---

[118] Leonard Bernstein tocó *Sensemayá* en 1963 en uno de sus conciertos para jóvenes.

[119] *Our New Music* fue publicado por Aaron Copland en 1941, el año siguiente a la muerte de Silvestre Revueltas. Allí Copland dice que Revueltas fue "del tipo de compositor espontáneamente inspirado, cuya música era colorida, pintoresca y jovial. Desafortunadamente, él nunca fue capaz de apartarse de un cierto diletantismo que hace que lo mejor de su trabajo padezca de una hechura incompleta...".

GIL ORDÓÑEZ: No uno de verdad...

HOROWITZ: No uno de verdad...

DEL TORO: ¿Pero no era Chávez, por el contrario, visto como un compositor de la corriente principal?

HOROWITZ: Nadie le dio palmadas en la cabeza a Chávez. Estoy insistiendo en el punto de que algo acerca de Revueltas fallaba en imponer respeto, y pienso que tiene que ver en parte con un prejuicio hacia lo hispano, lo que es un tópico profundo, y en parte con la tierra entre sus dedos. Él está perfectamente cómodo con ello, no se limpia los dedos. La mugre bajo sus uñas, sin problema. Pero, tú sabes, la gente con uñas limpias lo miraba y le decía "talentoso campesino"... En su bosquejo autobiográfico hay muchos pasajes en los que expresa desafiante su afinidad por lo popular y les dice "púdrete" a los que voltean sus narices... Es muy directo al respecto. La gente reacciona diferente ante este tipo de manifestaciones... Y pienso que eso está en su música. Sus actos de desafío. Hay una parte de él que está en rebelión. Puedes sentirlo. Eso pienso. Y no todos están cómodos en presencia de la rebelión.

DEL TORO: ¿El público estadounidense no está cómodo con esa rebelión?

GIL ORDÓÑEZ: Este es un punto clave. Él [Revueltas] era un revolucionario... Esa es una razón por la que fue a España, representó a la Liga de Escritores y Artistas Revolucionarios (LEAR). Y eso pone a la gente incómoda... ¿Qué compositor exitoso conoces que haya dicho de frente soy un comunista o soy del ala derecha? ¿Díganme quién, de los compositores famosos? Él se estaba excluyendo a sí mismo de la corriente principal.

HOROWITZ: De nuevo miremos a Copland. Copland migró muy lejos hacia la izquierda, pero lo último que él habría hecho sería ostentarlo. Copland fue muy discreto.

GIL ORDÓÑEZ: Eso es.

DEL TORO: Pero Conlon Nancarrow[120] fue a pelear a la Guerra Civil Española.

GIL ORDÓÑEZ: Es la mejor comparación.

HOROWITZ: Revueltas no solo no era discreto, le encantaba ser indiscreto. Era su identidad. Ser indiscreto.

DEL TORO: Porque existen una ironía y un sarcasmo dentro de la música de Revueltas, para sacudir el oído del público...

HOROWITZ: Es un provocador.

GIL ORDÓÑEZ: Lo es.

DEL TORO: ¿Y tú crees que eso es un problema, actualmente, para liberar a Revueltas de ese prejuicio?

HOROWITZ: Lo que hemos estado hablando es realmente de la respuesta de los intelectuales modernistas de cara a esta provocación. No hemos estado hablando del público en general. Eso es un asunto diferente, y creo que lo hemos abordado también. Un prejuicio contra lo hispano, y pienso que no es irrelevante.

GIL ORDÓÑEZ: No lo es.

DEL TORO: ¿Entre el público?

HOROWITZ: Entre el público. Mira el debate sobre inmigración en este país actualmente, las nociones de los mexicanos infiltrándose por la frontera y de levantar una valla[121]. No creo que esto sea irrelevante para nada en cómo la

---

[120] Conlon Nancarrow (1912-1997), compositor estadounidense notable por sus obras para piano mecánico, complejas, innovadoras y difíciles. Se sumó a las Brigadas Internacionales y combatió en la Guerra Civil Española en defensa de la República. Vivió luego en México por varias décadas, donde se naturalizó y compuso sus obras sustantivas, en especial sus estudios para piano mecánico.

[121] Esta charla sucedió en 2010, cinco años antes de que Donald Trump abriera su campaña con ataques contra los inmigrantes y emitiera su plan de construir un muro fronterizo, actitud y pretensiones que se han mantenido una vez él ganó y asumió la Presidencia de Estados Unidos.

gente ve a Revueltas: "Es un mexicano. No es algo bueno... ¿Quién ha escuchado nunca de un compositor mexicano? Él es mexicano. ¿Cómo podría ser un compositor?".

DEL TORO: Es una historia distinta pero es una buena anécdota. Hay una película titulada *The Perfect Game*, sobre un equipo de beisbol mexicano de ligas infantiles que gana la Serie Mundial de Ligas Pequeñas en la década de 1950[122].

HOROWITZ: ¿Sí?

DEL TORO: Fui a ver la película y cuando terminó estaban en el pasillo de la sala de cine un padre estadounidense y su hijo, que le preguntó: "¿de verdad el equipo mexicano derrotó a los estadounidenses?". Y el papá respondió: "No, es sólo ficción".

HOROWITZ: ¿Tú presenciaste eso?

DEL TORO: Sí.

HOROWITZ: Es perfecto.

DEL TORO: Y fue una mentira, porque eso sí sucedió...

HOROWITZ: Esta es una maravillosa discusión sobre un asunto inagotable. ¿Cuál es la pertinencia del prejuicio racial cuando hablamos sobre Revueltas?

DEL TORO: Si, por ejemplo, eres director o administrador de una orquesta y dices "tal vez tocaré algo de Revueltas, o quizá no porque si los suscriptores ven 'Revueltas' tal vez no van a comprar ese concierto de subscripción"...

HOROWITZ: Creo que estamos hablando de duras realidades. Ellos ven Revueltas y ¿qué es lo que piensan? O *pops* o mexicano.

GIL ORDÓÑEZ: Sí.

---

[122] La película *The Perfect Game* (*El juego perfecto*) narra la historia, basada en hechos reales, de un equipo de beisbol infantil de Monterrey, México, que ganó la Serie Mundial de Ligas Pequeñas en 1957 al vencer en la final a un equipo de Estados Unidos. Fue el primer equipo no estadounidense en ganar ese campeonato.

HOROWITZ: Las dos imágenes resultan negativas.

DEL TORO: Interesante.

HOROWITZ: Es interesante y nunca había yo pensado sobre ninguna de esas cosas... Supongamos que tienes a un compositor que no era muy bien conocido pero que era francés, alemán o ruso. No hay problema...

DEL TORO: ¿Hubo un prejuicio contra los músicos alemanes en Estados Unidos durante las guerras mundiales?

HOROWITZ: Fue algo transitorio, efímero. No tuvo un impacto permanente. De lo que estamos hablando es de un prejuicio profundo...

DEL TORO: ¿Creen que este prejuicio es lo suficientemente fuerte para aislar proyectos como el suyo? ¿Cuándo programan Revueltas ven o sienten que alguien los señala?

HOROWITZ: No nos afecta a nosotros porque no tenemos una gran audiencia, pero creo que es muy pertinente para las grandes orquestas que programan una temporada de subscripción. La música mexicana puede ser vista como algo exótico que aún no has presentado, o como algo popular. Es victimizada por el prejuicio.

DEL TORO: Muchos directores de orquesta mexicanos que han vivido o han venido a Estados Unidos a trabajar acostumbran programar Revueltas, y no sólo Revueltas. Tienen a Chávez, quizá también a Moncayo o a compositores más recientes. ¿Creen que ellos están conscientemente peleando contra ese prejuicio, o lo hacen porque hay mercado para esta música?

HOROWITZ: Puedes preguntarles a ellos. No tengo idea de lo que podrían decir.

DEL TORO: Porque ellos acostumbran dirigir [a Revueltas] aquí, no en cada concierto pero con frecuencia. ¿Creen que eso puede reducir con el tiempo ese prejuicio? Cuando, por ejemplo, Carlos Miguel Prieto, que es director musical de la Orquesta Filarmónica de Luisiana, u otros directores tocan a Revueltas o a otro compositor mexicano, ¿piensan que ellos contribuyen a combatir ese prejuicio?

HOROWITZ: Lo que realmente se necesita es que directores que no son mexicanos comprendan que si van a hacer la *Rapsodia española* de Ravel o una rapsodia de Bartok o una danza rumana de Enescu o algo como un poema sinfónico de Sibelius, también podrían estar igualmente haciendo *Caminos* de Revueltas. Aún no hemos alcanzado ese punto.

DEL TORO: Y ese es el punto...

HOROWITZ: Sí. Ese es el punto.

DEL TORO: ¿Crees, Ángel, que esto sucede también con, por ejemplo, Villa-Lobos, Ginastera u otros compositores latinoamericanos?

GIL ORDÓÑEZ: Absolutamente. Esto es percibido como algo tangencial. De Ginastera, ¿cuántas orquestas estadounidenses programan su pieza más famosa, *Estancia*...? Pienso que es parte de todo el proceso de programar música, la falta de innovación, la falta de repertorio diferente interesante... Tuvimos una conversación similar ayer con una persona en relación a las artes visuales... Yo creo que los directores musicales tienen mucha responsabilidad, tienen la mayor parte de la responsabilidad, en tanto que los directores locales no traten cosas diferentes...

HOROWITZ: Es muy interesante que hayas mencionado las artes visuales. No creo que exista el mismo problema con las artes visuales mexicanas.

GIL ORDÓÑEZ: Tienes mucha razón.

HOROWITZ: ¿Por qué si vas a un museo de arte nadie piensa dos veces sobre Diego Rivera?

GIL ORDÓÑEZ: Tú lo has dicho, ¿hay alguna exhibición de arte *pops*?

HOROWITZ: No.

GIL ORDÓÑEZ: Allí está. El problema es que en música estamos separando. Estamos diciendo esto es *pops*, esto es clásico, esto es lo que sea... ¿Sucede esto con el cine? ¿Qué hay del cine mexicano?

HOROWITZ: La gente lo toma en serio.

GIL ORDÓÑEZ: Todos toman en serio al director español Pedro Almodóvar... Y un director mexicano ha hecho *Harry Potter*[123].

HOROWITZ: Pienso que se debe en parte a que el campo de la música sinfónica no es tan intelectualmente sofisticado...

DEL TORO: ¿O quizá porque la subscripción es muy conservadora?

HOROWITZ: No es un serio esfuerzo intelectual. No lo es y esto es otra pieza de evidencia que no había tenido en cuenta antes, pero sí ahora y recordaré esta conversación. Es un abandono de la responsabilidad intelectual.

GIL ORDÓÑEZ: Estoy de acuerdo.

HOROWITZ: Es ridículo que Revueltas no sea tocado por las orquestas estadounidenses salvo cuando es estigmatizado... No hay defensa. Es indefendible.

DEL TORO: Lo han tocado Salonen con la Filarmónica de Los Ángeles y ahora Dudamel... Salonen hizo mucho por Revueltas...

HOROWITZ: Sí, ellos definitivamente no han caído en el prejuicio. A Dudamel, asumo, ese prejuicio no le significa nada. Pero son excepciones...

GIL ORDÓÑEZ: Creo que tiene que ver con la falta de rigor intelectual... Probablemente estoy poniendo las cosas de modo exagerado, pero ¿por qué [la diferencia con] pintores, cineastas o escritores? No lo sé.

DEL TORO: Quizá porque tienen que tocar demasiado... Demasiados conciertos de subscripción al año...

HOROWITZ: Demasiados... Están recargados con actividades que consumen tiempo, ensayando y ejecutando, ensayando y ejecutando. Eso ultimadamente previene la reflexión...

---

[123] Alfonso Cuarón dirigió *Harry Potter and the Prisioner of Azkaban* (2004). La entrevista se realizó varios años después de ello pero antes, cabe señalar, de que el propio Cuarón ganara el Oscar al Mejor Director con *Gravity*, de que Alejandro González Iñárritu obtuviera ese mismo galardón en años consecutivos con *The Revenant* y *Birdman* y de que Guillermo del Toro lo consiguiera con *The Shape of Water*.

DEL TORO: Yo entrevisté hace poco al profesor Jorge Pérez Gómez, de la Universidad de Nuevo México. Él está a cargo de enseñar ejecución y dirección orquestal y usa mucho a Revueltas en sus clases. Él me dijo algo muy interesante: "estos son jóvenes músicos estadounidenses. Yo uso a Revueltas para hacer que piensen de modo innovador". Para que piensen que pueden hacer más que solo tocar, que pueden integrar otras formas de arte, otro tipo de espectáculos, con la música... Y Revueltas, él dice, es un repertorio natural para hacer esta mezcla de música con danza, con películas...

GIL ORDÓÑEZ: ¿Qué pasaba en España con aquella generación [del 27]? No había una diferencia entre ser músico [y ser intelectual]... De estos compositores de los que he hablado, todos eran intelectuales. En la Residencia de Estudiantes en Madrid eran todos amigos. Dalí estaba allí. Buñuel estaba allí. García Lorca estaba allí. Los Halffter estaban allí. Gustavo Pittaluga. Toda esta generación de Madrid. En Barcelona era lo mismo. Roberto Gerhard fue muy buen amigo de Schönberg, él llevó a Schönberg a Barcelona. No había una separación entre músicos y otros artistas. Y por alguna razón eso desapareció... Es por ello que yo enfatizo que Revueltas es muy cercano a la Generación del 27.

Gisele Ben-Dor

Gisele Ben-Dor (1955) es una directora de orquesta israelí-americana nacida en Uruguay y con una larga trayectoria artística en Estados Unidos, América Latina, Europa y Asia. Fue directora musical de la Orquesta Sinfónica de Santa Bárbara, de la que hoy es directora laureada, y de la Orquesta de Cámara Pro Arte de Boston, de la que es actualmente directora emérita. Anteriormente fue directora musical de la Orquesta Sinfónica de Annápolis y directora residente de la Orquesta Sinfónica de Houston. Ha sido directora invitada de numerosas orquestas a escala internacional, entre ellas la Orquesta Filarmónica de Nueva York, la Orquesta Filarmónica de Los Ángeles, la Orquesta de Minnesota, la Orquesta Sinfónica de Houston, la Chicago Sinfonietta, las orquestas Sinfónica y Filarmónica de Londres, la Orquesta de Cámara Inglesa, la Orquesta de la BBC de Gales, la Orquesta Filarmónica de Helsinki, la Orquesta de la Suiza Francófona, la Orquesta Filarmónica de Belgrado, la Orquesta Filarmónica de Israel, la Orquesta Sinfónica de Jerusalén y la Orquesta Filarmónica de Hong Kong.

Ha sido una de las más entusiastas promotoras del repertorio de compositores latinoamericanos en Estados Unidos y Europa, con un singular énfasis en el de Silvestre Revueltas. Realizó la premiere estadounidense de Cuauhnáhuac y de Redes con película y orquesta en vivo y la primera grabación mundial de la versión completa de La coronela de José Yves Limantour y Eduardo Hernández Moncada.

La charla con Gisele Ben-Dor tuvo lugar en 2010 en Nueva Jersey.

DEL TORO: ¿Cuál fue su primer contacto con la obra de Silvestre Revueltas y cómo empezó a trabajar con su música?

BEN-DOR: Bueno, a mí ya me interesaba en general la música de compositores latinoamericanos y yo lo incluyo a Revueltas en ese grupo no tratando de establecer una geografía delimitada, si es América Central o es América del Sur... Yo soy de América del Sur... Incluso la de Brasil, que no es de herencia hispánica, se considera música latinoamericana. A mí hace muchos años que me interesaba [la música de Revueltas]. Recuerdo que yo estaba en Houston, yo viví en Houston tres años, trabajando con la Sinfónica de Houston hasta 1991..., 1989, 1990, 1991. En 1991 me fui, pero yo empecé con la música de Ginastera... La primera música que me dio una gran impresión fue cuando escuché por primera vez el ballet completo de *Estancia*, de Ginastera, que no lo conocía... Y ya entonces planeé empezar a interesarme en esa música y claro cuando ya está abierta una puerta entra toda clase de cosas, música de todos lados... Y pienso que Revueltas vino enseguida. A mí me invitaron, durante el tiempo en el que yo estaba en Houston, a dirigir en Chautauqua, en Nueva York, y me pidieron que hiciera *Sensemayá*. Yo no la conocía y por supuesto me enamoré, es una obra corta pero creo que es la más popular, la más conocida por el público de las obras de Revueltas, como en el caso de Ginastera el 'Malambo' de *Estancia*. Hay gente que sabe poco de música clásica, que no se aventura más que en los compositores generales, en el *mainstream*, en los compositores alemanes, en los de Europa Oriental, Tchaikovsky y en fin, y de pronto conoce el 'Malambo' y *Sensemayá*. Y desde ese punto de vista es una obra que ha cruzado niveles, pero como también sucede en el caso de Ginastera, la gente en general después no se interesa más..., queda sin explorar una cantidad de material [del compositor]. *Sensemayá* me pareció una cosa de genio..., algo realmente excepcional y seguí investigando otras obras... Desde 1990-1991 hasta que hice el festival [sobre Revueltas con la Orquesta Sinfónica de Santa Bárbara, California] fue casi una década. Yo seguí interesándome, empecé a hacer grabaciones... Grabé Ginastera... Primero grabé música de Bartok, grabé otras cosas que no eran de compositores latinoamericanos, pero eso ya lo había hecho en 1984, fueron mis primeros pasos haciendo grabaciones. Pero cuando realmente me entró el entusiasmo por la música latinoamericana entonces grabé casi solamente obras de compositores latinoamericanos... Y los festivales, el primer festival que organicé fue el de Revueltas[124] [en 2000], después organicé un festival de tango y malambo [en 2004]... En ese festival hice una cantidad de obras de Revueltas pero también de otros compositores latinoamericanos y vivientes también, porque me parece que hay que hacer la conexión constante hasta el día de hoy.

DEL TORO: Cuando la invitaron por primera vez al festival en Chautauqua, Nueva York, ¿por qué a ellos les interesó *Sensemayá*?

BEN-DOR: Porque era una obra que ya tenía popularidad, que ya tenía prestigio y que ya formaba parte del programa del festival. Además de que en los festivales es común presentar cosas que por lo general no se presentan durante la temporada anual. Yo no puedo hablar de cuáles fueron las intenciones del director del festival, cuál fue su motivación, pero era por supuesto una obra que la orquesta no conocía, quizá dos o tres instrumentistas la habían tocado antes, pero ya se conocía como una obra que al público le iba a gustar... El Siglo XX fue un siglo difícil para convencer a la gente de la música que llamamos moderna o contemporánea... La música contemporánea siempre fue difícil de aceptar... Le parecerá un detalle arcaico, pero cuando se tocó la [Novena Sinfonía] de Beethoven acá en Estados Unidos, en Boston tuvo unas críticas horribles... Están en el libro *Lexicon of Musical Invective*, el diccionario

---

[124] Gisele Ben-Dor dirigió entre el 20 y el 23 enero de 2000 un festival dedicado al centenario del nacimiento de Silvestre Revueltas con la Orquesta Sinfónica de Santa Bárbara, en Santa Bárbara, California, que incluyó *Redes* con película y orquesta en vivo. En ese festival se interpretaron de Revueltas también *Música para charlar*, *Homenaje a Federico García Lorca*, *Cuauhnáhuac* (premiere en Estados Unidos), *Toccata (sin fuga)*, *Ocho por radio*, *Troka*, *Cuatro pequeñas piezas*, *Dos pequeñas piezas serias*, los cuartetos de cuerdas No.2 *Magueyes* y No.4 *Música de feria*, *Sensemayá*, *Planos*, *El renacuajo paseador*, *Este era un rey*, *Tragedia en forma de rábano*, *Coqueta para genio*, *Tres piezas para violín y piano* y *Batik*, de acuerdo al comunicado disponible en www.giseleben-dor.com/Press/RevueltasPress.htm. En ese festival también se tocaron obras de Heitor Villa-Lobos, Miguel del Águila, Arturo Márquez, Mario Lavista y Javier Álvarez y se exhibieron, en versión fílmica estándar, las películas *Vámonos con Pancho Villa* y *La noche de los mayas*.

del insulto musical[125]... Hay mucha gente que hasta hoy en día no le gusta Stravinsky, pero Beethoven no se puede discutir... Es difícil encontrar obras contemporáneas, obras frescas que no se hayan tocado, que no se conozcan, que tengan frescura y originalidad, incluso lo abstracto y las complicaciones que tiene el arte contemporáneo, y que a la audiencia le caigan bien al primer encuentro. Eso es un milagro para mí siempre porque significa que la obra, con todo lo complicado y sofisticado de la música del Siglo XX, [tiene] algo fundamental, algo de comprensión universal que comunica inmediatamente... A mí me han contado que cuando hice *Sensemayá* en Santa Bárbara, orquesta de la que era directora musical, había gente joven que estaba moviéndose con la música, que la comunicación no era solamente de observador y ejecutante, era participación. Es una de las virtudes que yo le encontré inmediatamente a la música de Silvestre Revueltas. Y algunas de sus obras no son tan accesibles. *Planos*, por ejemplo, es una obra muy abstracta y yo la hice en un concierto para niños, con bailarines... y a los niños les encantó porque los niños no tienen prejuicios.

DEL TORO: A mi hijo la pongo *Sensemayá* y le explico que es un canto para matar una culebra.

BEN-DOR: La cuestión de la culebra les encanta, en la presentación que hicimos es un teatro, lo trajimos de México, un teatro de marionetas de esas de antes, hechas a mano, una cosa preciosa, y estaba una culebra grandota. Los chiquilines tenían parte también en la representación, claro que sí. Entonces yo fui trabajando el *opus* de Revueltas y consulté con muchos especialistas. A Roberto Kolb Neuhaus lo traje también a Santa Bárbara para el festival y nos

---

[125] En *Lexicon of Musical Invective*, editado originalmente en 1953 por Nicolas Slonimsky, se reproduce un extenso catálogo de críticas negativas a obras musicales, entre ellas lo publicado sobre la Novena Sinfonía de Beethoven por el periódico *Daily Atlas*, de Boston, en 1853. Allí, por ejemplo, se lee que "el *Adagio* ciertamente posee mucha belleza, pero los otros movimientos, particularmente el último, parecen ser una unión incomprensible de armonías extrañas...". En otra crítica, aparecida en *Musical Record*, también en Boston, en fecha tan tardía como 1899, al referirse al cuarto movimiento de la Novena Sinfonía, el crítico lo califica de "páginas de estúpida y desesperanzada música vulgar".

dio mucho apoyo. Hice una exhibición original de manuscritos [de Revueltas] en la biblioteca local, me interesaron todos los filmes, las películas [con música de Revueltas]. *Redes* es realmente la obra más interesante y que se puede hacer en vivo... Hizo mucha impresión[126].

DEL TORO: Antes de pasar a *Redes*, en Santa Bárbara ¿cómo era el contexto de la orquesta y de la comunidad en donde usted estaba en el momento de tocarla y de qué manera se conectaban o no con Revueltas?

BEN-DOR: Es quizá híbrido, es una combinación de reacciones diferentes y hasta a veces opuestas... En Houston lo puede ver, la construcción de Texas tiene naturaleza hispana... [En California,] Santa Bárbara se representa a sí misma como un lugar de tradición mexicana, hispánica y mexicana. La Corte, el Presidio, los monumentos principales de la ciudad son claramente de naturaleza mexicana y la población es 40% mexicana y el resto anglosajones de todas partes, de Estados Unidos y a veces de Europa también, porque es un lugar elegido por gente que se jubila o que tiene mansiones para pasar cierta parte del año... Pero lo que pasa es que se presenta una situación, una paradoja. La población que está en número tan grande de ascendencia mexicana no ha venido con el beneficio de la educación musical para apreciar esa música. Por supuesto que tienen fiesta y el 5 de mayo, tienen todas las festividades, hay cantidad de grupos de mariachi y de danzas, desarrollan toda su cultura musical. Pero desde el punto de vista de ir a conciertos de música clásica no están acostumbrados, no han tenido eso, no han crecido con eso. Y claro, la orquesta tiene como misión tratar de atraerlos, pero eso es un proceso que demora muchos años y a veces se cumple y a veces no. Y del otro lado está el grupo de gente que conoce la música clásica pero está aferrado al grupito de los compo-

---

[126] Gisele Ben-Dor dirigió la *premiere* estadounidense de *Redes* con película y orquesta en vivo (con la Orquesta Sinfónica de Santa Bárbara) en enero de 2000. Posteriormente, Esa-Pekka Salonen la presentó con la Orquesta Sinfónica de Los Ángeles en enero de 2003 y Ángel Gil Ordóñez lo hizo con el PostClassical Ensemble en Washington DC por primera vez en mayo de 2003 y lo ha vuelto a realizar en varias ocasiones, entre ellas la primera grabación mundial de la partitura completa para el nuevo DVD de *Redes* lanzado por Naxos en 2016.

sitores *mainstream* alemanes, italianos, los europeos, la música europea y con algunos músicos preferidos norteamericanos, muy pocos. Copland, Gershwin... Porque incluso cuando se toca música americana contemporánea no cae bien, es difícil, hay que imponerla. El director tiene que decir "vivimos en este momento, no vivimos hace 200 años, y si la actitud de la audiencia hubiera sido como la de ustedes no tendríamos nada, ni hubiéramos tenido repertorio". Bueno, uno lo hace, pero el apoyo es muy variable. Para el festival de tango[127] tuve mucho apoyo de gente de ascendencia mexicana que vive en Santa Bárbara. No era música mexicana pero el tema del tango era popular, por eso digo que era una situación que tiene muchas variables, un poco un laberinto. Uno puede ir a Santa Bárbara y decir "este el lugar perfecto para tocar la música de Revueltas". Sí y no, depende. Si usted está hablando de cultura, la cultura fundamental del lugar, las raíces culturales, absolutamente. El aspecto del lugar, toda la construcción, absolutamente. El idioma español, hablado por la mitad de la población. Pero luego hay ramificaciones, tabúes y prejuicios... El panorama ya no está tan claro.

DEL TORO: ¿Cómo recibían allí, por ejemplo, a Revueltas antes del festival?

BEN-DOR: Claro, yo lo planeé dos años antes, porque eran justamente los 100 años del nacimiento [de Silvestre Revueltas] y era también el comienzo del siglo y para nosotros era el milenio... Era una cosa superficial, pero era una excusa para celebrar, se hace constantemente con todos los compositores... Y yo ya había tocado música de Revueltas, había hecho *La noche de los mayas* y *La coronela* como ballet y gustó muchísimo. Primero porque fue una colaboración con el ballet local, fue una producción bastante tradicional, con trajes apropiados del Siglo XIX de la clase superior, en fin del tema de revolución social que trata *La coronela*. Y salió muy bien. Pero hice otras obras como *Itinerarios*, que es más abstracta, más disonante, y hay gente a la que le gustó y

---

[127] Realizado en Santa Bárbara, California, del 6 al 15 de febrero de 2004 con la Orquesta Sinfónica de Santa Bárbara dirigida por Gisele Ben-Dor. De él surgió el disco *The Soul of Tango* con obras de Luis Bacalov y Astor Piazzolla, lanzado en 2005: Bacalov, Piazzolla. *The Soul of Tango*. Santa Barbara Symphony / Gisele Ben-Dor. Delos International (2005) CD.

Jesús Del Toro

gente a la que no le gustó. Y eso me ha sucedido con la obra de Alban Berg en Boston... Hicimos música de cámara, 45 minutos, y hay gente que se quejó. 45 minutos de Alban Berg no son para todos. Todo puede suceder. Ahora, cuando hicimos el concierto de marionetas [con obras de Revueltas]... elegí una sala con capacidad para 900 personas, bastante grande para Santa Bárbara, en un barrio con mucha concentración de gente de ascendencia mexicana. Hice gratis el concierto, en 2000, y estaba repleto. Todo fue hablado la mitad en español y la mitad en inglés, parte narrada por los titiriteros que eran mexicanos y lo narraron en su propio idioma, y otras partes fueron narradas en inglés. Pero todas fueron obras de Revueltas. A mí me fascinaba porque yo siempre dije que un compositor que escribe para niños, que escribe obras muy sofisticadas de nivel artístico muy alto pero que escribe también algo que los niños pueden entender y que haya tenido el interés para hacerlo, para mí es un gran compositor.

DEL TORO: ¿Qué obras se incluyeron en ese programa?

BEN-DOR: *Este era un rey*, la conocí por Roberto Kolb, la versión de cámara de *Sensemayá* con el poema de Nicolás Guillén, *El renacuajo paseador* e hice un *Planos* bailado. Y el grupo de percusión Tambuco, que también lo traje de México, hizo sus propias cosas. De Revueltas hubo cuatro obras que hicimos adaptadas para niños, salió lindísimo.

DEL TORO: Otros directores también me han dicho que aprovechan mucho y bien obras de Revueltas en programas para jóvenes y niños... *Sensemayá* les encanta obviamente...

BEN-DOR: Es atractiva y hay una historia.

DEL TORO: Pero incluso gente que va a los conciertos y conoce obras de Revueltas y de otros compositores mexicanos sigue entendiendo a Revueltas como un compositor meramente mexicanista. En Estados Unidos algunos lo ven como un repertorio mexicano exótico. ¿Cómo lo percibe usted?

BEN-DOR: Quizá lo más fácil sea compararlo con compositores que tienen elementos similares, pero hay más de uno. Tome por ejemplo a Copland. Tuvo una vida muy larga y compuso en muchos estilos diferentes y Ginastera también. Si usted pregunta acá en Estados Unidos por música de Copland, es *Ro-*

deo o *Appalachian Spring*. Y, bueno, él popularizó la música folclórica y probablemente la gente ni sepa que Copland empezó como un *enfant terrible*. Su Concierto para piano[128] fue considerado avanzado a su tiempo y las audiencias americanas no lo aceptaron con el mismo entusiasmo que a posteriores obras. *Billy the Kid* y todo eso lo compuso hacia el mismo tiempo, alrededor de una época en que fue enviado por el Departamento de Estado a Latinoamérica[129] a establecer buenas relaciones culturales, por supuesto había un fondo político, con los países de América Latina que bien nos vendrían hoy en día. [Ríe] Y tiene *El Salón México* o *Latin American Sketches*. Pero mire toda la obra que tiene Copland que no es populista para nada. Y con Ginastera, si usted ve *Estancia* y *Panambí* y las obras del principio, los primeros opus, después está el Concierto para cuerdas, los *Glosses sobre temas de Pablo Casals*, que yo he grabado también, las óperas que son espeluznantes de complejidad y un idioma dodecafónico, expresionista. Usted puede escuchar *Estancia* y escuchar *Beatrix Cenci* y decir que son dos compositores[130]. Son dos almas distintas, es 'Dr. Jekyll y Mr. Hyde'. Entonces, ¿quién era Ginastera? Fue un 'popularizador', sí. Eso se podría decir de Bartok y de De Falla y de cualquier compositor nacionalista que incorporó bases folclóricas en su búsqueda. Y se puede decir de Beethoven también, porque incorporó las *ländler* y otro tipo de danzas de su época. ¿Y Bartok? Nadie se atrevería a llamar a Bartok un 'popularizador', pe-

---

[128] Compuesto por Copland en 1926 y estrenado en enero de 1927 con él mismo como solista y con la Orquesta Sinfónica de Boston dirigida por Serge Koussevitzky.

[129] De acuerdo a Carol Hess, investigadora de la Universidad en California en Davis, Copland hizo ocho visitas a América Latina entre 1932 y 1972, cuatro de ellas (1941, 1947, 1962 y 1963) bajo el auspicio del Departamento de Estado para realizar diplomacia cultural y promover el intercambio musical entre el norte y el sur del continente americano, según se lee en el comentario 'Copland as Good Neighbor: Cultural Diplomacy in Latin America During World War II' publicado en el sitio de internet de la Biblioteca del Congreso (blogs.loc.gov/music/2014/10/copland-as-good-neighbor-cultural-diplomacy-in-latin-america-during-world-war-ii/). Con todo, es de los primeros contactos de Copland con México, en la década de 1930, de donde surgió *El Salón México*.

[130] El ballet *Estancia* de Alberto Ginastera (1916-1983) data de 1941. La ópera *Beatrix Ceci* fue estrenada en 1971, en Washington DC.

ro el principio es el mismo. Es una cuestión de grado. Todos lo han hecho. ¿Stravinsky no lo hizo? *Petrushka*, en algún momento llegó *La consagración de la Primavera* y bueno, estoy saltándome, después *Pulcinella* y después otra obra que es difícil para la audiencia, Sinfonía en tres movimientos[131]... Entonces uno no puede clasificar en forma [absoluta]... Es cómo decir que todo lo que hizo Picasso fue el *Guernica*... Es justamente lo que han hecho las grandes compositores, han tomado el material local, vivo, y han podido construir una obra de arte con ello... [En Revueltas] estaba la música de los bares, de la calle, de los desfiles...

DEL TORO: La música que vibraba en el barrio de su momento...

BEN-DOR: ¿Y Charles Ives no lo hizo? La mejor forma de verlo es como yuxtaposición, como los cubistas: uno está engarzado con el otro, uno está por encima del otro y la totalidad forma una imagen. Incluso Mahler tiene una escena, en el tercer movimiento de la Primera Sinfonía, en que de pronto se pone a tocar música judía de la aldea... Empieza con el *Frère Jacques* y de pronto [tararea], ¿de dónde vino eso? Está engarzado, digamos, y así es.

DEL TORO: Kolb hizo un ejercicio muy interesante con *Esquinas*, en el que identifica rastros de los cantos de los pregoneros en las calles de México que Revueltas incorpora en esa obra. Esas líneas melódicas, esos ritmos, esos pedacitos que él recupera. Era la vena popular pero viva, actual, con poco que ver con quienes esperaban la apoteosis del pasado indígena o la gloria de la Revolución Mexicana retomando las canciones populares famosas...

Be-Dor: En *Itinerarios*, que es una cosa monumental, que parece como que se desgarra todo, de pronto está esa melodía para saxofón que es dulce y es triste, triste... Y uno no sabe de dónde viene. Bueno, de eso se trata, pero no es una

---

[131] En *Petrushka* (1911) y *La consagración de la primavera* (1913), obras del periodo inicial o 'ruso' de Stravinsky, se usaron materiales folclóricos, en contraste con *Pulcinella* (1920), que abreva de música del compositor barroco Giovanni Pergolesi y se proyecta ya en el periodo neoclásico stravinskiano. La música de la Sinfonía en tres movimientos, estrenada en 1946, evoca el periodo 'ruso' de Stravinsky pero también sería una amalgama de sus estilos posteriores.

melodía populista... Hay que conocer la totalidad de la obra... y con Revueltas no es tan difícil.

DEL TORO: Su disco con música de Revueltas acaba de ser relanzado por Naxos hace relativamente poco[132].

BEN-DOR: Yo me quedé muy contenta de que lo hubieran hecho, está muy bien porque ellos venden muchos discos. Al que hace estas cosas por amor al arte es lo mejor que le ha sucedido a la discografía, porque ellos [Naxos] toman el proyecto –uno nunca ve un centavo, pero no importa porque es un aporte que uno ha hecho para esta grabación–, lo producen por todo el mundo y lo venden a un precio muy asequible. Hay muchos que se benefician, claro se benefician ellos pero se beneficia el público también. El que no se beneficia es el artista desde el punto de vista pecuniario, pero tiene la satisfacción de saber que la obra se escucha.

DEL TORO: Uno quiere tener la mayor cantidad de discografía...

BEN-DOR: Quiero poner música de fondo [coloca un CD en el reproductor], *Colorines*, la parte de en medio que a mí me asombraba...

DEL TORO: Revueltas tiene esas partes intermedias dulcificadas, líricas o de lamento, como en *Homenaje a Federico García Lorca*...

BEN-DOR: Yo he hecho mucho el *Homenaje*, en Finlandia, en Boston, por todos lados... Y el final de la victoria en *La coronela* es un carnaval [activa el reproductor de CD y música de Revueltas suena durante la conversación]... Esto lo hice en Italia, en un festival en Sicilia. Les costó mucho tocarlo, acostumbra-

---

[132] Fue lanzado en 1998 por Koch International Classics, con las Orquesta Sinfónica de Santa Bárbara y la Orquesta de Cámara Inglesa dirigidas por Gisele Ben-Dor. Incluyó *Itinerarios*, la primera grabación mundial de la reconstrucción de *La coronela* hecha por José Yves Limantour y Eduardo Hernández Moncada y la primera grabación mundial de *Colorines*: Silvestre Revueltas. *La coronela, Itinerarios, Colorines*. Santa Barbara Symphony, English Chamber Orchestra. Koch International Classics (1998) CD. Una nueva edición de ese DC, bajo el sello de Naxos, se lanzó en 2010: Silvestre Revueltas. *La coronela, Itinerarios, Colorines*. Santa Barbara Symphony, English Chamber Orchestra. Naxos (2010) CD.

dos a la ópera italiana. Y acá hay ritmos muy contemporáneos y difíciles, incluso *Sensemayá*...

DEL TORO: El Revueltas que más se conoce en Estados Unidos es el de *La noche de los mayas* y el de *Sensemayá*. Pero *La noche de los mayas*, la suite que se toca, es controversial porque Limantour la rehízo...

BEN-DOR: El único aspecto de Limantour que yo sé es por el último movimiento de *La coronela*. Pero parece como si le hubiera hecho un favor a la obra porque si no, no habría nada. Él reconstruyó el cuarto movimiento a partir de [música de] las películas, pero se dice que en los ensayos hacía lo que quería... Pero yo puedo comprender eso también.

DEL TORO: Y *La noche los mayas* Revueltas no la pensó como suite de concierto, a la música de *Redes* sí y él hizo su 'suite', pero a *La noche de los mayas* nunca pensó en darle una estructura de cuatro movimientos...

BEN-DOR: La verdad es que en el filme de *La noche de los mayas* la música no luce tanto como luce en concierto, se pierde porque hay música que es delicada, recuerdo una parte de flauta baja que en el cine es como una cosa para una danza y acá [en la suite] se escucha en su propia representación. Pero además hay partes, con toda sinceridad, hay partes de la partitura que no son tan valiosas porque son música de filme... Pero con todo respeto, son opiniones de puristas. Porque mire, Mozart no terminó el *Requiem* y el *Requiem* se escucha sea en la versión de Franz Süssmayr, de Robert Levin o de este o del otro. Es muy interesante saber de quién es la versión, pero al fin y al cabo la música ya no es de Mozart. Se murió, porque Mozart se murió en el octavo compás de la *Lacrimosa*, está ahí llega, al compás ocho y medio... Y nadie protesta tanto... En comparación, esta música [la de Revueltas] no tiene suficiente exposición. Entonces no tiene sentido pasar mucho tiempo criticando si esta es la versión o la otra. Eso es bueno para ellos [los académicos], es lo que deberían hacer, pero para la audiencia ellos deberían oír la música de una forma u otra. Sigue siendo música de Revueltas... Incluso si él no la terminó. ¿Qué pasa con la Décima Sinfonía de Mahler? La discusión es buena para la academia, para las publicaciones especializadas, pero por otra parte uno toca la música.

DEL TORO: En ese sentido, si no hubiera sido por esa suite de Limantour quizá no se habría conocido *La noche de los mayas*, porque oírla en la película es otra cosa y la película no es precisamente muy buena que digamos...

BEN-DOR: No la recuerdo. Incluso en *Redes* lo fundamental [en lo visual] es la fotografía de Paul Strand. Es lo que realmente atrae, no tanto como película. Pero la fotografía en aquella época, en los años 30, esa fotografía [de Strand] era maravillosa.

DEL TORO: Usted me estaba contando al principio cómo empezó, cómo se interesó en *Redes*.

BEN-DOR: ¿Como me enteré de *Redes*? Eso es lo que no me puedo acordar, cómo me enteré. ¡Ah, esta es la música tan linda del saxofón! [De *Itinerarios*, que suena en el reproductor de CD]. Tristísima, tiene tantas melodías que son desgarradoras... Es como una encantación... Tiene un colorido stravinskiano, una melodía simple y como arcaica...

DEL TORO: Se ha dicho de Revueltas que es una especie de Stravinsky latinoamericano, ¿qué opina usted de eso?

BEN-DOR: No lo diría porque entonces uno dice el De Falla mexicano. De Falla se concentró más que nada en la música española, no tuvo períodos de experimentación musical marcados como los tuvo Stravinsky, Copland, Picasso... Entonces si De Falla está bien definido como un músico que ha traído la música española a la escena, entonces al referirse a Revueltas en aquello que tiene que ver con el folclor mexicano se le puede decir un De Falla mexicano, en el sentido de que Revueltas adaptó mucho lenguaje folclórico mexicano en lo que se llama música clásica[133]... Pero hay cosas [en Revueltas] que no tienen nada que ver con el folclor mexicano, tienen que ver con la Guerra Civil

---

[133] En ese sentido, Paul Bowles comentó en un artículo sobre Silvestre Revueltas publicado en *Modern Music* (noviembre/diciembre de 1940) que "en cierta forma Revueltas fue un 'De Falla mexicano' pues ambos lograron una "expresión completa en la creación de música que era una exacta y muy personal versión de la vida que los rodeaba en su país" (Bowles, 2003).

Española[134], tienen que ver con sus estados de ánimo que eran variables, tienen que ver con una cantidad de cosas que no se pueden poner en un cajón o catalogar con tanta facilidad. Pero sobre Stravinsky... ¿En qué sentido lo compararía? Porque Stravinsky fue tanto ruso como revolucionario como neoclásico y dodecafónico. A Stravinsky además le interesaba todo... tiene pequeñas cosas, una cosa que es un tango[135]. La obra de Stravinsky es inmensa, además es demasiado general compararlo con Stravinsky.

DEL TORO: Quien hace esa comparación creo que por lo general está pensando en las relaciones, si es que existen, entre *Sensemayá* y *La noche de los mayas* y *La consagración de la primavera*...

BEN-DOR: El contraste, dice usted... Es que va más allá. Es como reducir a Stravinsky a una cierta cosa, que en el caso de De Falla no lo estamos reduciendo, estamos describiendo lo que hizo... Todo lo que ha escrito De Falla es popular y no ha escrito tanto tampoco.

DEL TORO: Hace poco en Washington DC, en el contexto de un concierto de obras de Manuel de Falla, se discutió un poco sobre que De Falla quería mostrar lo verdaderamente español, porque lo que se creía que era español [a principios del Siglo XX] eran *Carmen* de Georges Bizet o *España* de Emmanuel Chabrier...

BEN-DOR: Que son turísticas. Un poco como *El Salón México* de Copland, que es una postal. Está bien para un extranjero escribir algo así pero para un músico autóctono... ¿La *Sinfonía del Nuevo Mundo* de Dvorak es americana? Es música checoslovaca, está basada en quizá algún espiritual[136], alguna melodía del lejano oeste, puede ser, pero cuando usted la escucha es música checoslo-

---

[134] Justo el caso de *Itinerarios*, que suena durante parte de la charla.

[135] *Tango*, originalmente compuesta para piano por Igor Stravinsky en 1940, fue al parecer la primera obra que produjo enteramente en Estados Unidos tras mudarse desde Europa. Luego, Stravinsky arregló o aprobó arreglos de *Tango* para ensambles instrumentales.

[136] El canto cristiano afroamericano.

vaca[137]... [Se detiene al escuchar un pasaje de la música que suena del CD] El vals de Don Ferruco [de *La Coronela*], muy lindo también, es muy nostálgico. Samuel Barber tiene valses así... Hay tanta música..., hay tantos niveles.

DEL TORO: ¿Y de *Redes* no se acuerda cómo la conoció?

BEN-DOR: No recuerdo. Pero lo que recuerdo es que me despertó el interés el hecho de que no hubiera una partitura, que hubiera que hacerla. Existía la de Erich Kleiber, él había hecho una suite, pero teníamos una partitura mucho más larga y recuerdo haber visto la película y acomodado la partitura para que fuera exactamente con la película, así como lo habían hecho para la película. Tuve que reconstruir justamente la partitura de la película, porque la suite de *Redes* existía pero no se podía tocar, no se podía hacer la película tocando la música en vivo, faltaba música. Yo recuerdo que el editor me mandó todo...

DEL TORO: ¿En bruto?

BEN-DOR: En bruto y lo que hice fue tomar las partes que ya estaban bien orquestadas por Erich Kleiber y recuerdo que después comisioné las partes y por eso existe todo eso. El trabajo se hizo para el festival y después se lo doné, se lo di [al editor]... Recuerdo que trabajé con todas las fuentes, con todo lo que había: la película misma, la partitura de la suite de Kleiber y la partitura de cine. Lo que a mí me interesaba era poder tocar la película en vivo, no la suite. La suite se puede hacer en cualquier momento, pero tiene menos interés. Es impactante con la película.

---

[137] Joseph Horowitz afirma que Antonin Dvorak, durante su estancia en Estados Unidos a finales del Siglo XIX, consideró que la música afroamericana y la de los indígenas americanos eran las bases para una música nacionalista estadounidense y señala que, en la *Sinfonía del Nuevo Mundo* (compuesta en Estados Unidos en 1893), en su tono majestuoso y elegiaco permearían tanto la nostalgia de Dvorak por Bohemia como una tristeza ante la esclavitud a la que estuvieron sometidos los negros y ante la situación de extinción que entonces encaraban los indios. Horowitz dice que la Sinfonía No.9 'Desde el Nuevo Mundo' de Dvorak "más que una sinfonía bohemia con acentos americanos... es una lectura de Estados Unidos emocionalmente tensada por la atracción de la patria checa".

DEL TORO: Eso me han dicho algunos, que *Redes* tiene realmente su poder con película. La suite de *Redes* a muchos no les funciona.

BEN-DOR: Yo no lo he hecho, no la he elegido hacer. Además de que si estoy dirigiendo como directora invitada y tengo la posibilidad de hacer una obra de Revueltas, porque para las demás quieren obras del repertorio digamos común, entonces elijo aquello que me parece va a tener más impacto. Y es verdad, uno termina eligiendo *La noche de los mayas* o *Sensemayá* u *Homenaje a Federico García Lorca* si es una orquesta de cámara, que ya la he hecho varias veces con mucho éxito, e incluso he hecho toda *La coronela* en concierto, que también salió muy bien... Lo que tengo curiosidad de saber, y no creo que un día se pueda porque se ha perdido la partitura original, es cuál era el toque de luto en *La coronela*... Yo usé el estándar[138]... En *Vamos con Pancho Villa* hay un toque en la película[139]... Yo preferí el toque de silencio [estándar].

---

[138] El toque de silencio 'estándar' alude a la melodía usualmente tocada con clarín o trompeta en funerales militares, conocida en Estados Unidos como *Taps*. Según algunas fuentes data de la Guerra Civil de Estados Unidos (1861-1865) y estaría basada en una melodía anterior, en uso del ejército estadounidense desde la década de 1830. El toque de silencio es además usado para indicar en los cuarteles militares el final del día. En los ejércitos de los siglos XIX y principios del XX, cuando no existían las comunicaciones modernas, el uso de toques de clarín o trompeta eran comunes para emitir señales a la tropa en los cuarteles, los desfiles y durante la batalla, además de útiles para generar una atmósfera marcial. Estos toques aún son de amplio uso en el ceremonial militar. En México, el toque militar de silencio es diferente al *Taps*, aunque comparte con él las notas largas tocadas por los metales.

[139] En *Los sonidos de la ilusión y del desencanto: la música de Silvestre Revueltas en 'Vámonos con Pancho Villa'*, texto de Roberto Kolb Neuhaus para el programa de la primera interpretación con orquesta en vivo de ese filme, se comenta que Revueltas compuso un pasaje para el clarín, qué el mismo llamó en la partitura 'toque de silencio' que "se desmorona, terminando en tres largas notas graves, atípicas de los toques de guerra". El concierto de *Vámonos con Pancho Villa* se realizó en el Palacio de Bellas Artes de la Ciudad de México, el 17 de octubre de 2015, con la Orquesta de Cámara de Bellas Artes dirigida por José Luis Castillo. Y hacia el final del filme, luego de un pasaje musical dramático y doliente en los metales, aparece un clarín que toca una pieza muy similar al toque de silencio actualmente en uso por el ejército mexicano.

DEL TORO: ¿En dónde ha tocado música de Revueltas [además de en Santa Bárbara]?

BEN-DOR: En Italia hice *La coronela*, toda *La coronela*, sin ballet [lo hizo con ballet en Santa Bárbara]. *Homenaje a Federico García Lorca* lo he hecho en Finlandia, en Boston y ya no recuerdo en qué otros lugares. *Sensemayá* también, en varias versiones, en toda clase de lugares. La hice mucho... *La noche de los mayas* recuerdo haberla hecho en Santa Bárbara y en Europa... En Francia debo haber hecho varias obras de Revueltas porque dirigí muchas orquestas allá, el público las recibe muy bien. En Finlandia el público es increíble, les gusta mucho el tango también, los finlandeses son muy abiertos. Allá hice el *Homenaje a Federico García Lorca* y gustó mucho, allá hice mucha música de Ginastera y les encantó también...

DEL TORO: Y los músicos, sobre todo quienes jamás han oído una obra de Revueltas, ¿qué piensan de ella, cómo la reciben?

BEN-DOR: ¿Los músicos? Son muy avanzados, por lo general nunca he tenido problemas de decir "esto es muy difícil o esto no me gusta"... Por lo general los músicos aunque no la conozcan me agradecen, me dicen "mire, muchas gracias, yo no conocía esto, por estos barrios no se toca". La última vez que hice el *Homenaje* lo hice en Boston hace un par de años y salió bien, ellos me pidieron que lo hiciera, todo un concierto de música latinoamericana. Hicimos también Villa-Lobos, hicimos Ginastera... con la Orquesta de Cámara Pro Arte de Boston, de la que soy directora emérita.

DEL TORO: *¿La coronela* cuándo la grabó? ¿Antes del festival en Santa Bárbara?

BEN-DOR: En 1998, antes del festival. Yo ya estaba haciendo música [de Revueltas] constantemente y eso culminó en el festival. En el festival no tocamos *La coronela* ni *La noche de los mayas*, ya las habíamos hecho. *Sensemayá* ya lo habíamos hecho también, entonces hice *Sensemayá* para orquesta de cámara para los niños.

DEL TORO: Hay directores muy entusiastas a los que Revueltas les interesa mucho pero, por otro lado, Revueltas todavía no llega a estar en el repertorio regular en las orquestas estadounidenses...

BEN-DOR: No como merece... Mire que la competencia con Carlos Chávez sigue hasta hoy en día. Cuando usted habla de Ginastera, por ejemplo, no hay otro. Si usted pregunta por un compositor argentino famoso...

DEL TORO: Piazzolla también dirán...

BEN-DOR: Sí, pero a Piazzolla no lo ven como música seria. Si pregunta por un compositor como el 'Beethoven de la Argentina', a Ginastera habrá quién lo reconocerá. Pero a Piazzolla lo ven como tango, tiene la inscripción tango... Aunque él creía que tenía que hacer música seria, quiso hacerla, justamente una de las obras que grabé fue su primer intento de hacer música seria[140]... A él se le ve como músico popular de tango. Entonces dicen Ginastera... Cuando usted pregunta por México dicen Chávez, ya que Chávez eclipsó a Revueltas en la mente del aficionado como 'el compositor mexicano' y lo demás ya viene a muchos niveles más abajo. Es una razón de publicidad, hasta el día de hoy y era así en aquella época también... Chávez estaba sano y era social y en fin, Revueltas era una personalidad distinta.

DEL TORO: Y Revueltas murió muy pronto y en cambio Chávez daba conciertos en Estados Unidos, incluso fue candidato para ser director musical de la Filarmónica de Nueva York.

BEN-DOR: Claro, se tiene ya esa impresión... La *Sinfonía india* de Chávez se toca constantemente... Los que exploran son pocos y somos latinoamericanos y algunos con un interés especial pero ha quedado un poco politizado el asunto. Y otra cosa, por ejemplo [Revueltas] es difícil de tocar, algunas de estas obras son difíciles de tocar. Hay que alquilar la música, la música es cara. O sea que hay razones... Las consideraciones son del nivel de quién es considerado el más grande compositor de este país, a cuestiones de quiénes son los misioneros, digamos, que tienen eso por misión, que están dispuestos a contribuir de su trabajo, incluso de dinero, para publicar la obra y luego hay cosas del día a día... Yo acá he tenido problemas en Estados Unidos con hacer a veces una

---

[140] Se trata de *Tres movimientos sinfónicos, Buenos Aires*, compuesto por Astor Piazzolla en 1953. La obra fue incluida en el citado disco *The Soul of Tango* de la Orquesta Sinfónica de Santa Bárbara dirigida por Gisele Ben-Dor.

obra de Gershwin para los niños, quería tocar unos cinco minutos porque es música americana, ¿no? Sí, pero esos cinco minutos le cuestan mil dólares a la orquesta. "¿Y no puedes hacer otra cosa?", me dicen... [Pero] alguien tiene que publicar las obras, alguien tiene que mantener las partes, el servicio del editor es indispensable... Ah, esto es *Itinerarios* [suena nuevamente la música del CD]... Es muy lírico todo, disonante como es, suena casi como un acordeón enfermo o experimentando... Yo tomó tiempos más rápidos que lo general..., me gusta que hable la música...

DEL TORO: ¿Y la toca más rápido que otros?

BEN-DOR: [Tararea la música] Tiene que declamar... Esto es muy difícil [un pasaje en los metales de *Itinerarios*], fue muy difícil grabar esto, tocarlo con exactitud... Es como Giovanni Gabrieli, la música que se tocaba en la Plaza de San Marcos en el Renacimiento, pero es como futurista...

DEL TORO: A Revueltas lo criticaron en vida y lo siguieron criticando después porque nunca quiso seguir las formas. Chávez componía sinfonías y él...

BEN-DOR: Claro, él [Revueltas] creaba su propia forma.

DEL TORO: Revueltas hacía otras cosas. Y algunos lo criticaban, atribuían que Revueltas no recurría a las formas estándar o a las grandes formas porque creían que no las conocía, que su formación había sido deficiente....

BEN-DOR: Ah, sí, que era diletante... Eso lo decían de Dvorak también porque comparado con los alemanes, que tenían estructura de hierro, ¿no?, comparado con ellos la de Dvorak era una fantasía. Pero cuando usted la examina esta todo ahí. No en la forma como los alemanes lo hacían, pero hay una exposición, hay una retoma, hay un desarrollo, en fin los motivos se repiten, vuelven, se transforman.

DEL TORO: Usted me dijo lo bien que resultó *Sensemayá* con títeres. Eso me lo han dicho otros también, me lo dijo Jorge Pérez Gómez, que es profesor de la Universidad de Nuevo México. Él ha hecho también muchas cosas de Revueltas, hizo *Troka* que es una pantomima.

BEN-DOR: *Troka* sí, hice *Troka*. Es música difícil..., la hice en el festival. *Troka* es una obra traviesa.

DEL TORO: Exacto, traviesa... Revueltas la pensó específica para niños....

BEN-DOR: Recuerdo que la hice con orquesta de cámara...

DEL TORO: La hicieron en Nuevo México con teatro completo de títeres y la presentaron también en México.

BEN-DOR: ¿Sabes qué grupo de teatro? Acá el grupo que yo tuve se llamaba Espiral[141].

DEL TORO: Jorge Pérez Gómez en Nuevo México dirigió la música y la puesta en escena primero en Nuevo México y después, él me contó, en México gustó muchísimo. Y en general tanto esa como otras muchas obras de Revueltas se prestan para usarlas en espectáculos que no solamente son música, sino que incluyen más. Eso me han dicho varios directores.

BEN-DOR: Claro que sí, hoy en día la gente es visual, está acostumbrada a la televisión y al cine, a todos los aparatos que son visuales. Eso es lo que se le llama *enhancement*, es muy importante.

DEL TORO: En el libro, *Sonidos en rebelión*, editado por Roberto Kolb y José Wolffer, se reproduce un artículo[142] que afirma que todo el fraseo musical de *Sensemayá* está absolutamente montado sobre el poema...

BEN-DOR: Mayombe, bombe, mayombé. Mayombe, bombe, mayombé.

DEL TORO: Exacto.

---

[141] El teatro de marionetas Espiral, Gisele Ben-Dor y la Sinfónica de Santa Bárbara presentaron en 2000 *Este era un rey* y *El renacuajo paseador*. Mireya Cueto (1922-2013), destacada marionetista y autora de obras para niños e hija de los multifacéticos artistas y también marionetistas Germán y Lola Cueto, fundó el grupo Espiral y fue cofundadora, con su hijo y también marionetista Pablo Cueto, de Teatro Tinglado, compañía que participó en el proyecto de *Troka* de Jorge Pérez Gómez y la Universidad de Nuevo México.

[142] Se trata del artículo 'La canción de la culebra: el *Sensemayá* de Revueltas' de Ricardo Zohn-Muldoon, compositor méxicoamericano y profesor de composición de la Escuela de Música Eastman de la Universidad de Rochester. El artículo apareció originalmente en la revista *Latin American Music Review*, University of Texas Press, Vol. 19 No. 2, otoño-invierno 1998.

BEN-DOR: Eso incluso se lo enseñe a los chiquilines, a los niños. Porque eso lo pueden hacer... Y, bueno, yo no me moví más del mayombé del estribillo que vuelve muchas veces, pero recuerdo a los niños hacerle "mayombe, bombe, mayombé". Después les dije: "cuando escuchen eso levantan la mano", porque así uno los hace escuchar... Hay mucho que se puede hacer con la obra de Revueltas porque hay mucho material. ¿Y por qué les gusta a los niños? Porque es música fresca, no es música académica, es música fresca... Bach escribió el *Pequeño libro de Anna Magdalena* y los niños lo tocan. Y es Bach, un Bach no simple pero simplificado, dos voces en lugar de toda la polifonía de las otras obras. Stravinsky escribió *Los cinco dedos*[143]. Yo a los cinco años, me acuerdo, ya la tocaba y era Stravinsky. Sonaba raro, me encantaba, porque los niños son esponjas. Y Bartok con el *Microcosmos*[144] que escribió para su hijo... Hay tanta música que un niño puede tocar de los grandes compositores. Por eso digo cuando un compositor tiene un lenguaje claro, entonces puede escribir música para niños.

DEL TORO: Leonard Slatkin me dijo que, en el periodo, hubo cuatro grandes en América Latina de la primera parte del Siglo XX: Villa-Lobos, Ginastera, Chávez y Revueltas. Él decía esos cuatro.

BEN-DOR: Villa-Lobos escribió una cantidad de música. Villa-Lobos escribía constantemente, en el bar, en todas partes, escribía, escribía por escribir, él no podía parar de escribir. Pero no todo lo que escribió es del mismo nivel. Ginastera todo lo que escribió es de altísimo nivel y aquello que no lo era, como música para filmes que hacía por dinero, no permitió que se publicara. Está en archivos de la Fundación Paul Sacher, en Basilea [Suiza]. Yo estuve ahí y me permitieron ver todos los manuscritos pero me dijeron "no, usted no puede sacar de acá nada".

DEL TORO: Porque no quiso Ginastera...

---

[143] Stravinsky compuso *Los cinco dedos* en 1921, ocho pequeñas piezas "fáciles" para piano.

[144] Compuesto por Bartok entre 1926 y 1929, *Microcosmos* plantea en seis volúmenes estudios para piano que comienzan con piezas simples y fáciles de tocar y avanza hasta otros de gran complejidad y dificultad.

BEN-DOR: Porque no estaba al nivel... Brahms era así también.

DEL TORO: ¿A Revueltas no le pasó eso porque no le dio tiempo?

BEN-DOR: Porque escribió poca cosa y todo de muy alto nivel.

DEL TORO: La música que hizo para algunas películas casi no se ha oído...

BEN-DOR: Yo vi todas las películas porque quería estar convencida de que en el último movimiento de 'La coronela' la música era de Revueltas.

DEL TORO: Y no de Limantour...

BEN-DOR: Y no de Limantour. Encontré casi todo, casi todo lo encontré... Él la armó..., la creó en algún momento pero los ingredientes son de Revueltas...

DEL TORO: ¿Qué tanto de *La coronela* sí terminó Revueltas?

BEN-DOR: Nunca sabremos. Pero está bien terminada [la versión de José Yves Limantour y Eduardo Hernández Moncada grabada por ella], termina con la victoria y muchos pasajes fueron tomados de *Vámonos con Pancho Villa* justamente, de mucha vivacidad... [Tras una pausa, ella comienza a revisar otras partituras de Revueltas]. Ah, *Cuauhnáhuac*. Buenísima.

DEL TORO: ¿Qué opina usted de *Cuauhnáhuac?*

BEN-DOR: La hice con la New World Symphony, con orquesta de cámara... Fuertísima, una obra muy fuerte, muy bien hecha. Claro, que se toca muy poco. La versión para orquesta completa no la he hecho... [Mira partituras adicionales, en este caso de *Redes]* Las correcciones, lo que estaba faltando... Está todo aquí. Esta es toda la partitura, acá son las cosas que hubo que hacer, pero acá hay más... Esta es la suite [de *Redes*, hecha por Kleiber]. Y bueno, lo tuve que trabajar todo, hubo mucho trabajo porque de esto [muestra la partitura de la música completa de la película] no había partes, de esta partitura no había partes... Yo dije "bueno, ¿qué es lo más práctico? Acá hay partes orquestales [en la suite], entonces usaremos aquello que ya tenemos, si no hay que copiar todo de nuevo". Usamos aquello que ya teníamos porque lo hicimos en conjunción con el editor [Peermusic, antes Southern Music Publishing Company]. Yo preparé la partitura y ellos después tuvieron que producir las partes.

Dijeron, "bueno, esto está bien y esto podemos utilizarlo porque el filme también empieza así"... ¿Y después qué pasa? Acá hay notas que están mal...

DEL TORO: ¿Mal porque lo que suena en la película no es lo que estaba escrito?

BEN-DOR: Acá estaba faltando algo [muestra ciertos compases de la partitura], no es lo que puso Kleiber. En fin, yo lo fui corrigiendo..., de pronto hubo que agregar..., todo esto fue insertado y lo tome de aquí... Esto faltaba aquí, entonces lo incorporé. Acá estos compases fueron agregados en la suite pero no estaban en el filme, hubo que sacarlos... En fin, hubo que trabajar toda la partitura para poder producir las partes de cine. Esto fue insertado, ¿ve? Fui trabajado página a página, utilizando esta versión [la suite] porque simplemente había partes para esto y al estar en una computadora usted agrega, es fácil. Si no hay que hacerlo todo de vuelta... Esto es lo que hice, lo hice por segmentos, los segmentos que faltaban en la suite los reconstruí de la partitura [del filme].

DEL TORO: Lo que prevaleció es lo que suena en la película...

BEN-DOR: Lo de la película es lo que escribió Revueltas. Acá hay adiciones, se ve que las hizo Kleiber como ligamentos y eso fue lo que yo taché porque no los necesito..., porque no están en la película. Si no está en la película, Revueltas no lo escribió.

DEL TORO: ¿Y con la partitura y las partes de *La coronela* hizo algo parecido a este trabajo con *Redes*?

BEN-DOR: Recuerdo que había discrepancia en algunas cosas.

DEL TORO: Es muy interesante lo que se hizo con *Redes* con película, fue un trabajo que aportó porque a partir de allí otros pudieron volver a presentarla.

BEN-DOR: Estoy muy orgullosa del trabajo, estoy muy contenta de haberlo hecho... [Mira y revisa otras partituras, ahora de *La coronela*] Esto está en la partitura, el toque de silencio 'normal' está en la partitura, en las partes. Pero en la película [*Vámonos con Pancho Villa*] hay otro toque de silencio[145]... Estas son partes viejas, pero muy bien escritas... Los cambios que hubo que hacer fueron hechos en las partes mismas... Lo que yo hice lo tiene [el editor]. Pero debo tener una parte de cada una para mi archivo, de esa forma tengo un poco de historia y puedo referirme... Todas las cuerdas las tengo, sí, que es lo más difícil por los arcos. [Revisa los documentos] Y esto es para trompeta... Esta partitura es de Limantour, del año 61... Yo acá lo que hice fue corregir errores, acá hay páginas y páginas de errores en las partes que yo corregí... Lo hice

---

[145] De acuerdo a Gisele Ben-Dor en esta entrevista, ese toque de silencio 'estándar', el citado *Taps* estadounidense, estaba ya presente en copias antiguas de la partitura de *La coronela* (de la versión de Limantour y Hernández Moncada) que ella utilizó, procedentes del editor Peermusic (antes Southern Music). Por ello parece que en la culminación de esa versión de *La coronela*, el 'Juicio final' que, de acuerdo al catálogo de la obra de Silvestre Revueltas editado por Roberto Kolb Neuhaus, Limantour armó con música de las películas *Vámonos con Pancho Villa* y *Los de abajo* más elementos de las primeras tres partes de *La coronela*, no se usó el toque de silencio que aparece en *Vámonos con Pancho Villa*, al menos en la partitura que luego estuvo disponible cuando Ben-Dor hizo la grabación, y en su lugar se colocó allí el toque de silencio 'estándar'. El toque del final de *Vámonos con Pancho Villa* es muy similar al toque de silencio del ejército mexicano, lo que aporta singular tensión en el filme (que en la década de 1930 hace una punzante crítica de la Revolución Mexicana y sus ejércitos) y ciertamente resulta natural por evocar al que habría resonado en los cuarteles militares revolucionarios, lo que no sería el caso del *Taps* estadounidense. Pero también se podría considerar que el *Taps* es universalmente conocido como un toque de silencio y quizá por ello apareció en esa partitura de Limantour en el final de *La coronela*. En contraste, en la versión de Enrique Diemecke de *La coronela*, que el director mexicano arregló entre 1994 y 1997 con la participación de Eugenia Revueltas, hija de Silvestre, y luego grabó con la Orquesta Sinfónica Nacional de México (Revueltas, Moncayo y Márquez. *La coronela* (Revueltas), *Sinfonía* (Moncayo), *Danzón No.2* (Márquez). Orquesta Sinfónica Nacional de México / Enrique Diemecke. Instituto Nacional de Bellas Artes / Clásicos Mexicanos (1997/2006) CD) el toque de silencio del 'Juicio final' retoma el de la película pero es algo diferente, una suerte de amalgama con algunas notas que evocan las del *Taps*, el toque militar mexicano y algunos elementos adicionales. En las notas del CD de esa grabación de *La coronela* por Diemecke, se indica que se optó por "un toque original de Revueltas, extraído de la película *Vámonos con Pancho Villa*".

comparando: acá está do sostenido y acá dice mi sostenido y uno mira que la partitura y otras partes tienen do sostenido, entonces es una deducción que uno hace, es una o la otra, y esta sonaría mal o sea que es cuestión de estudio... Son decisiones que yo hice...

DEL TORO: ¿Usted ha sentido algún tipo de resistencia a este repertorio [el de Revueltas] de parte de directivos de orquestas, que no les agrade porque es de México o del 'exótico sur'...?

BEN-DOR: Sí, hay prejuicio....

DEL TORO: ¿Prejuicio por ignorancia de la diversidad o por otras cosas más?

BEN-DOR: Ignorancia de la diversidad... Se asume que [en Latinoamérica] no hay creatividad... Yo establecí una fundación, 'The Ben-Dor Music Discovery Project, Celebrating the Art Music of Latin America', cuya misión [la promoción y divulgación de la música de compositores latinoamericanos] le contesta todo lo que tengo que decir sobre eso... ¿Por qué no se escuchan esas obras...? La gente [en Estados Unidos] no reconoce nombres de compositores latinoamericanos... O sea que sí, hay mucha ignorancia y mucho prejuicio resultado de la ignorancia. Incluso en un lugar como Santa Bárbara, el hecho de que tengan una tradición hispana no significa que siempre me lo aceptaron. Hubo gente que protestó: "demasiada música latinoamericana", "¿para qué necesitamos esta música mexicana?", "estamos en Estados Unidos", "esta música no es parte de nuestra herencia". Sea lo que sea que eso significa... Yo he escuchado todo.

DEL TORO: ¿Herencia racial o de origen nacional?

BEN-DOR: Sí, todo. Hay actitudes así: "nuestra herencia es la música europea". La herencia de la música americana, norteamericana, está con lo anglosajón y sí hay alguna música italiana, pero mexicana no. O sea que hay que abogar por esta música. Ser 'campeón' de esta música no es fácil en Estados Unidos, en mucho más fácil en Europa.

DEL TORO: ¿Por qué es más fácil en Europa?

BEN-DOR: Los europeos son más abiertos, tienen una identidad fija de más de mil años, todas las naciones europeas son viejas... Europa es vieja, entonces ellos no se sienten amenazados por ninguna cultura... Aceptaron el tango y el jazz en París, el jazz en Estados Unidos era cosa del bajo mundo, el jazz al principio era cosa digamos del arrabal [como el tango argentino]...

DEL TORO: Del *bayou*...

BEN-DOR: Sí, del bajo mundo. Entonces todo eso fue a París y en París fue un éxito tremendo, porque allá no tenían prejuicios, todo lo que fuera nuevo era genial. Y entonces solamente en ese momento, cuando "ah, en Europa tuvo éxito" entonces volvió y se enraizó acá. Así es la historia del tango también... La gente de la elite musical no quería saber nada de esto, era basura para ellos, y soy generosa porque era todavía peor. Entonces Europa acepta. En Europa se puede tocar casi cualquier cosa...

DEL TORO: ¿Eso hace que, por ejemplo, cuando en la gerencia de una orquesta en una ciudad de Estados Unidos se habla de lo que se va a programar, se cuestione [si incluir música de compositores latinoamericanos]?

BEN-DOR: Sí, "no van a reconocer el nombre", "me va a costar mucho la música", "a lo mejor se van a precisar más ensayos". En fin, todo se puede decir. Tú tienes que tener la autoridad, solo si tienes la autoridad puedes hacerlo. Yo como directora musical lo puedo hacer, como directora invitada tengo menos *gravitas* y es normal. En la casa de uno, uno hace lo que le da la gana, y en la casa de otro ciertas cosas se pueden hacer y otras no[146].

---

[146] En años posteriores a esta entrevista, Gisele Ben-Dor dirigió, de acuerdo a su sitio de internet (www.giseleben-dor.com), obras de Silvestre Revueltas con la Orquesta Filarmónica de Hong Kong en junio de 2011, Arco Ensemble en abril de 2012, la Chicago Sinfonietta en noviembre de 2012, la Orquesta de Cámara Boston Pro-Arte en septiembre de 2013 y la Orquesta Filarmónica de Belgrado en mayo de 2014.

Carlos Miguel Prieto

Carlos Miguel Prieto (1965), originario de la Ciudad de México, es director musical de la Orquesta Sinfónica Nacional de México, de la Orquesta Sinfónica de Minería y, en Estados Unidos, de la Orquesta Filarmónica de Luisiana. Es un activo promotor del repertorio de Silvestre Revueltas y con frecuencia programa obras revueltianas durante sus presentaciones con orquestas en Estados Unidos. Fue director asistente de la Orquesta Sinfónica de Houston y director titular de la Orquesta Sinfónica de Huntsville (Alabama) y de la Orquesta Sinfónica de Xalapa. Ha sido director invitado de numerosas orquestas estadounidenses, entre ellas la Orquesta Sinfónica de Chicago, la Orquesta de Cleveland, la Orquesta Sinfónica de Boston y la Orquesta Sinfónica de Dallas. Ha dirigido también la Real Orquesta Nacional de Escocia, la Orquesta Filarmónica Real de Liverpool, la Orquesta Filarmónica de la BBC, la Orquesta Nacional de Lyon, la Orquesta Sinfónica de la Radio y Televisión Española, la Orquesta Sinfónica de Valencia y la Orquesta Sinfónica de Bilbao, por solo citar algunas.

Prieto grabó dos discos[147] con música de Silvestre Revueltas con la Orquesta Sinfónica de Xalapa, que incluyeron Sensemayá, Redes (suite de Erich Kleiber), Homenaje a Federico García Lorca, Janitzio, Música para charlar, Ocho por radio, La noche de los mayas (suite de José Yves Limantour), Itinerarios, Ventanas y Caminos.

---

[147] Silvestre Revueltas. Revueltas. Orquesta Sinfónica de Xalapa / Carlos Miguel Prieto. Urtext (2004) CD y Silvestre Revueltas. Revueltas II. Orquesta Sinfónica de Xalapa / Carlos Miguel Prieto. Urtext (2007) CD.

Esta entrevista con Carlos Miguel Prieto tuvo lugar en 2010 en el Centro Nacional de las Artes, en la Ciudad de México.

DEL TORO: Has tenido una gran trayectoria dirigiendo obras de Silvestre Revueltas con orquestas de Estados Unidos, ¿sientes que la música de Revueltas ha comenzado a ser apreciada como una obra más de repertorio que se puede empezar a programar de manera regular o todavía sigue un poco guardada en ciertos festivales mexicanos o en conciertos con un director que llega con esa intención?

PRIETO: Yo creo que la música de Revueltas siempre que se programa tiene una enorme aceptación, pero... yo diría que todavía ocupa un lugar muy ocasional del repertorio, lamentablemente, aunque sin duda hay obras que sí ocupan un lugar creciente, *Sensemayá*, por ejemplo, y algunas otras obras para un grupo más pequeño que por su misma instrumentación le permiten a grupos lucirse. *Homenaje a Federico García Lorca*, por ejemplo... Mucho me gustaría que fueran algunas de las obras de Revueltas obras de repertorio como lo pueden ser algunas obras de Ravel o de Bartok o de Copland. Sin embargo, todavía no es así, creo que están en un lugar justo abajo de eso. Es decir, que hay algunas obras que las orquestas sí hacen con cierta regularidad, pero que no es lo que la calidad de la música merece. Y, entonces, hablando de las obras sinfónicas grandes como *Janitzio, Sensemayá, Redes*, la suite de *Redes, La noche de los mayas, Cuauhnáhuac, Esquinas, Ventanas, Itinerarios, Caminos, Danza geométrica*, todas estas obras son tremendamente atractivas para cualquier orquesta y tremendamente virtuosísticas para cualquier orquesta. Yo he programado un buen número de estas obras con orquestas americanas con enorme éxito siempre, pero se han hecho porque soy un director mexicano que tiene mucha afición por Revueltas. Son pocos, contados, los directores extranjeros que cuentan a Revueltas dentro de su repertorio. Y los que lo hacen acaban teniendo un interés creciente en este gran compositor por muchas razones. Primero, es un compositor enormemente lleno de ideas. De ideas que suenan espontáneas pero que son tremendamente bien pensadas y bien estudiadas. Y al mismo tiempo es un compositor que va directo al público, en donde su obra tiene una aceptación muy inmediata. La semana pasada tuve el honor de dirigir unos programas de temporada con la Sinfónica de Chicago e hicimos *Redes*. Un buen número de gente de la orquesta se acercó a mí diciendo que qué obra maravillosa, que por qué no se hace más esta obra. Y pues yo la hago muchísimo y no veo por qué orquestas deben esperar 30 años para programar obras de Revueltas. Y, bueno, hay muchas razones. Muchas de ellas también tienen que ver con distribución, tienen que ver con cómo se publicitan las casas editoriales que tienen los derechos de Revueltas, la calidad de la música impresa. En fin, hay muchas razones, muchas cosas que son pequeños impedimentos. Y después también hay un impedimento de tipo cultural. Revueltas a pesar de ser un músico que escribe clarísimo y que es difícil malinterpretarlo con la partitura, es un compositor que visto desde un punto de vista de alguien que ha crecido en México, mexicano o no, se le comprende mucho más rápido. Hay una obra que a mí me gusta mucho y que se hace muy poco, *Esquinas*, que habla básicamente de la Alameda Central de la Ciudad de México. La hicimos con la Sinfónica Nacional ahí enfrente de la Alameda en el Teatro Hidalgo y cobró vida absolutamente. Lo que busca este jolgorio es que en un lado pasa una cosa y en otro lado pasa otra y, bueno, es música enormemente bien pensada y bien construida, pero que quiere decir algo que va muy profundamente dentro del carácter del mexicano. Pero no sólo es del mexicano, porque *Janitzio* es una obra que busca ese carácter del michoacano. Entonces hay que buscarle más allá y después hay sus dos obras que tienen películas como su inspiración, *La noche de los mayas* y *Redes*. Hay dos suites de cada una de ellas, la de Erich Kleiber de *Redes* creo que es muy lograda, y la suite de Limantour de *La noche de los mayas*... creo que todas estas suites son perfectibles y podrían ser estas obras producto de otras suites si hubiera un interés todavía mayor en la música de Revueltas. Entonces yo pienso que donde se programan tienen éxito. Hay a veces otros impedimentos que tienen que ver con el tamaño de la orquesta, que no es el caso de *Redes* pero sí de *La noche de los mayas*. Es difícil programar *La noche de los mayas* por la enorme cantidad de instrumentos que exige.

DEL TORO: Tú decías que en Chicago a los músicos les encantó *Redes*. ¿Qué es lo que le gusta a un músico profesional, no mexicano o que no conoce el repertorio [de Revueltas], qué es lo que le atrae?

PRIETO: Bueno, yo he visto en general que muchas orquestas que tienen un carácter virtuosístico, por ejemplo en Chicago, donde tienen unos metales alucinantemente virtuosísticos, llegan a querer mucho a Revueltas porque Revueltas escribe virtuosísticamente para los metales[148]. Escribe de manera muy vistosa, tremendamente expresivo y además también tremendamente, yo diría, casi destructivo. Revueltas empieza con una disonancia, con un grito de desesperación, cosa que en los años 30 era más vanguardista. Hoy en día mucha música incluye este tipo de diálogo, de rompimiento, pero creo que la razón de que les parece tan atractiva no la tenemos que tratar de explicar sino simplemente experimentarla en esa alma que tiene esa música y que es tan expresiva y tan fuerte. Es música que realmente dice mucho y a veces muy contrastante, en momentos muy triste, con secciones que rompen y que de repente se vuelven enormemente alegres y después enormemente dramáticas. Hay muchos cambios de ánimo, es música tremendamente inspirada y muy bien hecha. Yo creo que la posición de Revueltas en el panorama internacional de la música sinfónica debería ser mucho más de lo que es. Lo es en nuestro país [México], lo es en partes de Latinoamérica, crecientemente en Estados Unidos pero por nichos. Yo lo hacía mucho en Houston, mucho en San Antonio, me han invitado mucho a hacer programas que tienen algún toque mexicano y entonces meto a Revueltas. Lo que es difícil es verlo en la programación de una temporada normal y creo que a eso debería llegar.

DEL TORO: Tú que eres director titular de orquestas en Estados Unidos y decides qué vas a tocar, se dice que el público que compra los conciertos de subscripción tiende a ser conservador y a querer un poco lo mismo...

PRIETO: No, no...

DEL TORO: ¿Cuando tú decides programar una obra de Revueltas enfrentas resistencia o, por lo contrario, la decisión es totalmente abierta y la recepción es buena, sobre todo de parte de los administradores que tienen un negocio que hay que mantener?

---

[148] En años recientes, Carlos Miguel Prieto ha dirigido *Redes*, *La noche de los mayas* y *Sensemayá* con la Orquesta Sinfónica de Chicago.

PRIETO: Esta más en la parte de los administradores, pero ni el público es tan conservador ni la música de Revueltas es tan vanguardista. O sea si uno va a hablar de terminar un concierto con *La noche de los mayas* y compararlo con terminar con *Notations* de Pierre Boulez son dos mundos. *Notations* es una obra maestra pero eso sí es una vanguardia de más difícil aceptación. *La noche de los mayas* tiene un éxito asegurado. Y no creo yo que sea la obra más genial de Revueltas, pero es la más visceral y la que por ese final con tanta percusión tiene ese impacto gigantesco. Yo creo que se dice mucho de lo conservador del público, cuando en realidad el público viene a oír música, viene a disfrutar, a ser llevado a diferentes lugares por la música y a aprender. Y si uno convence a la administración, ahí está el asunto que hay que cuidar y también cuidar el balance. Si en cada programa de una temporada voy a poner una obra de Revueltas, ahí sí va a haber problemas. Pero si pongo tres en una temporada no pasa nada. En México, en donde no tengo una administración que me ponga límites de programación por cómo funcionan nuestras orquestas, hicimos el año pasado casi todo Revueltas con tanto la orquesta como el público absolutamente felices. Hicimos, por cierto, *Cuauhnáhuac* en Cuernavaca con enorme aceptación. Entonces creo yo que hay que superar tabúes mentales, cosas que están en la mente de cierta gente, para hacer las cosas y también atreverse a programar lo que no siempre se hace. Revueltas no son tres o cuatro obras, hay muchísimas obras de Revueltas que no se hacen y que no se hacen en México. Me causó enorme impresión que la Orquesta Sinfónica Nacional no recordará haber tocado *Esquinas*, por ejemplo, que no recordará *Danza geométrica* que vamos a hacer en dos semanas... Son obras muy buenas y muy importantes y que para alguien que estudia la música mexicana son de referencia. Pero no es el único compositor que padece de esa manera de pensar. Está el famoso *Huapango* de Moncayo y cuando se quiere ser original se programa *Sinfonietta* o *Tierra de temporal* o *Bosques*... pero no se ve más allá. Chávez es otro que padece un poco esto, esta manera de pensar. Y yo creo que tenemos tantos conciertos de tantas orquestas que debemos abrir el panorama de las cosas que se tocan.

DEL TORO: Tú decías que tienes que convencer a los administradores, hablando de las orquestas de Estados Unidos. ¿Cuáles son los argumentos que usas para convencerlos o qué es lo que ellos dicen?

PRIETO: Sí, primero no me están frenando. Los argumentos son que si quiero hacer *La noche de los mayas* tengo que balancearlo con algo que no sea tan caro. Porque 15 percusionistas cuestan más que un solista, y de 15 percusionistas 12 percusionistas son extra... es un costo muy grande para la orquesta. Entonces hay que balancearlo con otras partes de la temporada en donde lo que se gasta en extras sea menos. En Estados Unidos todo funciona por presupuesto y no hay que gastar demasiado, pero no por concierto o por obra sino en el total. Entonces siempre es un estira y afloja. ¿Qué argumentos utilizo? Simplemente mi convicción de que son obras que llegan mucho al público y de que también tengo algo que ofrecer que no lo tienen mis colegas que no han tenido la oportunidad de conocer a Revueltas... En los que sí, los directores latinoamericanos de los que hay un creciente número de gente valiosísima y muy exitosa, sí forma parte Revueltas de su repertorio. Pero si yo voy a estar siete u ocho años en Nueva Orleans con la Orquesta de Luisiana[149], pues es una oportunidad para oír un buen número de obras de Revueltas, de obras mexicanas.

DEL TORO: ¿Crees que Revueltas para una propuesta y para una audiencia en Estados Unidos es una puerta para conocer otro repertorio mexicano?

PRIETO: Revueltas es parte de un periodo en la historia de la música mexicana, que es claramente el periodo nacionalista... Este periodo se puede decir que termina ya sea en 1940 [año de la muerte de Revueltas] o unos 15 o 20 años después, cuando muere Moncayo si lo quiere uno pensar así. Pero el nacionalismo está presente en los años 30 y al principio de los 40. Después hay un rompimiento. Entonces Revueltas sería el equivalente de Kodaly para Hungría. Si Revueltas es la puerta que abre, yo creo que para ciertas cosas sí, pero para lo demás no. Kodaly puede ser una manera de abrir el panorama hacia Bartok o hacia un Ligeti temprano, pero no es una apertura hacia los húngaros de después porque su lenguaje es ya completamente diferente y además en la música mexicana se da un rompimiento tal que entre Revueltas

---

[149] Carlos Miguel Prieto es director musical de la Orquesta Filarmónica de Luisiana desde 2005 y, según la información disponible, estará al frente de ella al menos hasta la temporada 2021-2022.

y las obras tardías de Chávez hay una diferencia gigantesca. Yo creo que para un extranjero sí puede ser la llave que abre el interés a aprender de música mexicana. Pero el término incluso de 'música mexicana' es vago y poco preciso, sería más bien música compuesta en México. Es una idea un poco preconcebida que Revueltas es el accesible, es el genio que abrirá las puertas de México para formar parte del panorama internacional de la música. Pues sí y no, sí pero eso no le va a abrir las puertas a un compositor nacido en 1980. Cada compositor y cada estilo se abren las puertas. Sí, Revueltas es una manera de llamar la atención y de decir "miren ustedes qué calidad de música se hace en México" y que no se ha parado de hacer música de calidad y con lenguajes muy diferentes... Revueltas utiliza como pilar el nacionalismo mexicano, pero lo hace de una manera que sólo él hizo, es música que claramente no tiene *per se* un desarrollo. Si fuera uno a diferenciar a Revueltas y a Chávez, Chávez es una persona mucho más preocupada en la forma, el desarrollo, y Revueltas claramente no desarrolla, sino que busca hacer —voy a hacer un símil con las artes plásticas— algo que hacía Picasso de repente, que es un trazo y ahí queda. Entonces con una obra de seis minutos como *Janitzio* no hay un verdadero desarrollo, pero hay mucho dicho y genial, como esas cosas que hacía de repente Picasso que con un hilo de fierro armaba un toro. Ese es el mundo de Revueltas y es el mundo que con tanto éxito logró. ¿Qué hubiera sido de Revueltas si vive hasta los 70 años? Creo que hubiera habido un desarrollo interesante porque no creo que se hubiera mantenido aparte de esta corriente que empezó a experimentar con la no repetición de ideas, con el desarrollo motívico, con un formalismo más austero. ¿Qué hubiera sido si hubiera tenido la oportunidad de componer hasta la edad que compuso Carlos Chávez y de realmente encontrar una madurez mas allá de los 40 años? Para Mozart ya no hay más, para Mendelssohn ya no hay más, para Schubert ya no hay más, para Revueltas ya no hay más, pero hay muchísimos compositores que se empiezan a encontrar a los 50, 60, 70 años... Lamentablemente Revueltas no tuvo esa vida, no tuvo esa oportunidad de llegar a viejo y de quizá lograr resultados aún más visibles. Dejó una obra riquísima y fascinante, pero no demasiado grande y eso lo lamentamos todos los que somos músicos mexicanos. Pero dicho sea de paso, muchísima gente se limita a hacer un puñado de obras [de Revueltas] que se repiten bastante y deja a un lado algunas obras que deberían hacerse con más frecuencia.

DEL TORO: ¿Cuál es la reacción del público que escucha a Revueltas en Estados Unidos, al menos del público ante el que tú has tocado?

PRIETO: Aceptación. *Redes* tuvo muy buena aceptación en Chicago, de la crítica y del público. *La noche de los mayas* causa sensación. Yo veo que las orquestas lo hacen con gusto, sobre todo las que lo pueden tocar porque exige un virtuosismo muy especial y exige una manera de tocar que no es de estar sentado en su silla hacia atrás. Revueltas se toca con ganas y con arrojo y con una combinación de alegría y coraje. Es tanto un grito desesperado como una celebración, con enorme cantidad de alcohol y desenfreno, es las dos, pero después hay momentos de una sutileza y de una profundidad. Hay momentos en *Itinerarios*, por ejemplo el solo del saxofón, momentos en *Redes*, en muchas obras de Revueltas que van muy profundo. Yo igual soy un amante de Chávez, pero Chávez toca fibras diferentes y hay que analizarlo, hay que tocarlo y sentirlo de otra manera. Quizá Revueltas apela más rápidamente al instinto y por eso la respuesta del público en general... es muy directa y muy espontánea y muy buena. Y eso hace que lo podamos programar con bastante frecuencia. Y por cierto, yo he tocado mucho Revueltas en España, en España gusta muchísimo porque en España le encuentran lo que en el mismo México no le sabemos encontrar, que son las raíces españolas. Hay mucho son en Revueltas y el son a los españoles les suena español, les suena a música que salió de España, se fue y regresó. Muy interesante respuesta y de las orquestas, ver cómo alguien que no puede ser más mexicano al mismo tiempo tiene raíces hispanas, españolas. El *Homenaje a Federico García Lorca* es profundamente mexicano pero el último movimiento no es más que un son modificado que a un español le va a sonar con mucho sabor español. ¿Por qué digo esto? Porque el son o el huapango o muchas de las danzas de Revueltas tienen en su espíritu los compases de 6/8 que alternan con los compases de 3/4 y esto es algo que nos viene directamente de España. El huapango es mexicano pero tiene mucho de español, entre el huapango y danzas de De Falla hay mucha hermandad. Entonces finalmente se llega a la conclusión interesante de que la música mexicana es una increíble amalgama de diferentes influencias: francesa, alemana, austriaca, italiana, española, africana y en donde lo que más ha tocado es sacar realmente la influencia de la música precolombina, porque la música precolombina fue suprimida y fue suprimida por los españoles, no porque fueran malas personas o buenas personas o lo que sea, simplemente porque el que coloniza busca imponer su manera de pensar, su religión y su música y sus danzas. Y en México por eso es tan rico el acervo musical que hay del Siglo XVI en adelante, XVI, XVII, XVIII. Y solamente después, con el nacionalismo, tratan los compositores de recuperar esas raíces indígenas y esas raíces aparecen finalmente en lo que sería la música culta.

DEL TORO: Ángel Gil Ordoñez, que ha dirigido mucho a Revueltas en Washington DC, me dijo que siente a Revueltas como un artista de la Generación del 27 y él destacó el componente revolucionario y político que también existe en la música de Revueltas. ¿Ese componente revolucionario, político..., tú sientes que es percibido en la música de Revueltas cuando la tocas en Estados Unidos?

PRIETO: No en Estados Unidos... Hay lugares y hay gente y hay espacios en donde se comprenden estas cosas y quizá hasta más de lo que lo pueden comprender en España o en Estados Unidos, pero estoy hablando de la generalidad del público y de los lugares. No hay una conciencia tan clara de la generación de compositores mexicanos como Revueltas que respondieron a movimientos como el de la Guerra Civil en España. Es poco sabido, lamentablemente, el activismo político de Revueltas, es poco sabido su compromiso social... Lo digo a nivel del público, simplemente porque no se conoce a Revueltas. Pero yo diría que se conoce poco también para lo que es García Lorca, García Lorca un pilar de la poesía del Siglo XX. Yo creo que falta un poquito de cultura en Estados Unidos en ese sentido y ojalá hubiera más de esto, porque sí es una cosa fascinante. Ángel Gil Ordoñez tiene toda la razón: Revueltas sin ser español se inserta en una manera de pensar que la hace muy hermana y por eso su viaje a España tuvo tanto eco en él, porque encontró a muchas personas que pensaban exactamente como él, que eran poetas o que eran escritores e hizo un enorme eco. Es una cosa realmente fascinante y que por cierto también es muy importante para la historia en México, de nuestro país. Este compromiso social que tenían compositores como Revueltas o muralistas como Orozco, no digamos Diego Rivera. Este tipo de personas que utilizaron el arte como un vehículo de comunicación social y también un vehículo de protesta. Entonces sí hay gente en Estados Unidos que responde y que se sensibiliza cuando uno dice que Revueltas fue un compositor con una enorme preocupación social, que se adhirió a la causa de la República Española y que le tuvo tanta admiración a García Lorca que le compuso una obra. Sí se hace eco y la gente sí sabe de lo que uno está hablando, pero esto no forma parte de lo que sabe el común de la gente, quizá falta un poquito de conocimiento en ese sentido.

DEL TORO: Algo que algunos mencionan más es la presencia de música indígena en las obras de Revueltas, algo que sin embargo tampoco es directo ni explícito...

PRIETO: Esto es un tema espinoso. La preocupación que tenía Chávez en el indigenismo, que lo logró en algunas obras, no creo que fuera una preocupación que tuviera Revueltas tan palpable. La mención de 'Konex, konex'[150] en *La noche de los mayas* es un verdadero paréntesis, no hay mucho de esto en Revueltas, no hay muchas obras con esta preocupación... Revueltas es un músico más de su momento, más de los años 30, más de lo que está pasando en México en estos años que alguien que trata de sacar de lo prehispánico y palparlo *per se*, como puede ser *Xochipilli* en Chávez o incluso la *Sinfonía india*. Son preocupaciones diferentes y yo siento que Revueltas era un músico muy enraizado en el México del momento y en la política y en el drama del momento. Le preocupaba más la realidad social de los mexicanos vivientes que la recuperación de un cierto indigenismo del cual no creo que fuera un experto. Era un experto más grande en palpar eso que todos los que crecimos con las fiestas del pueblo en México, yendo a ver y participando en eso, comprendemos. Un ejemplo muy claro en *Redes* es el uso de las percusiones. En *Redes* no hay un solo platillo de choque a pesar de que en la partitura parecería decirlo. La razón es que *Redes* utiliza lo que las bandas de pueblo, que tocan los plati-

---

[150] 'Konex, konex, palaxen' (que podría traducirse como 'Vamos, vamos muchachos, que ya se pone el sol') es una antigua canción maya que, se afirma, podría tener orígenes prehispánicos y sobrevivido vía la tradición oral.

llos con palo, con palo duro, con madera... Esto es una cosa muy de lo que busca Revueltas, eso de las bandas de pueblo, con las disonancias, con los ritmos cruzados, con un poco de ese caos y las percusiones también como parte de eso. Si uno comprende eso, comprende por qué hay tantísimas cosas en Revueltas que son muy peculiares. El uso de las percusiones, el uso de las sordinas o no sordinas en los metales. Se sabe que él era muy poco claro en cuándo poner o cuando quitar las sordinas, incluso en *Sensemayá*, en *Redes*, en *Homenaje a Federico García Lorca*. Él dejaba a los músicos que dijeran cuándo puede sonar mejor la sordina, deja al intérprete mucho. ¿Por qué? Porque busca en el sonido una espontaneidad, una expresión muy personal en vez de algo estudiado que trate de imitar algo real. No es un imitador, no es un folclorista, no es un académico, pero al mismo tiempo es un gran maestro, es una persona con una habilidad increíble de plasmar en música un momento de la vida de México. Pero también es capaz de plasmar un momento de drama más allá de México porque *Itinerarios*, por ejemplo, es una obra que habla y que fue escrita con la influencia tremenda de la Guerra Civil Española y por eso es una obra menos mexicana, es una obra más universal. Al Revueltas ser tan él y al ser tan mexicano, pero sin tratar de ser folclorista, en ese momento se vuelve un compositor universal. Un poco como Bartok o como Stravinsky, que al ser tan auténticos están haciendo algo universal. Como Picasso, por ejemplo.

DEL TORO: Esa comprensión del universalismo de Revueltas en ciertos espacios de Estados Unidos ha hecho falta, porque por ejemplo me han dicho de cierta estación de radio que no haría un programa especial sobre Revueltas por ser demasiado 'étnico', pero sí programa a Bartok...

PRIETO: La cultura de la música clásica en Estados Unidos es una herencia de una inmigración europea y en algunos lugares con enorme contenido centroeuropeo. La llegada de los compositores y de los directores húngaros, de los directores polacos, de los directores rusos, etc. Casi hubo un momento en Estados Unidos en donde los directores tenían que 'rusificar' su nombre para tener éxito. Stokowski. Esto hace que Bartok fuera un compositor programado por Fritz Reiner, George Solti o Eugene Ormandy porque era su música y estas fueron las personas que hicieron la orquesta de Filadelfia, la orquesta de

Chicago, todas estas orquestas importantes en Estados Unidos. Y entonces Bartok, Stravinsky, no digamos Rachmaninoff, todos estos compositores encontraron terreno fértil. Se tocan, se conocen. Pero Revueltas no tuvo esto, aunque estuvo en Alabama y estuvo en Texas y mucho de su entrenamiento fue ahí, pero no encontró este terreno tan fértil como pudo haber sido Bartok. Entonces también hay que entender esto como parte de las razones y ahí está la asignatura pendiente de nosotros como músicos, sobre todo los que tenemos la oportunidad, pues yo casi paso la mitad de mi tiempo en Estados Unidos y casi no hay una semana donde no haya una obra mexicana. Y cada vez más programo obras que no suenan nada mexicanas. Cuando uno programa a Mario Lavista no está tocando usted 'música mexicana', pero tampoco suena mexicano el Concierto de violín de Chávez. ¿O qué es lo mexicano de la *Toccata* de Chávez? Nada. Ahí está esta parte tan problemática de los estereotipos, de decir bueno "es un músico mexicano, entonces lo programo una vez al mes en un programa dirigido hacia la comunidad hispana o la comunidad mexicana". Lástima que haya esa manera de pensar, porque entonces nos cierra fronteras... Entonces hay que ser sinceros y honestos: yo no programo a Revueltas, Chávez o Moncayo porque sean mexicanos. A mí me gusta mucho esa música, le encuentro un enorme valor, le encuentro una enorme inspiración y razón de ser tocada y por eso la programo. Y por eso la puedo programar en un programa en Chicago en donde el solista es Yo-yo Ma con la Orquesta Sinfónica de Chicago y la gente tiene una excelente respuesta. Porque también depende de cómo se hace y de con qué seriedad lo haga uno. Si uno busca esa famosa *postcard Mexico* de entrada está mal, no existe eso, no existe más que para los turistas y para la gente que no comprende nuestro país. México está lleno de lugares coloridos pero eso no es el país, no es México... Lo mexicano no es aparente como puede ser aparente lo mexicano en el *Huapango* de Moncayo, pero la música de Mario Lavista o la música de Joaquín Gutiérrez Heras o la música de Federico Ibarra sí es mexicana pero no mexicana en el sentido de lo que para cierta gente es mexicano... Para mí la conclusión es que no hay límites ni hay que ver a Stravinsky como ruso aunque sí era ruso, no hay que ver a Revueltas como mexicano, sino como compositores con un talento universal y con una preocupación que por mucho trascendía sus fronteras... *Sensemayá* de mexicano no tiene nada. *Sensemayá* tiene una preocupación de onomatopeya de lo que sería la poesía y la música afrocubana, Nicolás Guillén y el poema *Sensemayá*. Y el *Mayombe-bombe-mayombé* no tiene nada que ver con lo mexicano. Y estos ritmos que tiene la música de Revueltas no son mexicanos, los ritmos de 7/8, 7/16, 11/16 no tienen nada de mexicano. Tienen algo de universales en el sentido de que son ritmos que le llegan a Revueltas por cierta influencia de Stravinsky y de compositores con esa preocupación. Stravinsky, Bartok, etc. Entonces, sí es música mexicana pero los ritmos no forman parte, las danzas mexicanas son danzas de ritmos iguales... No forman parte del acervo. La gente no baila en 7/8, no baila en compases como los de la 'Noche de jaranas' de *La noche de los mayas*. Esas son cosas más allá, en donde Revueltas, el compositor mexicano con todo el acervo de la música mexicana, está yendo un paso más allá y está haciendo un pequeño equivalente, si lo quiere uno ver así, de la *Danse sacrale*[151] de Stravinsky, por ejemplo. Entonces, música tremendamente llena de mexicanidad pero de universalidad y de una preocupación de insertarse en una vanguardia rítmica, armónica, muy de su momento. Y esta preocupación sigue con Chávez, sigue con Lavista. Son compositores que son parte del día, parte de lo que son hoy. Y hay toda una generación de compositores, de músicos muy valiosos mexicanos, que se insertan en las corrientes de Dallapiccola, de Stockhausen[152] y esto no es aparente para quien no estudia profundamente la música mexicana. Y es curioso porque uno nunca habla de Beethoven como de la música alemana. Uno habla de Beethoven. No habla uno de esos compositores como étnicos de sus países, porque son tan universales que se da por hecho. Si se habla de Beethoven se habla de Beethoven y yo creo que Revueltas va a tener esto eventualmente. Chávez también. Se va a hablar más del compositor que del país de donde es él. ¿Qué hay de ruso en el Stravinsky del Concierto para piano y alientos? No lo hay, no es un periodo en donde la música suene rusa. ¿Qué hay de mexicano en *Planos* o en *Sensemayá*? ¿O qué

---

[151] El último episodio de *La consagración de la primavera*.

[152] Luigi Dallapiccola (1904-1975), compositor de origen italiano que practicó lo que se ha denominado un 'dodecafonismo lírico'. Karlheinz Stockhausen (1928-2007), compositor alemán fue un destacado creador e impulsor de la vanguardia, la música electrónica y el serialismo.

hay de mexicano en la Sexta Sinfonía de Carlos Chávez? Ahí es donde los términos que uno utiliza todos los días se rompen y ve uno que son estereotipos cuyo valor no es tan grande y que para quien estudia esto inmediatamente se vuelven términos tremendamente limitantes y que además se vuelven un freno en el momento en que a Revueltas se le programa nada más en ciudades con habitantes mexicanos o con directores mexicanos o en programas de festivales hispanos. En ese momento le estamos haciendo el desfavor más grande, lo estamos poniendo en una esquina, en un nicho cuando no es parte de ese nicho... Son más parte de ese nicho algunos otros compositores, sin decir necesariamente nombres, que el mismo Revueltas. El mismo Revueltas tiene una preocupación internacional, sería más lógico tocar Revueltas en un festival en donde se tocaran Bartok, Kodaly y Ligeti y al mismo tiempo Lutoslawski que en un festival en donde se toque pura música mexicana. A ese punto llego yo al decir cuán universal debería ser Revueltas.

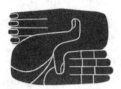

Esa-Pekka Salonen

Esa-Pekka Salonen (1958) es un compositor y director de orquesta finlandés, actualmente director principal y asesor artístico de la Orquesta Philharmonia de Londres, director laureado de la Orquesta Filarmónica de Los Ángeles y compositor en residencia de la Orquesta Filarmónica de Nueva York. Ha sido director de la Orquesta Sinfónica de la Radio Finlandesa, la Orquesta Sinfónica de la Radio Sueca y con frecuencia es director invitado de la Orquesta Sinfónica de Chicago.

Durante su periodo al frente de la Filarmónica de Los Ángeles dirigió y grabó un CD, nominado al Grammy, con varias obras de Revueltas[153]. Además, fue de los primeros en presentar en Estados Unidos Redes con orquesta y película en vivo. Actualmente realiza una intensa labor de composición y sus obras son estrenadas con regularidad en salas de concierto estadounidenses.

Esta conversación se realizó en 2010 en el Walt Disney Concert Hall, sede de la Orquesta Filarmónica de Los Ángeles.

DEL TORO: ¿Cómo y cuándo descubriste por primera vez la música de Silvestre Revueltas?

---

[153] Silvestre Revueltas. *Sensemayá. Music of Silvestre Revueltas.* Los Angeles Philharmonic, Los Angeles Philharmonic New Group / Esa-Pekka Salonen. Sony Classical (1999) CD. Incluyó *Sensemayá, Ocho por radio, La noche de los mayas, Homenaje a Federico García Lorca, Ventanas* y *Dos pequeñas piezas serias.*

Jesús Del Toro

SALONEN: No lo recuerdo, creo que estaba vagamente al tanto de su música cuando estudiaba en Finlandia y pudimos haber escuchado *Sensemayá*[154] en una clase de historia de la música. Pienso que ese pudo ser mi primer encuentro y, por supuesto, cuando llegué a Los Ángeles y empecé activamente a revisar el repertorio latinoamericano pensé que, por la ubicación geográfica de donde estamos y también por la historia entre México y California y todo ello, sería agradable identificar algunos compositores mexicanos y latinoamericanos que yo podría incluir en mis programas. Entonces conseguí un montón de partituras de Revueltas y quedé de inmediato muy fascinado por su música. Pienso que es muy original. Es un tipo de música que ha recibido influencia de algunos lugares obvios –Stravinsky, Bartok...– pero con una identidad muy clara. Me fascinó la riqueza expresiva, la violencia pero también la tristeza y el éxtasis y una especie de fascinación por la muerte en cierto sentido. Es fascinante. Yo decidí incluir algunas de sus obras en mis programas. Y también pensé que sería interesante hacer una grabación[155] y finalmente nosotros incluso tocamos algunas de sus piezas en México, lo que fue la prueba máxima desde luego.

DEL TORO: ¿Piensas que el repertorio de Revueltas estaba un tanto abandonado en Estados Unidos antes que tú comenzaras a dirigirlo y grabarlo?

SALONEN: Bueno, quizá su música fue tocada un poco más en algún momento y luego en cierto modo desapareció un poco de los programas[156]. Sé que Leonard Bernstein, por ejemplo, acostumbraba tocar al menos *Sensemayá*. La di-

---

[154] Esa-Pekka Salonen dirigió *Sensemayá* con la Orquesta Filarmónica de Los Ángeles, por ejemplo, el 22 de julio de 2003 (en un programa que también incluyó *Nocturnos* de Claude Debussy y la versión completa de *Dafnis y Cloe* de Maurice Ravel) y el 24 de octubre de 2004 (junto con el Concierto para violonchelo de Witold Lutoslawski y *The Dharma at Big Sur*, de John Adams, además de *LA Variations* del propio Salonen).
[155] El citado disco con música de Silvestre Revueltas bajo el sello de Sony Classical.
[156] Por ejemplo, Eduardo Mata dirigió con frecuencia repertorio de Revueltas en Estados Unidos. Jorge Mester y Enrique Arturo Diemecke lo interpretaron también con varias orquestas en el área de Los Ángeles.

rigió con frecuencia[157]. Pero también pienso que es gracioso que haya sido un finlandés quien en cierto modo restableció la reputación de Revueltas en Los Ángeles. Es una de las cosas hermosas de la música, que podemos movernos libremente entre diferentes culturas, tradiciones y lenguajes... Y realmente sentí que esta música [la de Revueltas] me habla más allá de la distancia de corte geográfico...

DEL TORO: De su música, ¿aprecias más, por ejemplo, la parte modernista, la nacionalista o incluso su parte romántica...? *Redes*, por ejemplo, tiene algunas partes que son en varios sentidos románticas. ¿Cómo es el Revueltas que has percibido en las diversas obras que has dirigido?

SALONEN: El asunto es, precisamente, que como a Bartok no puedes resumirlo en una frase. No puedes decir que este hombre [Revueltas] fue un modernista, porque eso no cubre toda la verdad. Sí, fue un modernista en el sentido que él usó algunas ideas armónicas y rítmicas en su música. Pero eso no es todo. Él fue mucho más que solo un modernista. Pienso que lo más fascinante para mí en su música es la plétora de influencias, la variedad de expresiones. Y como has dicho, sí, hay momentos en su música que son extremadamente románticos... [En] *Redes*, por ejemplo, fue música para el cine. Y también hay momentos de cortante disonancia y momentos casi como patrones rítmicos minimalistas, bucles que se repiten a sí mismos de modo hipnótico. Y pienso... que hay una especie de tristeza, oscuridad, acerca de esta música que, debajo de toda esta actividad, encuentro muy cautivadora. Algo como trágico... Pienso que él estaba atraído por lo trágico, hacia la expresión trágica.

DEL TORO: Cuando decidiste hacer una grabación elegiste varias obras diferentes y muy interesantes. Revueltas es aún conocido [en Estados Unidos], más de una década después de tu grabación, sobre todo por *Sensemayá* y *La noche de los mayas*, y un poco por *Homenaje a Federico García Lorca*. Esas obras son tocadas con cierta frecuencia pero, por otro lado, esas obras no representan al

---

[157] Con la Orquesta Filarmónica de Nueva York, Leonard Bernstein tocó *Sensemayá* el 9 de febrero de 1963 (en uno de sus memorables conciertos para audiencias jóvenes), el 3, 4 y 5 de octubre de 1963 y el 30 de junio y el 5 de julio de 1966 en los conciertos de apertura de un festival dedicado a la obra y el legado de Igor Stravinsky.

Revueltas completo. Y hay, como señalaste, varios Revueltas diferentes. Tú decidiste incluir en tu grabación otras obras para ofrecer un panorama más amplio de la obra de Revueltas, incluiste *Ocho por radio*, *Ventanas* e incluso las *Pequeñas piezas serias*[158], que son poo tocadas y grabadas[159]. ¿Cómo decidiste qué obras incluir? ¿Optaste por tener un cierto balance entre las obras más famosas, las menos conocidas, las más exóticas, como *La noche de los mayas*, con otras más avanzadas como *Ventanas*? ¿Cómo trabajaste con ello?

SALONEN: Eso fue exactamente lo que traté de hacer porque pensé que si hacemos un CD de Revueltas debemos incluir algunos de los hits, como *Sensemayá* y *La noche de los mayas*[160] por supuesto. Pero también pensé que sería interesante para la gente escuchar música que es decididamente diferente de las cosas más populares, música que es más abstracta, más construida, más radical en su lenguaje. *Ventanas*, por ejemplo, es un típico ejemplo del Revueltas modernista. Él fue más allá de todo lo que había escrito, pienso yo, en esa pieza orquestal. Y pensé que sería interesante plantear un cuadro completo de sus diferentes ideas y estilos en ese CD.

DEL TORO: ¿Cómo fue recibido y percibido por los músicos el repertorio de Revueltas que has dirigido? Algunos de ellos, porque estamos en Los Ángeles, posiblemente ya lo conocían. ¿Cómo fue la reacción de los músicos?

SALONEN: Los músicos estaban fascinados con esto. Creo que la reacción de todos fue que, bueno, este realmente fascinante e importante compositor ha estado cerca por todos estos años y sabemos poco de ello. Ciertamente Revueltas tuvo una carrera como músico en este país antes de regresar a la Ciu-

---

[158] *Dos pequeñas piezas serias* para quinteto de alientos, compuesta en 1940, se incluye en ese CD. El título del manuscrito original de Revueltas alude a tres piezas, pero una no existe y otra está inconclusa (Kolb, 1998).

[159] Cabe comentar que las *Dos pequeñas piezas serias* fueron grabadas, presumiblemente por primera vez, por Carlos Surinach a finales de la década de 1950. Silvestre Revueltas. *The music of Silvestre Revueltas*. The MGM Chamber Orchestra / Carlos Surinach, MGM Records, E3496 (ca. 1958) LP.

[160] *La noche de los mayas* fue tocada por primera vez por la Orquesta Filarmónica de Los Ángeles el 5 de marzo de 1998, bajo la batuta de Esa-Pekka Salonen.

dad de México y convertirse en compositor de tiempo completo. Creo que fue violinista y estuvo trabajando en...

DEL TORO: San Antonio, Texas.

SALONEN: Sí, Texas y otros lugares[161]. Tuvo una fuerte conexión norteamericana también. Y pienso que los miembros de la orquesta estaban entusiasmados con esto mayormente... y mucho de su repertorio es realmente divertido de tocar, muy satisfactorio. Parte de él es difícil pero siempre es claro que fue escrito por un músico para otros músicos. Comunica muy bien.

DEL TORO: Revueltas usó combinaciones [peculiares] de instrumentos... Eso provee colores diferentes y permite a algunos músicos participar más de lo que usual porque en otro repertorio sus instrumentos no son tan importantes como en algunas obras de Revueltas...

SALONEN: Ciertamente, y los ensambles pequeños dan más espacio para las voces individuales y quedan muy satisfechos al tocarlos. También creo que el temperamento de la Filarmónica de Los Ángeles es propicio para esta clase de música por el hecho de que California y México comparten mucha historia. Algo de ella es problemática, pero en todo caso es compartida. Y pienso que entonces tenemos el sentimiento de que somos parte de ello también. No es sólo algo mexicanista, es parte del mundo. Al final, cuando tocamos *La noche de los mayas* en gira por la Ciudad de México[162]... yo estaba nervioso al respecto. Pensé, "bueno, esto es una locura... una orquesta norteamericana con un director finlandés tocando a Revueltas en la Ciudad de México". Pensé que

---

[161] Como señala Robert Parker en sus artículos biográficos sobre el compositor, Revueltas trabajó en Chicago (Illinois), San Antonio (Texas) y Mobile (Alabama) en la década de 1920. En algunos casos dando recitales y también en orquestas de salas de cine mudo.

[162] La Orquesta Filarmónica de Los Ángeles dirigida por Esa-Pekka Salonen tocó en el Palacio de Bellas Artes de la Ciudad de México, el 28 de septiembre de 1999, un programa que incluyó la Tocata y Fuga en re menor de Johann Sebastian Bach en transcripción de Leopold Stokowski, *Scheherezade* de Nicolai Rimsky-Korsakov y *La noche de los mayas* de Revueltas.

quizá sólo Dios sabía cómo iba a terminar. Fue muy bien recibida y la gente realmente apreció que lo hubiéramos hecho. Es un gran recuerdo para mí.

DEL TORO: Además has dirigido *Redes* con la película, la banda sonora completa. Cuando decidiste hacerlo, ¿qué pensaste de la música en sí y de cómo interactúa con la película? ¿Cómo manejaste este proyecto?

SALONEN: El reto principal fue, por supuesto, encontrar la manera de sincronizar la música con la película de modo que funcione como en la banda sonora original. Tuvimos que establecer métodos de sincronización de las pistas, entradas visuales y así sucesivamente. Eso tomó cierto tiempo. Pienso que el resultado final fue realmente muy satisfactorio porque la película es hermosa desde luego y la música es muy poderosa, muy expresiva. Me agradó mucho de que superamos todo ese problema al armarlo.

DEL TORO: ¿Tuviste que arreglar la partitura de algún modo o usaste el material disponible del editor?

SALONEN: Usamos el material que vino del editor con algunas correcciones. No cambié casi nada pero corregí algunos errores obvios y notas incorrectas. Había bastantes discrepancias entre la partitura y las partes y ese tipo de cosas, y tuve que hacer considerable limpieza. Esencialmente me ajusté a lo que estaba en la partitura original.

DEL TORO: ¿Decidiste hacer esto... de modo diferente a lo que se escucha en la película, algo más rápido o lento, con más énfasis en ciertas partes? ¿Tuviste alguna intención especial o diferente al original o solo lo seguiste...?

SALONEN: Yo necesité respetar la sincronización original desde luego. Qué música va con qué imagen. Eso traté de mantenerlo como estaba. Por supuesto, la banda sonora original no solo fue mal grabada sino también mal tocada. La orquesta no era muy buena en esa banda sonora original y desde luego cuando nosotros la tocamos con una orquesta superior eso cambia el sentir de la música. Hay mucha más profundidad y sonido en las cuerdas [de la Filarmónica de Los Ángeles], por ejemplo. Así que dentro de la sincronización y los puntos clave, por supuesto fui capaz de usar diferente articulación, sonido, *rubato*.

DEL TORO: Cuando comenzaste a tocar Revueltas en Los Ángeles, ¿te fue un poco difícil?, o alguien dijo "Bueno, ¿por qué estás programando tanto de eso, por qué no quedarse solo con el repertorio europeo?". Algunos directores pueden enfrentar cierta resistencia, algo como "esto no va a vender, quizá nadie va a venir a escucharlo". ¿Te has encontrado con algo así?

SALONEN: Todos somos diferentes. Yo soy una persona curiosa, tengo curiosidad y me gusta aprender nuevas cosas. Para mí es realmente divertido y estimulante llevar a cabo música mexicana, que me gusta mucho, y sé que yo puedo conectar muy bien con Revueltas. Pero desde luego soy finlandés, crecí en Helsinki. El salto cultural de eso a Revueltas es desde luego enorme. Yo crecí en una idea muy germánica de lo que era la música. Mis profesores estaban todos muy orientados hacia lo alemán. Yo crecí prácticamente con Beethoven, Brahms, Wagner, esa clase de atmósfera. Cuando yo era niño incluso Berlioz era un tanto sospechoso, ya no digamos alguien como Revueltas. Pero algunos de los mejores momentos de mi vida han sido invariablemente cuando descubro un nuevo compositor, un nuevo estilo, algo que no conocía. Eso me produce mucha alegría. Y eso es lo que soy. Otras personas pueden no compartir la misma clase de curiosidad. Y por supuesto la desventaja de ser curioso es que requiere tiempo y energía aprender y estudiar nuevas cosas. Las partituras de Revueltas son complejas, lleva tiempo aprenderlas. En algunos casos los directores están ocupados y quieren quedarse en el mismo repertorio por cuestión de tiempo. Ellos no quieren dar un salto a lo desconocido. Todos somos diferentes y en mi caso, como he dicho, encuentro mucha alegría en el descubrimiento.

DEL TORO: ¿Cómo reaccionaron las audiencias aquí en Los Ángeles a tus conciertos de Revueltas?

SALONEN: Nosotros tuvimos una gran respuesta cada vez que tocamos [a Revueltas], tocamos en Hollywood Bowl y tocamos en el centro siempre con una muy buena respuesta. El proyecto de *Redes* fue especial porque atrajo a mucha gente latina al concierto que quizá no había acudido mucho antes. *Redes* es una película muy famosa, un película de culto, pero de hecho no muchas personas la han visto. Tener la oportunidad de verla en una gran pantalla con la orquesta en vivo y todo ello atrajo a muchas nuevas personas a la sala.

Yo pienso que también es importante expandir la base de la audiencia y hacer algunas cosas inesperadas que pueden atraer a gente inesperada.

DEL TORO: Dijiste antes que Revueltas tuvo algunas influencias de Stravinsky y Bartok. Algunos han dicho que Revueltas es en cierto sentido un 'Stravinsky latinoamericano'...

SALONEN: Eso es demasiado simple. Sí, él fue influenciado por Stravinsky por supuesto pero también todo mundo en América en ese periodo. Sudamérica o Norteamérica. Especialmente el periodo neoclásico inicial fue una verdadera cúspide para los compositores de esta parte del mundo. Tú sabes, mira a los compositores norteamericanos, Copland y los demás, ellos estaban influenciados de modo masivo por Stravinsky. Entonces, ¿por qué no Revueltas? Era natural. Pero Revueltas tiene una cualidad en su música que Stravinsky nunca tuvo y es un cierto tipo de espontaneidad. Stravinsky es siempre perfectamente concebido, perfectamente ejecutado, perfectamente pensado y algunas veces casi clínico. Todo está construido con precisión... En tanto, la construcción de Revueltas no es en ningún lado tan bien definida como la de Stravinsky. Algunas veces Revueltas es un poco desordenado y no muy cuidadoso con detalles, con balances. Algunas veces piensas que, bueno, quizá él no la pulió suficiente, hay muchos bordes ásperos en sus partituras y balances que no funcionan. Toda clase de pequeños problemas de manufactura. Pero eso no es importante, lo importante es la cualidad espontánea de su música. Muy claramente él no era un construccionista, alguien que empieza con un concepto y luego llena este concepto formal, intelectual o aritmético, con material musical. Él componía como si estuviera hablando, espontáneamente, queriendo comunicar y expresar y no muy teorético o conceptual. En ese sentido es completamente diferente de Stravinsky. Y además en la forma cómo él [Revueltas] usa material étnico propio o incluso material étnico imaginado... Nadie sabe cómo sonaba la música maya, así que él inventó un tipo de música folclórica que no estaba basada en ninguna música folclórica real, era música folclórica sintética. Y también muy claramente está lo mexicano popular, lo vernáculo en mucho de su música[163]. En ese sentido Stravinsky es muy diferente otra vez. Stravinsky usó elementos de música popular pero mayormente mintió sobre ello. Como el hecho de que casi todo el material temático de *La consagración de la primavera* está basado en canciones lituanas[164]... Él negó esto, mintió sobre ello. Para él, el material folclórico era algo de lo que se avergonzaba mientras que para Revueltas era la clase de música que sintió necesaria en su momento. Además, políticamente tenemos que entender la idea de que había un país nuevo en casi todas partes. Y un nuevo país necesita nueva música para la gente. Pienso que existió también un aspecto de idealismo social en la música de Revueltas, lo que por supuesto para Stravinsky era completamente extraño, él no estaba interesado en nada de eso y además él era un refugiado[165]. La historia de Revueltas fue en otro sentido, él fue invitado a volver a México por Chávez. Y lo hizo lleno de idealismo, energía y esperanza en orden de crear una cultura musical nueva para la gente nueva de su país.

---

[163] Su mención a lo maya alude, al parecer, a *La noche de los mayas*. Curiosamente, en una práctica inusual en él, Revueltas citó en *La noche de los mayas* una antigua canción maya conocida como 'Konex, konex, palaxen' (que podría traducirse como 'Vamos, vamos muchachos, que ya se pone el sol') y que, como se ha comentado, podría tener orígenes prehispánicos y haber llegado a nuestros días vía la tradición oral. Pero, en realidad, a Revueltas no le interesó citar o reflejar la cultura o la música prehispánicas y cuando aludió a ellas en algunos casos lo hizo, como explicó Roberto Kolb en *Contracanto. Una perspectiva semiótica de la obre temprana de Silvestre Revueltas*, en términos irónicos. Kolb añade también que incluso cuando Revueltas recurre a una melodía "que evoca danzas prehispánicas como las recogidas, ya en estado de aculturación poscolonial, por los cronistas", como sucede en el primer movimiento de *Homenaje a Federico García Lorca*, no se trataría de una alusión a lo prehispánico sino una referencia a la cultura indígena del presente.

[164] Se afirma que Igor Stravinsky sólo llegó a aceptar que el pasaje del fagot al inicio de *La consagración de la primavera* es la única melodía popular en esa obra. Investigaciones posteriores identificaron materiales adicionales que habrían provenido de una antología de melodías folclóricas lituanas a la que Stravinsky habría tenido acceso.

[165] En el sentido de que Stravinsky, desde el inicio de la Primera Guerra Mundial en 1914 y tras la revolución soviética vivió fuera de Rusia, en Suiza, Francia y Estados Unidos (donde murió) y sólo visitó la entonces Unión Soviética hasta 1962.

Yo pienso que eso es lo esencial sobre él, esa tremenda cantidad de entusiasmo e idealismo.

DEL TORO: Dijiste antes que la escritura de Revueltas era un poco desordenada en algunas partes. Y se ha dicho que Revueltas fue una especie de diletante porque no creó una forma de sonata... no estaba interesado, como Chávez, en crear una sinfonía... Se ha dicho que los *ostinati* de Revueltas eran porque no sabía cómo producir mejores patrones rítmicos... Por otro lado [el uso del *ostinato*] es parte de su identidad... ¿Qué piensas de esa idea, prejuicio, de un Revueltas no muy bien desarrollado como compositor [debido a su falta de uso de algunas formas canónicas][166]...?

SALONEN: Eso depende del modelo, de quién es el modelo de compositor perfecto para nosotros. Si se compara con Richard Strauss o Wagner o ese tipo de individuos entonces ciertamente Revueltas era un diletante porque no escribió como ellos. Su armonía no era esa armonía dialéctica progresiva..., era más bien bloques de acordes yuxtapuestos, así que la idea de progresión armónica dinámica le era extranjera. Pero esta cosa del diletantismo se ha dicho de muchos grandes compositores. Berlioz es el ejemplo típico. Musicólogos y escritores alemanes con frecuencia lo llamaban diletante porque su armonía no seguía las reglas alemanas y porque él no era un músico muy logrado[167]. Pero al final del día pienso que lo que importa es la originalidad, la voz. En el caso de Berlioz, su voz es increíblemente clara. Tú conoces una nota de Berlioz y sabes que es él. No importa si es un diletante o no... Es lo mismo con Revuel-

---

[166] Un ejemplo de la crítica a la forma de las composiciones de Revueltas se aprecia en una carta de Aaron Copland a Arthur Berger, fechada en Tepoztlán, Morelos (México), el 8 de septiembre de 1944. En ella Copland escribió: "Chávez dirigió una obra de Revueltas llamada *Ventanas*. Es muy divertida de escuchar –desbordada de color orquestal– pero la forma no es muy buena, me temo. Él [Revueltas] era como un pintor moderno que arroja sobre el lienzo maravillosas capas de color que capturan tu mirada pero no tienen sentido. Es una lástima, porque él era un tipo talentoso".

[167] En alusión, presumiblemente, a las limitadas capacidades de Berlioz como ejecutante y a su falta de educación musical formal. Factores que, en todo caso, no lo frenaron en su labor de composición.

tas. Sí, según ciertos estándares fue un diletante porque no fue entrenado académicamente en la composición y sus capacidades contrapuntísticas eran limitadas. Él no estaba interesado en dominar las grandes formas. Y al mismo tiempo él creó una voz increíblemente original. Tú escuchas dos segundos y sabes que es Revueltas. Ese es al final el signo de un compositor maestro importante, la identidad. Él la tenía y para mí eso basta.

DEL TORO: ¿Tienes planes de dirigir repertorio de Revueltas pronto?

SALONEN: En realidad haré algo de Revueltas en Europa en los próximos dos años. Es divertida compañía, lo echo de menos.

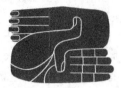

Brett Mitchell

Brett Mitchell (1979) es director musical de la Orquesta Sinfónica de Colorado y fue director asociado de la Orquesta de Cleveland y de la Orquesta Sinfónica de Houston. Ha sido director invitado en el Festival de Grant Park en Chicago, la Orquesta Sinfónica de San Antonio, la Orquesta Sinfónica de Dallas, la Orquesta Sinfónica de Milwaukee, la Orquesta Sinfónica de Detroit y la Filarmónica de Rochester, entre otras instituciones.

Esta entrevista se realizó en 2010 en el Jones Hall, sede de la Orquesta Sinfónica de Houston, en el contexto del programa Fiesta sinfónica[168]*, integrado por obras de filiación mexicana en homenaje al Bicentenario de la Independencia de México.*

DEL TORO: Has mencionado a *Sensemayá*, obra que en un sentido es mexicana porque Silvestre Revueltas fue un compositor mexicano pero cuyo fundamento no sería mexicano sino cubano.

---

[168] El repertorio incluyó *Sensemayá* de Silvestre Revueltas y otras piezas que son frecuentemente tocadas en festivales sinfónicos de inspiración o dedicación mexicana: *Sones de mariachi* de Blas Galindo; *Sinfonía india* de Carlos Chávez; *El Salón México* de Copland; *Danzón No. 2* de Arturo Márquez; y *Huapango* de José Pablo Moncayo, además de las canciones populares *Qué bonita es mi tierra* y *Cielito lindo*. La ejecución de *Sensemayá* fue acompañada de una coreografía, con movimientos de chicas porristas de deportes en contraste con los de bailarines de hip hop, realizada por estudiantes de una *high school* del área de Houston.

MITCHELL: Sí, afrocubano... Una de las razones por las que quisimos incluir *Sensemayá* es, ciertamente, porque Revueltas es, si no el mejor conocido, uno de los más conocidos compositores mexicanos. Si regresamos a la Sinfonía 'Desde el Nuevo Mundo' de Antonin Dvorak muchas personas dirían "Oh, es la más grande sinfonía americana [estadounidense] jamás escrita", pero eso no tiene sentido. No es una sinfonía americana, fue escrita por un compositor checo. Es una sinfonía checa en la que se usó material americano, pero es una sinfonía checa. Lo mismo se aplicaría a *Sensemayá*. Está poderosamente basada en un poema afrocubano [*Sensemayá*, de Nicolás Guillén] pero a través de un compositor mexicano y suena, para bien o para mal, como México. Para mí está mucho más relacionada con la música mexicana que con la cubana o, ciertamente, con la africana. Existe obviamente una mezcla de cosas, reminiscencias de música africana en particular, pero el poema es en español[169] y Revueltas lo adopta como suyo. Es en realidad una obra mexicana de un compositor mexicano, salvo que la materia abordada no es mexicana.

DEL TORO: ¿Es la primera vez que diriges *Sensemayá*?

MITCHELL: Es la primera vez que dirijo *Sensemayá*, lo que me entusiasma mucho. He dirigido *Huapango* [de José Pablo Moncayo] unas 11 o 12 veces..., *Sinfonía india* [de Carlos Chávez] probablemente en media docena de ocasiones y *El Salón México* [de Aaron Copland] probablemente unas 10. Por alguna razón ha sido así y nunca había dirigido *Sensemayá*. Es la única pieza en el programa que nunca he dirigido. Espero con gusto hacerlo.

DEL TORO: Cuando viste por primera vez la partitura, ¿qué hallazgos, qué cosas especiales encontraste en *Sensemayá*?

MITCHELL: De inmediato el uso de la sección de percusiones de Revueltas. Es evidente de inmediato. Y es gracioso que sea lo primero que se destaca para mí, porque justo dediqué dos minutos para decir cuán mexicana se siente [la música]. Bueno, si solo ves la escritura para percusiones, se siente muy africana. Todos los tipos de sonido que él usa, los tom-toms bajos y el tam-tam o

---

[169] Con todo, el estribillo "¡Mayombe-bombe-mayombé!" está compuesto por palabras que tendrían un origen africano.

gong y los tambores base, todo eso se siente muy africano. La otra cosa que me impactó al principio en *Sensemayá*, de la que pienso no me percaté antes de ver la partitura, incluso no vi la partitura sino hasta hace un par de semanas, lo que no es malo para nada, es lo complicada que es. En realidad es intrincada y difícil de dirigir [...] La mayoría de lo que hacemos, de lo que pensamos, la música, la música popular que escuchamos [...] está en cuatro tiempos, un golpe rítmico muy regular: uno, dos, tres, cuatro, uno, dos tres, cuatro. No hay casi nada en *Sensemayá* a cuatro tiempos. Casi todo es en un rápido ritmo séptuple (7/8), por lo que tienes uno, dos, tres, cuatro, cinco, seis, siete, uno, dos, tres, cuatro, cinco, seis, siete...[170]. Todo está siempre un poco desalineado, y por su puesto si ves el significado del poema y el texto del poema y lo que el poema se propone acompañar, la matanza de mi cosa favorita en el mundo, la matanza de la serpiente —es la única vez que voy a mencionarla en esta entrevista [ríe], odio esas cosas—, por supuesto uno va a estar un poco fuera de balance, algo desalineado y cauteloso.

DEL TORO: Y *Sensemayá* tiene una estructura de capas..., una acumulación de material musical...

MITCHELL: Es lo que llamamos una textura aditiva [...] Tienes en la apertura una base en el clarinete y luego... un *ostinato*, una y otra vez, en los fagots, y entonces tienes lo más cercano a un tema, pienso, anunciado primero por la tuba [...] *Sensemayá* empieza aquí y comienza a subir hasta el final, y en realidad al final toma una trayectoria aún más empinada. Lo que Revueltas hace es tomar la base del clarinete en los primeros cuatro compases y luego el *ostinato* de los fagots a partir del quinto compás, y entonces el tema en la tuba que él da luego a otros instrumentos. Él en cierto modo toma todo eso y lo empuja cada vez más apretado hasta que se vuelve como una espiral. Sabes que empezaste aquí y en un momento todos los temas caen juntos hasta que no hay lugar a dónde ir y todo explota. Justo lo que sucede al final de la obra.

DEL TORO: ¿Encuentras a *Sensemayá* diferente a otras obras del mismo periodo, la segunda parte de la década de 1930?

---

[170] Incluso, en algunos momentos el ritmo indicado es 9/8 y 7/16.

MITCHELL: Sí. Sabes, es gracioso que me hayas preguntado qué fue lo primero que me impactó de *Sensemayá*. Fue cuando abrí la partitura, publicada por el mismo editor[171] que la *Sinfonía india* de Chávez [...] Las dos se ven muy parecidas en la página, pero sólo en la página porque suenan totalmente diferentes. La *Sinfonía india* de Chávez es una pieza maravillosa pero, como he mencionado antes, cita muchas melodías indígenas o folclóricas, o parece citar melodías folclóricas... *Sensemayá* no es así, es mucho más progresiva en el buen sentido. De nuevo hay que ver al asunto con el que se está lidiando. Es un poema ritual entonado cuando se mata ya sabes qué. No es un popurrí de bellas melodías cuya intención es evocar el orgullo y la tierra natal. Es una pieza de un tipo muy diferente. Es mucho más progresiva y pienso que Revueltas utiliza esa 'progresividad'. Él usa un énfasis en la disonancia o en la falta de los acordes mayores que conocemos y disfrutamos todos los días en la música pop en la radio. Él usa la falta de ello para describir musicalmente la tensión de la situación. Es mucho más progresivo, pienso yo.

DEL TORO: ¿Encuentras influencias o relaciones entre la música de Revueltas y la de otros compositores?

MITCHELL: Sí. Es una pregunta interesante. Mucho de ella es muy reminiscente, en algunos sentidos, de Stravinsky y, en particular, a *La consagración de la primavera*, que es un ensayo sobre la disonancia y un ensayo no sólo sobre la disonancia armónicamente hablando sino rítmicamente hablando. Si uno, dos, tres, cuatro, uno, dos, esa clase de regularidad es lo que pensamos como consonante, cosas que suenan bien juntas, entonces tenemos que abordar uno, dos tres, cuatro, cinco, seis, siete, uno, dos, tres, cuatro, cinco, seis, siete [lo ilustra cantando con un ejemplo de *Sensemayá*]. Nunca se te permite acomodarte en un solo patrón. Eso es lo que llamo disonancia rítmica. Es lo que Stravinsky realiza a lo largo de *La consagración de la primavera* y Revueltas en *Sensemayá*. Y debería decir que Revueltas lleva esa disonancia rítmica incluso a un nuevo nivel que no creo que Stravinsky haya explorado en *La consagración de la primavera*, porque tienes [en *Sensemayá*] ese patrón específico que estoy cantando en siete octavos. Entonces, el alterna los siete octavos con...

---

[171] G. Schirmer.

siete dieciseisavos... Es bastante difícil, y se alterna. Son unos buenos dos minutos, diría yo, de la pieza en que sucede eso. Es muy progresiva, muy evocadora de Stravinsky y de mucho del tipo de exploraciones rítmicas que compositores posteriores realizaron en el Siglo XX.

DEL TORO: Has dicho antes que este repertorio [el de Revueltas y de otros compositores mexicanos como Chávez o Moncayo] es perfecto para la Sinfónica de Houston, ¿podrías explicarlo?

MITCHELL: Seguro. Es interesante porque, sabes, las orquestas tienen una doble misión. Las orquestas, primero que nada, representan a sus ciudades ante el mundo. Cuando la Sinfónica de Houston fue al Carnegie Hall [en Nueva York] representó a la ciudad de Houston, cuando fuimos a Florencia [Italia] fue lo mismo... Iremos en gira a Inglaterra y Escocia este octubre [de 2010]. Representamos a la ciudad de Houston cuando hacemos eso y no solo a Houston sino también al estado de Texas. Es parte de nuestra misión representar nuestra ciudad ante el mundo. La otra parte de nuestra misión es reflejar nuestra ciudad. Depende qué estadísticas veas pero Houston es [de acuerdo al Censo] 38% latino, ya sea mexicanos, sudamericanos, caribeños... Una enorme cantidad de personas... Si tenemos cinco millones de habitantes, digamos que eso es dos millones de personas. Es una enorme porción de la población que no proviene del lugar donde la mayoría de la música clásica proviene. La mayor parte de la música clásica viene de Alemania, de Francia, de Austria, de Inglaterra, de todos esos lugares [en Europa]. Si ves la composición de la ciudad de Houston y la inmensa influencia de los latinos en nuestra cultura, por supuesto que eso será reflejado no sólo en el tipo de piezas que toca la Sinfónica de Houston sino en el tipo de conciertos que realiza. Porque somos afortunados de poder realizar esos conciertos muy frecuentemente, y porque presentamos obras como *Huapango* y *Sinfonía india*, no sólo en conciertos especiales sino en la temporada de conciertos por suscripción y en conciertos educativos. Esas son piezas [junto a *Sensemayá*] que la Sinfónica de Houston realmente tiene en su sangre. Es algo que no solamente le encanta hacer sino que le genera gran orgullo. Somos la orquesta de la ciudad de Houston, la Orquesta Sinfónica de Houston, y por ello tocamos este tipo de conciertos y este tipo de obras.

Giancarlo Guerrero

Giancarlo Guerrero (1969) es un director de orquesta costarricense, actualmente director musical de la Orquesta Sinfónica de Nashville (Tennessee) y director principal invitado de la Orquesta de Cleveland en Miami. Ha destacado por la interpretación y grabación de numerosas obras de repertorio contemporáneo con las que ha ganado varios premios Grammy. Es también director musical de la Orquesta Filarmónica de Wroclaw (Polonia), fue director musical de la Orquesta Sinfónica de Eugene (Oregon), director asociado de la Orquesta de Minnesota y ha sido director invitado de la Orquesta Sinfónica de Boston, la Orquesta de Cleveland, la Orquesta Sinfónica de Detroit, la Orquesta de Filadelfia, la Orquesta Sinfónica de Houston, la Orquesta Filarmónica de Los Ángeles y la Orquesta Sinfónica Nacional en Washington DC, en Estados Unidos, además de agrupaciones europeas como la Orquesta Filarmónica de la Radio de Francia, la Orquesta Sinfónica de la Radio de Frankfurt y la Orquesta Filarmónica de Londres, entre otras.

Se conversó con Guerrero en el Jones Hall de Houston, Texas, en 2012, en el marco de su presentación[172] allí con la Orquesta Sinfónica de Houston.

DEL TORO: Has realizado un trabajo amplio con el repertorio de Silvestre Revueltas y no sólo en Estados Unidos, también en Brasil, en Sao Paulo con algunos conciertos. Desde tu perspectiva como director titular de una orquesta estadounidense, ¿cómo ves al repertorio de Revueltas dentro de las opcio-

---

[172] En esa ocasión, Giancarlo Guerrero dirigió la Orquesta Sinfónica de Houston en un programa integrado por obras de Gustav Holst, John Adams y Richard Strauss.

nes que puedes decidir programar, ya sea en temporada normal –en los llamados *subscription concerts*– o en conciertos especiales? ¿Es esa elección diferente
con tu propia orquesta y cuando te invitan a dirigir otras agrupaciones?

GUERRERO: Silvestre Revueltas creo que está teniendo un renacimiento en
cuanto a la programación de su música, creo que últimamente ha habido un
gran interés no sólo en él pero en general en los compositores 'clásicos' latinoamericanos. Mucho de esto se debe al renacimiento de artistas como mi
persona, que nos hemos preparado en América Latina, ya sea en Costa Rica o
Venezuela. Hoy en el día, con el Sistema [de orquestas juveniles de Venezue-
la]... todo mundo quiere imitar ese nivel de orquestas juveniles, esto es un
proceso que ha llevado a nuestros gobiernos en América Latina a invertir en
la educación musical, específicamente con orquestas juveniles e infantiles en
Venezuela, Costa Rica, Argentina, Brasil, Chile, en todos lados. Así que
América Latina entiende claramente lo importante que es apoyar la gran
música y creo que debido a esta explosión en nuestros países del interés por
este tipo de música ha habido cierto interés en los compositores, particularmente de principios del Siglo [XX], que básicamente sembraron la semilla de
este amor por la buena música. Revueltas es obviamente gran parte de ello,
por supuesto Carlos Chávez, Alberto Ginastera, Heitor Villa-Lobos. Son
compositores que son parte del conocimiento general del público, pero hoy
en día creo que lo latino está de moda y creo que eso nos ha dado oportunidad a los directores latinoamericanos de presentar repertorios nuevos y compositores nuevos que el público pueda asimilar. Silvestre Revueltas, en mi
caso, siempre me ha llamado la atención porque es uno de esos compositores
que desafortunadamente murió muy joven, murió a los 40 años. Y casi en el
mismo caso de Schubert o el mismo Mozart, ¿qué hubiera pasado si hubiera
vivido unos años más? Es una vida artística un poco inconclusa pero a pesar
de eso nos dejó una cantidad de repertorio bastante accesible, no sólo en el
repertorio sinfónico sino también en el ballet y en el repertorio de la música
de cámara. Es por eso, creo yo, que cuando uno ofrece repertorio de Silvestre
Revueltas es uno de esos compositores que yo quiero explorar un poco más y
al mismo tiempo creo que debido a ese interés que hay en orquestas de conocer un poco más el repertorio latinoamericano hay receptividad en cuanto a

darle la oportunidad a esta música, que sea escuchada en salas de conciertos no sólo en Estados Unidos sino en el resto del mundo.

DEL TORO: Dentro de ese repertorio de Revueltas, ¿cuáles son las obras que tú has tocado con orquestas en Estados Unidos?

GUERRERO: Bueno, *Sensemayá* es obviamente la más popular, seamos claros que *Sensemayá* siempre ha mantenido un estatus particular en el repertorio, no sólo por directores latinoamericanos, [por] directores de nivel mundial, europeos, norteamericanos. Es una obra muy accesible, es una obra que ejemplifica la virtuosidad de una orquesta. Al mismo tiempo te puedo decir, por todos los ritmos tan complejos que tiene la obra, que es muy divertido dirigirla, es una obra que no sólo al tocarla, al dirigirla, te mantiene al borde de la batuta. Y a los percusionistas les encanta, al tubista... es uno de los grandes que existe en el repertorio. Es una obra que siempre las orquestas le dan la bienvenida. Fuera de *Sensemayá* he tenido la oportunidad de hacer *Ventanas*. Lo que me encanta también de Revueltas es que todos los títulos de las obras son un nombre: *Alcancías, Ventanas, Itinerarios, Janitzio*. Son fáciles de recordar, ¿no? También hice la música de *La noche de los mayas*, que creo yo que después de *Sensemayá* es la obra más conocida de Revueltas... Obviamente basada en una película. En mi opinión Silvestre Revueltas también fue, me gusta compararlo, él fue el John Williams[173] de México, de la era dorada de las películas de México de principios del Siglo XX, que básicamente prestó su voz artística y musical para darle vida a la música de estas películas... *La noche de los mayas* es por supuesto la más famosa. También a mí *Redes* me ha llamado muchísimo la atención... y la otra obra que me ha fascinado bastante, pero obviamente no existe en música sinfónica, es *Vámonos con Pancho Villa*[174], que lo más interesante, me llenó de alegría, que Silvestre Revueltas aparece en la película to-

---

[173] John Williams (1932), autor de bandas sonoras muy famosas, entre ellas *Jaws, Star Wars* y *The Schindler List*. Ha ganado cinco premios Óscar y 24 Grammy.

[174] Unos años después de esta entrevista, en México la Orquesta de Cámara de Bellas Artes presentó en octubre de 2015 *Vámonos con Pancho Villa* con orquesta y película en vivo bajo la batuta de José Luis Castillo y el rescate de la partitura a cargo de Roberto Kolb Neuhaus.

cando el piano... Eso nos da una ventana a la capacidad multifacética que tenía Revueltas...

DEL TORO: ¿Has tocado en Estados Unidos el *Homenaje a Federico García Lorca?*

GUERRERO: Lo hago en Sao Paulo [en 2012, con la Orquesta de Cámara de la Sinfónica del Estado de Sao Paulo]... La que hice en Chicago fue *Ocho por radio* [en 2008, con la Orquesta del Grant Park].

DEL TORO: ¿Cuál es tu percepción sobre *Ocho por radio?*

GUERRERO: Es fantástica, es una obra que lo que le hace falta es el sonido de la estática de la radio, pero fuera de eso creo que ejemplifica realmente la era dorada de la comunicación en masa en nuestros países, cuando la radio era algo totalmente nuevo y compositores como Revueltas inmediatamente reconocieron que era una manera impresionante de expandir la buena música y escribir una obra específicamente para ocho músicos, tocando en un estudio muy limitado con micrófonos por todos lados. Y aun cuando la tocas en concierto es tan buena como si hubiera sido tocada a través de la radio... Cuando la hice no sólo me sorprendió lo bella que es la obra, me sorprendió la reacción del público que inmediatamente comprendió la idea de esta obra, básicamente una pieza específicamente escrita para el nuevo medio que era la radio a nivel nacional, con compositores como Revueltas utilizándolo para bien común.

DEL TORO: Cuando hablas de cómo recibe el público las obras que has tocado, ¿cómo recibe *Sensemayá* o *La noche de los mayas* cuando las has presentado en Estados Unidos?

GUERRERO: Son obras que el público inmediatamente no se aguanta y al final se pone de pie y es como un sentimiento de energía que atraviesa toda la audiencia. Son obras que poco a poco van construyendo un clímax y básicamente los clímax están al final de la obra, como debe ser. Muchas obras tienen su clímax al principio, a veces en medio, pero Revueltas es uno de esos compositores que reconoce esta cuestión tan humana que es crear expectativa y con su música empieza explorando colores, eso es algo que siempre también a mí me ha atraído mucho de su música. Para mí es uno de los compositores que más utiliza el color orquestal, su entendimiento de cómo la orquestas pueden crear colores a través de sonidos, Revueltas fue uno de los primeros compositores que, creo, descubrió en América Latina cómo utilizar la orquesta como una paleta de colores. Pero al mismo tiempo construye, sabía, entendía un poquito de la idea del mercadeo, que al público hay que meterlo en el asiento y al final hay que dar todo lo que ellos esperan. Y son obras que terminan en completo triunfo prácticamente. Son obras que terminan con mucho optimismo. Mucho de eso tiene que ver con que son obras que terminan con grandiosidad, con la orquesta tocando a toda máquina, con toda la percusión detrás, y por eso creo que obviamente es inmediata la reacción del público cuando llega el final, es como meter un gol en el futbol, uno no se aguanta, inmediatamente se levanta, celebra lo que acaba de escuchar. Y la música de Revueltas tiene esa capacidad realmente de mantener al público básicamente entonado con lo que está sucediendo en el escenario.

DEL TORO: ¿Cómo aprecian los músicos de las orquestas de Estados Unidos la música de Revueltas?

GUERRERO: Es un descubrimiento, no hay nada que le apasione más a los músicos, no sólo de orquesta sino de música de cámara –*Ocho por radio* es una obra de música de cámara al igual que *Homenaje a Federico García Lorca*–, no hay algo que sea más satisfactorio que descubrir una pieza nueva que no conocían y que les sea un reto. Otra cosa de la música de Revueltas es que es virtuosística, requiere un cierto nivel de virtuosismo, no es una obra que está disponible para muchachitos que están empezando en la música, son obras que están escritas específicamente para músicos de gran nivel. Y como representan un reto yo creo que los músicos aceptan ese reto como cualquier cosa en la naturaleza humana, cuando hay algo nuevo siempre existe en uno la capacidad y un poco el temor de en qué nos estamos metiendo y ves las partes de la orquesta o ves las partes individuales y te miras –es muy difícil y cómo funciona esto– pero en el momento en que tienes ese primer ensayo y vas de la A a la B a la C y puedes tocar la obra de principio a fin siempre me encanta ver la reacción de la orquesta: los músicos básicamente tienen ese "ajá", ese momento de "mira, eso es maravilloso, ¿cómo no conocía esa pieza?". Eso inmediatamente me parece que les da la opción de seguir explorando la música de ese compositor, que al final es lo que uno trata de hacer. Cuando tú presentas una obra quieres despertar un poco la curiosidad del público y de los músicos y de tal vez buscar otra música de ese compositor que tal vez les haya tocado un poco en el corazón.

DEL TORO: ¿Hay ciertas resistencias en orquestas en Estados Unidos a programar obras que se apartan del repertorio 'clásico tradicional', que es mayormente europeo? Cuestiones como programarlas en un concierto especial o en un festival, sobre todo en el caso de obras contemporáneas o de países latinoamericanos o periféricos, pero no en los conciertos de subscripción por la incertidumbre de si la gente va a querer comprar ese boleto, de si habrá una renuencia a asistir de parte de la audiencia. ¿Has conocido o experimentado algo así?

GUERRERO: Si tú vez mi carrera como director y mi repertorio, si hay algo que a mí me apasiona es la música contemporánea. También hay que tener mucho cuidado, a pesar de que yo soy un director latinoamericano eso no significa que yo tengo cierta afinidad particular por la música latinoamericana. Yo considero a Revueltas y consideró a Ginastera, Moncayo, Chávez, Villa-Lobos, a cualquier compositor latinoamericano, a Roberto Sierra, los considero en la misma categoría que considero a Rachmaninoff, Beethoven, Shostakovich o Stravinsky. El hecho de que yo programo a Revueltas no tiene nada que ver con que yo sea latinoamericano. Yo programo a Revueltas porque la música es impresionante, punto. Lo que siempre a mí me inspira a programar un repertorio es cómo la música cabe dentro de una programación. A mí me encanta que un programa en particular –de obertura o concierto solista o sinfonía– tiene que tener sentido, las obras tienen que complementarse la una a la otra. Obras que generalmente por sí solas tal vez no tienen sentido, cuando las pones a un lado de una sinfonía de Franz Joseph Haydn ves la conexión programática, ves que a pesar de que hay 200 años de distancia entre dos compositores están influenciados el uno al otro porque, seamos claros, mucho es tradición oral, se transmite de maestro a estudiante, de estudiante a estudiante, en Europa, en Argentina, en Estados Unidos... Mucho de lo que aprendemos es por tradición y cuando yo programo repertorio lo último que a mí me interesa es de dónde viene el compositor, lo que me interesa es cómo la obra cabe dentro de este programa que estoy planificando. Te doy un ejemplo..., hice un programa con la Sinfonía del *Doctor Atómico* de John Adams y se me ocurrió poner en ese mismo programa la Sinfonía No.100 de Haydn, la *Sinfonía Militar*. Son dos versiones distintas de cómo uno ve el mundo militar. En el caso de Haydn es hasta un poco cómico, en el caso del *Doctor Atómico* es bastante tenebroso y bastante terrorífico –la construcción de la bomba atómica– pero son obras que tienen un mensaje que básicamente es similar. Lo presentan en distintas maneras: el *Doctor Atómico* de John Adams[175] y la sinfonía de Haydn tienen más de 200 años de distancia pero al mismo tiempo están conectadas[176]. Cuando yo programo repertorio latinoamericano tiene que tener sentido... La programación que uno hace como director, uno tiene que creer en ella. Obviamente es la labor de la orquesta, del director, de creer en lo que uno está presentando. Muchas orquestas cometen el error de que tocan conciertos con música nueva y ponen la oberturita o la pieza cortita donde nadie la escuche, porque se ve bonito. Uno tiene que creer en ello, si tú vas a poner una obra de esas es porque tú crees en ella, porque crees que tiene la capacidad de inspirar a la orquesta y al público. Cuando las orquestas empiezan a tener miedo y cuando las orquestas empiezan a tener todo tipo de excusas – "vamos a tocar tal obra pero no te preocupes [también] vamos a tocar una sinfonía de Rachmaninoff en alguna parte"– estás mal, para mí presentar a Revueltas o cualquier otro compositor, John Adams, Michael Daugherty[177], cualquier compositor que esté vivo, tiene la misma importancia y el mismo valor artístico que programar a Beethoven. Y así es como yo lo presento y así es como yo trato de inspirar al público de que está en su mejor tradición de

---

[175] John Adams (1947), uno de los más reconocidos compositores estadounidenses actuales.

[176] En su temporada 2015-2016, la Sinfónica de Nashville programó otra combinación similar: la Novena Sinfonía de Beethoven y *Sobre la transmigración de las almas*, de John Adams (1947), compuesta para conmemorar el primer aniversario de los atentados terroristas del 11 de septiembre de 2001.

[177] Giancarlo Guerrero ha grabado con la Sinfónica de Nashville varias obras del compositor estadounidense contemporáneo Michael Daugherty (1954). Por ejemplo, *Tales of Hemingway*, *American Gothic* y *Once Upon a Castle*. Michael Daugherty. *Tales of Hemingway*... Orquesta Sinfónica de Nashville / Giancarlo Guerrero. Naxos (2016) CD. Este disco ganó tres premios Grammy en 2017.

venir y experimentar, no escuchar[178]. Para escuchar te quedas en tu casa con un disco, cuando vas a un concierto en vivo es a experimentar la música, a vivirla, a verla, cómo los ejecutantes hacen lo que hacen para crear este arte que está viviendo. La música tiene que ser ejecutada, la música es un ser vivo, si no la ejecutamos, si no hay orejas que la escuchen, desaparece. Y está en nuestras manos como artistas continuar expandiendo el repertorio. Porque si no nos volvemos dinosaurios. Eso es algo que yo creo desde el fondo de mi corazón. Alguien tuvo que ejecutar las sinfonías de Mozart en su momento, alguien tuvo que ejecutar las sinfonías de Beethoven. Alguien tuvo que ejecutar Mahler. De otra manera nunca hubiéramos sabido de ello. Hoy en día, si no ejecutamos la música de hoy, va a desaparecer... Es nuestra labor como artistas asegurarnos que les damos una voz no solo a los compositores recientes sino a los que hoy en día continúan trabajando fuertemente para que los repertorios se expandan.

DEL TORO: Por cierto, tu disco del Concierto para percusión de Joseph Schwantner[179] ganó el Grammy en 2012. Felicidades por eso.

GUERRERO: Y nos da todavía mayor satisfacción porque estamos ganando estos premios con compositores vivos. ¿Por qué hay que esperar a que se mueran? Celebrémoslos ahorita que están con nosotros. [En 2011] ganamos tres

---

[178] También en 2016, Guerrero dirigió a la Sinfónica de Nashville en un programa compuesto por *Sensemayá* de Revueltas, el Concierto para violín de Erich Korngold, la suite de *El teniente Kijé* de Sergei Prokofiev y la suite de *On the Waterfront* de Leonard Bernstein. Los cuatro compositores escribieron para el cine pero, curiosamente, *Sensemayá* es en ese programa la única obra que no tiene relación con la banda sonora para una película, pues Korngold incluyó en su concierto temas que usó en música para cine y las obras de Prokofiev y Bernstein fueron originalmente pensadas como música para película.

[179] Tres obras del compositor estadounidense Joseph Clyde Schwantner (1943) – *Chasing Ligth*, *Morning Embrace* y Concierto para percusión– fueron grabadas por Giancarlo Guerrero en 2009. Joseph Schwantner. *Chasing Ligth...* Nashville Symphony / Giancarlo Guerrero. Naxos (2011) CD.

Grammy con la música de Michael Daugherty[180]. Me da extra satisfacción el saber que estamos ganando y reconociendo el trabajo de la Orquesta de Nashville a través de compositores vivos y contemporáneos, en una ciudad en donde estamos celebrando lo que está sucediendo en nuestro mundo actual. Esto para mí me llena. Donde a otros les da miedo la música nueva, olvídate, en Nashville la estamos celebrando. Esa es la labor de la orquesta, es mi labor continuar haciendo un argumento positivo de por qué esta música tiene que ejecutarse. Porque cuanto tú escuchas una obra de Rachmaninoff, de Mozart o de Stravinsky a lado de una obra nueva, esta obra suena fresca una vez más, sorprendiendo al público día a día. Es fundamental porque, de otra manera, cuando el público ya cree que sabe qué va a escuchar entonces ¿para qué va a seguir viniendo? Tienes que crearles sorpresas, tienes que crearles expectativas para que vengan y escuchen algo que tal vez nunca han escuchado y que escuchen la Quinta Sinfonía de Beethoven, que ellos creen que la conocen. Cuando la escuchen al lado de esta otra obra se van a dar cuenta de que no es la misma sinfonía que ya conocían. Y eso es lo que hace que la música continúe creciendo y expandiéndose. Es un ser vivo, hay que darle campo para que crezca, para que respire y sea expuesta a todo tipo de público.

DEL TORO: En ese sentido, a veces a ciertas obras de Revueltas se les ha relacionado con Stravinsky. ¿Tú qué opinas al respecto?

GUERRERO: Mucho es por los ritmos complejos, pongámoslo de esa manera, y por la utilización también de instrumentos 'primitivos', un poco al estilo de *La consagración de la primavera*, el güiro y los tambores. Es esa búsqueda. *Sense-*

---

[180] Un disco previo al de *Tales of Hemingway*, también ganador de tres Grammy. Incluye la *Sinfonía Metrópolis* y *Deus ex Machina*: Michael Daugherty. *Metropolis Symphony*. Nashville Symphony / Giancarlo Guerrero. Naxos (2009) CD. Y en 2018 se le concedió un Grammy más un disco de Guerrero y la Sinfónica de Nashville, integrado por la obra *All Things Majestic* y los conciertos para oboe y para viola de la compositora estadounidense Jennifer Higdon (1962): Jennifer Higdon. *All Things Majestic, Viola Concerto, Oboe Concerto*. Nashville Symphony Orchestra / Giancarlo Guerrero. Naxos (2017) CD.

mayá, digamos, es una consagración primitiva..., es una leyenda, algo que nos conecta a nosotros como seres humanos, es el folclor, de dónde venimos.

DEL TORO: ¿Crees que ese componente de Revueltas es apreciado o comprendido suficientemente cuando se toca en Estados Unidos? Porque, es cierto, hay obras diferentes, por ejemplo *Homenaje a Federico García Lorca*, que tiene una parte que alude a lo español y aunque puede decirse que es una obra mexicana no es una obra mexicanista. Incluso *Sensemayá* tiene su componente cubano, el poema de Nicolás Guillén...

GUERRERO: Eso refleja que Silvestre Revueltas no solo vivió en México. Silvestre Revueltas tuvo una carrera fuera de México también y su preparación, así que digamos que era un ciudadano del mundo, él no se limitó a simplemente escribir música de su país natal. Y podemos decir lo mismo de Carlos Chávez, de todos los compositores que tuvieron la oportunidad de salir. En mi opinión, Revueltas puede haber sido influenciado un poco por Stravinsky, pero todos los compositores han sido influenciados por alguien. Es lo que decíamos antes, Stravinsky fue influenciado por Mahler, podemos decir que Beethoven lo fue por Mozart. Nadie compone en un vacío, nadie dirige en un vacío, somos un reflejo del mundo en el cual vivimos. Y no hay creo yo mayor honor, especialmente en la época clásica y barroca, que cuando pedías prestada una melodía de otro compositor, es el mayor honor que existía... para la persona que lo inventó o lo creó era un gran honor saber que alguien más estaba utilizando esa técnica de composición.

DEL TORO: ¿Crees en tu experiencia, en tu conocimiento de la obra de Revueltas, que a ésta se le sigue considerando o tocando por su componente exótico? Porque algunos quizá la ven como la cosa diferente, rara, y no la aprecian tanto por su valores universales. La programan justo por su toque exótico o sólo en festivales especiales...

GUERRERO: Claro, y eso no tiene nada de malo, a mí lo que me interesa es que se toque la pieza. En qué temporada se toque para mí no importa. Cada orquesta obviamente tiene distintos productos, tú tienes temporada de verano, tienes temporada de música pop, temporada de música clásica, tienes temporada de conciertos infantiles. A mí lo que me interesa es exponer la música, es presentarla, en qué parte de la temporada se presente eso para mí es inconsecuente. Lo que me interesa es que la pieza se discuta y sea ensayada y eso también tiene que ver con un poco de suerte. Hay muchos directores que tienen, digamos, un cierto repertorio que manejan y hasta ahí y no tienen la curiosidad de expandirlo. Yo en eso soy muy particular, mi curiosidad es demasiada, si yo no continúo aprendiendo nueva música mi trabajo se va a volver muy monótono. Y eso a mí me aterra. Cuando yo hice mi primera obra de Revueltas –*Sensemayá*, que me encantó– obviamente eso me creó un poco de curiosidad de conocer un poco más y fui comprando discos, fui hablando con colegas que me recomendaban piezas –"mira, tal pieza te quedaría a ti perfecta"– y mucho de eso tiene que ver con un poco de suerte de qué tanto un compositor tenga un renacimiento. Revueltas es importante en mi vida, pero no es lo único que existe en mi vida. Su música la considero muy atractiva y ha habido momentos cuando ofrezco repertorio como director invitado o de mi propia orquesta que me [digo] "mira, he estado buscando la oportunidad para hacer *La coronela*, he estado esperando la oportunidad para hacer *El renacuajo paseador*, el ballet" y en ese momento estoy pensando en un programa y la pieza se me viene a la cabeza y digo aquí está, esa es. Mucho son las circunstancias de que tienen que caber perfectamente, y cuando eso sucede es muy emocionante.

DEL TORO: ¿Tienes pensado programar o tocar obras de Revueltas pronto?

GUERRERO: Tengo muchas obras que muero por hacer. *Janitzio* es una obra que he querido hacer durante muchos años y no he encontrado el momento adecuado para incluirla. *El renacuajo paseador* lo hice hace poco en Venezuela, una obra que fuera de América Latina no se conoce mucho. El día de la premiere de *El renacuajo paseador* fue el día en que murió Revueltas... en 1940. Otro problema que existe también con Revueltas, y eso no lo hemos discutido, es la parte de las ediciones, las partes de las orquestas vienen con muchos problemas. Es otro aspecto que hay que tener claro: cuando uno, digamos, programa una obra como *Redes* que tiene distintas suites –es música de una película, es espectacular–, te puedo decir por experiencia propia que las partes vienen con problemas de edición, vienen con errores, y eso añade una labor extra no sólo de la orquesta sino de los bibliotecarios de la orquesta, en particular, de los archivistas, para que las partes estén en buen estado, para que el director pueda hacer su trabajo. A veces es muy frustrante cuando uno llega a trabajar con una orquesta y tienes un ensayo de dos horas y media, un tiempo muy limitado, y pasas el 90% del ensayo arreglando errores. Y eso a veces puede ser una forma de evitar que la música se programe, porque muchos directores no quieren pasar por el problema. Yo puedo hacerlo con mi orquesta, como director titular puedo exigir que mis bibliotecarios saquen tiempo para que ellos hagan el trabajo. Como director invitado es complicado.

DEL TORO: ¿Y esas partes que tienen errores son las que ya están en los archivos de la orquesta o las que son partes de alquiler?

GUERRERO: Son partes de alquiler, en el caso de Revueltas prácticamente [todo] es de alquiler, los músicos de la orquesta no tienen, no son dueños de la partes, son alquiladas. Una obra como *Sensemayá*, que es la obra más ejecutada, como es ejecutada tanto las partes ya vienen editadas, los errores ya uno los conoce y las partes generalmente vienen curadas por 50 orquestas que ya la han hecho y los directores han cambiado cosas a su manera. Pero obras como *Redes* que hasta ahora están siendo parte del repertorio, son muy jóvenes, digamos, todavía están en proceso de ser editadas en los momentos de ensayo. En las obras que tienen menos ejecuciones te vas a encontrar con más problemas. Por ejemplo, Beethoven tiene problemas, no sólo Revueltas, Brahms, Wagner. Eso es algo normal... La música, lo que decía, tiene que vivir, tiene que desarrollarse y mucho de eso implica un trabajo de edición que es hecho por los músicos de la orquesta y los directores conforme la pieza se va ejecutando más y más.

DEL TORO: ¿Además de lo que hemos dicho de las partes, qué otros trabajos hay que hacer para poder decidir tocar a Revueltas...?

GUERRERO: En mi opinión, creo que mucho de esto no es un problema. La cuestión es cuándo uno ofrece repertorio, porque yo nunca ofrecería una obra de Revueltas con una orquesta con la que nunca he trabajado, porque como te digo si es una obra que yo no conozco en qué estado están las partes en particular, la música que los músicos tienen que leer, no quiero crear un sentimiento negativo hacia el repertorio. También los músicos quieren hacer el mejor trabajo, pero si no les dan las herramientas necesarias, partes en buen estado que puedan ser entendibles, eso crea un rechazo. Y hay que tener mucho cuidado: cuando tú presentas las obras, la música tiene que estar clara para que los músicos puedan hacer su labor. A mí me gusta ofrecer ese tipo de repertorio como Revueltas, repertorio nuevo, fresco, con orquestas que ya conozco porque es gente que me conoce a mí, soy parte de la familia, y me dan un poquito más de campo, me dan un poquito más de flexibilidad en darme la oportunidad de "sí, mira, creemos en ti, creemos que esta obra hay que ejecutarla, nosotros vamos a invertir lo que sea necesario para que la obra sea presentada". Así que son decisiones de negocios, la música como cualquier otra actividad es un negocio... En un ensayo yo quiero dedicarme a que la música viva, yo no quiero pasar el ensayo arreglando problemas de partes, porque para mí eso es una pérdida de tiempo. Entonces todo eso tiene que ocurrir antes. En mi caso, cuando hago el repertorio de Revueltas no importa, paso mucho tiempo haciendo mucho trabajo de edición con las partituras, viendo de cerca, tratando de buscar ediciones anteriores, tratando de comparar... [Así] llegas al ensayo y vienes con las respuestas necesarias para que al final sea la música la que triunfe y no seas detenido por problemitas logísticos que siempre aparecen. Eso sucede con Stravinsky, eso sucede con Beethoven, pero a menor nivel, como la música ha sido tan ejecutada ya viene digamos prácticamente preeditada. A la música que aunque fue escrita hace 80 años no se le ha ejecutado tanto hay que darle tiempo para que uno vaya solucionando los problemas logísticos editoriales que siempre aparecen.

DEL TORO: ¿Con qué orquestas has tocado Revueltas, al menos en Estados Unidos?

GUERRERO: Nashville, Cleveland, Eugene –mi orquesta en Oregon [2001-2008]–, Minnesota... Lo he hecho varias veces, obviamente en Nashville he hecho más de una vez[181]. En Eugene varias veces, en Grant Park Chicago hice *Ocho por radio*... Sí he programado. Tengo planes en el futuro: *Janitzio* es para mí la que sigue, *Janitzio* siempre es la que me ha apasionado mucho y la he tenido ya al borde de algunos de mis programas futuros.

---

[181] Giancarlo Guerrero también dirigió *Sensemayá* con la Sinfónica de Carolina del Norte en 2002.

DEL TORO: *Janitzio* fue tocada por Fritz Reiner con la Sinfónica de la NBC a principios de los años 40[182]... Cómo un manuscrito llega un año... después de la muerte de Revueltas a las manos de Reiner es una historia interesante[183]...

GUERRERO: Y eso puedes multiplicarlo para todos los compositores, recuérdate que la Séptima de Shostakovich en Leningrado fue ejecutada durante [el sitio] de esa ciudad por el ejército alemán en 1941[184]... y después la sacaron por microfilm, al estilo James Bond..., y paso por Moscú, por Teherán... hasta que llegó a Nueva York y en Nueva York, Koussevitzky, Toscanini, Reiner, todos los directores de la época muriéndose por quién iba a hacer la premiere norteamericana... A lo mejor algún amigo [de Reiner] habrá dicho "mira escucha esto [*Janitzio*]...".

DEL TORO: La hermana de Revueltas [Rosaura Revueltas]..., que fue una actriz famosa..., ella quiso dar a conocer su repertorio...

GUERRERO: Eso te demuestra una vez más que lo que yo estoy haciendo hoy en día de programar repertorio nuevo ha sucedido toda la vida, Koussevitzky, Reiner, Toscanini. Toscanini fue uno de los grandes impulsores de la música

---

[182] El 3 de marzo de 1942, en un programa que además de *Janitzio* incluyó obras de Beethoven, Riegger y Berlioz. Y en realidad Reiner hizo el estreno estadounidense de *Janitzio* poco antes, el 30 de enero y 1 de febrero de 1942 con la Orquesta Sinfónica de Pittsburgh, en un programa en el que figuraron obras Hindemith, Vaughan Williams, Mozart, Riegger, Ravel y Berlioz, y la volvió a tocar con esa misma orquesta el 18 y 20 octubre de 1946 (junto a obras de Bach, Brahms, Debussy y Ravel).

[183] La publicación de *Janitzio*, por Southern Music Publishing Company (hoy Peermusic Classical), se realizó hasta 1966, según el catálogo de la obra de Revueltas compilado por Roberto Kolb Neuhaus.

[184] Al parecer Shostakovich tocó para un reducido grupo de músicos el material de los primeros dos movimientos de su Séptima Sinfonía en Leningrado a principios de septiembre de 1941, cuando comenzaban los ataques del ejército nazi contra esa ciudad. Luego, en agosto de 1942, se estrenó en Leningrado la sinfonía como tal, aunque ésta ya había sido tocada previamente en Kuibyshev, Moscú, Londres y Nueva York (en este último caso dirigida por Arturo Toscanini).

de Samuel Barber[185]. Uno piensa de Toscanini, de Reiner, de esos grandes directores centroeuropeos... eran campeones de la música nueva y estaban hambrientos, al igual que lo estoy yo, de encontrar nuevas voces y cuando lo encontraban lo presentaban en toda su gloria. No sólo en conciertos, en este caso de Fritz Reiner en la radio a nivel mundial. Y eso es algo que ha continuado sucediendo y como te digo yo lo estoy haciendo ahora. Nada diferente a lo que hizo Fritz Reiner en los años 30, en los años 40 y lo que hizo Toscanini... De lo que hizo Mahler... como director de orquesta era un gran campeón de la música nueva. Es fundamental. Y al mismo tiempo ejecutaban la música de antaño. Beethoven. Lo tocaban. Es fundamental. Yo necesito saber qué está pasando en mi mundo, la música que está siendo escrita en mi vida que refleja las realidades mundiales. Cuando Revueltas escribió su música eran las realidades de México, de los primeros 40 años de ese país, no solo utilizando el folclor sino también utilizando la riqueza musical y la influencia de otros grandes compositores como Carlos Chávez, que se influenciaron el uno al otro. Esa música fue creada bajo ese ambiente. Si hubiera sido escrita en el Siglo XXI hubiera sido distinta.

DEL TORO: ...Y Stokowski[186] toca *Sensemayá* [en Estados Unidos], Bernstein también en los 60 toca *Sensemayá*...

GUERRERO: No solo la ejecutan, la graban. Y también muchas razones por las cuales estas orquestas las toman [es porque] son obras muy virtuosas. Hoy en día en América Latina, en México, en Argentina, en todos los países tenemos orquestas de nivel mundial. Pero seamos claros, en los años 40 y 50 todavía eran orquestas que estaban empezando, podían ejecutar la música pero no la

---

[185] Arturo Toscanini estrenó el *Adagio para cuerdas* de Samuel Barber con la Sinfónica de la NBC en un concierto transmitido por radio el 5 de noviembre de 1938.

[186] Leopold Stokowski realizó la primera grabación comercial de música de Revueltas, *Sensemayá*, en 1947 y dirigió antes esa obra con la Sinfónica de la Ciudad de Nueva York en febrero de 1945. La volvió a dirigir, con la Filarmónica de Nueva York en 1949 y con la Orquesta de Filadelfia en 1962. Leonard Bernstein la dirigió con la Orquesta Filarmónica de Nueva York en 1963 (tanto en concierto de subscripción como en uno de sus famosos conciertos para audiencias jóvenes) y en 1966, y la grabó en febrero de 1963.

tocaban obviamente al nivel de una Orquesta Filarmónica de Nueva York. Así que creo que muchas de esas orquestas tenían la capacidad técnica para poder ejecutarla. Hoy en día por supuesto no hay necesidad..., yo he escuchado grandes grabaciones de orquestas mexicanas tocando repertorio no solo mexicano, también repertorio estándar, y es espectacular. Eso te demuestra el nivel de educación que ha explotado. De lo que hablábamos al principio. Hoy en día cualquier orquesta en Sao Paulo, en Costa Rica, en Argentina, está al mismo nivel con las grandes orquestas americanas y europeas, así que básicamente los hemos alcanzado. En cuanto a compositores ya estábamos por adelante, pero en cuanto a orquestas, esta exposición de educación musical ha creado el nivel técnico necesario para que estas obras puedan ser ejecutadas como en cualquier otra gran orquesta en el mundo.

DEL TORO: ¿Tú has grabado obras de Revueltas?

GUERRERO: Todavía no. Me encantaría hacerlo, lo hemos pensado. Como te digo, en mi orquesta en Nashville, que grabamos cinco o seis discos por año, tenemos digamos una misión de grabar especialmente música de compositores norteamericanos. Esa es, digamos, gran parte de nuestra personalidad, compositores vivientes norteamericanos. Pero ya grabé un disco de Piazzolla[187], de vez en cuando la compañía disquera me va a dejar hacer un proyecto nuevo y hemos estado hablando de la posibilidad de tal vez cada cinco o seis discos enfocarnos un poco en ese repertorio. Con Naxos. Ese repertorio latinoamericano. Al mismo tiempo, como te digo y te lo dije antes, yo también tengo que tener mucho cuidado porque yo no quiero ponerme en una caja, de que sólo porque sea latinoamericano hago repertorio latinoamericano. Esa no es la razón, nunca esa ha sido mi intención y en eso he tenido mucho cuidado de, digamos, de no crearme personalidad a mí mismo. No, yo hago todo tipo de música y me gustaría pensar que soy hábil en todo tipo de estilo. El hecho de que hago Revueltas no me quita el beneficio de que hago Beethoven también.

---

[187] El disco bajo el sello de Naxos incluyó la Sinfonía *Buenos Aires*, el Concierto para bandoneón *Aconcagua* y *Las cuatro estaciones porteñas: Astor Piazzolla. Sinfonía Buenos Aires, Aconcagua, Cuatro estaciones de Buenos Aires.* Nashville Symphony / Giancarlo Guerrero. Naxos (2010) CD.

DEL TORO: Qué bueno que dijiste eso. Hablando de tu estilo, ¿cuál es tu estilo al abordar Revueltas?

GUERRERO: Yo era percusionista, yo creo que por eso también me atrae. Yo era percusionista y toqué *Sensemayá* durante muchos años en la orquesta juvenil. El ritmo me atrae mucho, los ritmos complejos me encantan, no me dan miedo porque viví con ellos toda mi vida. Para mí hacer una obra como *La consagración de la primavera* o *Petrushka* no es tan complicado porque el ritmo está dentro de mi persona y son obras que no me representan temor técnico, son obras en donde para mí el ritmo es muy fácil entenderlo y al mismo tiempo transmitírselo a la orquesta. Creo que eso tiene mucho que ver y, seamos claros, con lo que decíamos antes: con ese folclor aunque sea mexicano, en Costa Rica o en Nicaragua, en donde esté uno en América Latina, todos estamos conectados.

DEL TORO: ¿Tú le das, por haber sido percusionista, a la hora de dirigir un énfasis especial a las percusiones?

GUERRERO: Al final de cuentas muchos de esos compositores latinoamericanos estaban claros de ese latir rítmico que tienen todas las obras, que es casi una máquina que constantemente está empujando la música... Como yo crecí con eso toda mi vida es algo de lo cual no puedo evitar y cuando ejecuto esa música son obras que tienen momentos bellos, románticos, líricos, pero siempre por debajo está esa máquina de poder que constantemente hace que la música fluya. Y tal vez por eso, digamos, creo que tengo yo un poco de interés personal en este repertorio que me apasiona más que nada y creo que tengo también la capacidad técnica de transmitirlo a la orquesta, lo que es fundamental.

Hans Graf

Hans Graf (1949) es un director de orquesta austriaco, actualmente director laureado de la Orquesta Sinfónica de Houston. Fue director musical de la Orquesta del Mozarteum de Salzburgo, de la Orquesta Filarmónica de Calgary, de la Orquesta Nacional de Burdeos Aquitania y de la Orquesta Sinfónica de Euskadi. Ha sido director invitado de numerosas orquestas europeas, entre ellas la Orquesta Filarmónica de Viena, la Orquesta Sinfónica de Viena, la Orquesta Filarmónica de Londres, la Orquesta del Real Concertgebouw de Amsterdam y la Orquesta Gewandhaus de Leipzig, entre otras.

Se conversó con Graf en el Jones Hall de la Orquesta Sinfónica de Houston, en 2012, en el contexto de un concierto dedicado a música hispanoamericana[188].

DEL TORO: Me has comentado que *Sensemayá* es la primera de las composiciones de Revueltas que has estudiado.

GRAF: Estudiado y dirigido. Es verdad que he estado interesado en él [Revueltas] pero ahora sé mucho más de él de lo que sabía antes y allí hay un gran propósito porque pienso que es el más sólido de los compositores de esta área [América Latina] que he conocido. Pienso que merece ser colocado en una posición mucho más elevada en el repertorio internacional que la que ha tenido hasta ahora. Aunque sé que *Sensemayá* es un éxito mundial, si miras a

---

[188] Ese programa de la Orquesta Sinfónica de Houston, dirigido por Hans Graf, incluyó además de *Sensemayá* de Silvestre Revueltas música de los compositores españoles Manuel de Falla y de Joaquín Rodrigo.

jóvenes directores de orquesta hispanohablantes, nacidos en España o de origen latino que están subiendo, incluso si ellos son excelentes, si deciden tocar Revueltas eso podría ser visto como que se apoyan en un estereotipo [...] La música se usa un poco como un caballo de batalla que te conduce a las alturas de tu carrera. Ahora, cuando un director experimentado y famoso como Esa-Pekka Salonen, de quien nadie sospecharía en absoluto que es español y viene del otro extremo de Europa [Finlandia], hace un CD completo de Revueltas[189], esos significa que él realmente tiene la intención de tocar a ese compositor y no de usarlo como una vía que lo lleve a un nivel mayor en su carrera. Eso dice mucho de Esa-Pekka, porque él es un muy buen compositor, un director muy importante de cualquier música, especialmente la del Siglo XX. Eso [la grabación del CD de Revueltas] no le da un impulso a Esa-Pekka sino un impulso a Revueltas, a *Sensemayá*. Me pone feliz ver esto y tengo que admitir que yo soy un poco reacio a la 'música española'[190] porque asumo que yo la 'hablo' con un cierto acento. Por otro lado, no es correcto apartarse de la 'música española' y no es correcto dejar la música rusa sólo a los rusos, la música austriaca sólo a los austriacos. La gran música lo es en muchas manos. Yo considero que *Sensemayá* es una pieza fabulosa, para mí tiene un verdadero paralelo, a una escala pequeña, con lo que pasa en *La consagración de la primavera*. Es sobre una fuerza hipnótica que va a algún lugar, cuyo objetivo último es la muerte y nada puede detenerla. Llega allí. La música [de *Sensemayá*] tiene un frenesí chamánico, recurrentemente mágico, que conduce a lo inevitable. Y está muy bien construida. Su fraseo es muy osado porque pienso que, incluso en la música latina, 7/8 y 7/16 no es cosa de todos los días. Podría ser de Bulgaria [por su metro asimétrico] pero no en esta forma de yuxtaposición de partes largas y cortas... [lo ilustra con sonidos rítmicos]. Es fascinante y muy buena y pienso que toda orquesta la toca con gran y seria alegría. [*Sensemayá*]

---

[189] El ya citado disco: Silvestre Revueltas. *Sensemayá*. *Music of Silvestre Revueltas*. Los Angeles Philharmonic, Los Angeles Philharmonic New Group / Esa-Pekka Salonen. Sony Classical (1999) CD.

[190] En realidad, Graf usó aquí el término 'Spanish' vinculado al idioma y no a la nacionalidad, para aludir a compositores hispanohablantes y a obras de compositores de países de habla española.

es una pieza que es gratificante al oírla, tocarla y dirigirla. Estoy muy contento de haber tenido el pretexto para abordarla [el concierto especial dedicado a la Independencia de México de la Sinfónica de Houston] y me ha dado por supuesto curiosidad de ir más allá y descubrir más obras [de Revueltas]... Él tuvo un problema que tuvo Mussorgsky, que tuvo Tchaikovsky, que muchos compositores rusos tuvieron: olvidar sus penas con cualquier bebida alcohólica producida en el país... [Revueltas] era muy joven cuando murió pero dejó su marca y las obras de su periodo final parecen ser todas muy interesantes, mucho más interesantes e importantes de lo que yo había supuesto hasta ahora.

DEL TORO: ¿Cómo ves a *Sensemayá* en el contexto de otras composiciones de su época, no solo en América sino también en Europa?

GRAF: La veo probablemente comparable con Bartok... Hubo un despertar de la música nacional en el Siglo XIX en Europa. La música del Siglo XVIII, aunque claramente francesa, italiana o alemana, no era italiana-italiana como una ópera de Verdi o... [eslava] como las *Danzas eslavas* de Dvorak en el Siglo XIX. Hungría descubrió su música nacional un poco más tarde vía Kodaly y Bartok, pero Bartok inmediatamente la elevó al máximo nivel artístico, sin olvidar sus raíces húngaras pero sin citaciones [de melodías populares]. La música española fue liberada por Albéniz y luego De Falla, llevada al máximo nivel, pero De Falla permaneció más español en su voz que lo que Revueltas permaneció mexicano, porque aunque mexicana es música del mundo, música para el mundo entero. Algo que admiro porque él debió haber estado muy solo con su lucha por un alto nivel de composición, un nivel internacional de composición. Él [Revueltas] no estaba detrás de la música de su tiempo, si ves lo que fue compuesto en 1936, Stravinsky estaba... muy lejos de *La consagración de la primavera*. Pero Bartok estaba en su apogeo y justo regresando a un estilo más moderado. Hindemith estaba regresando a un estilo más moderado y en ese contexto [Revueltas] está absolutamente en la cúspide de su tiempo, como otros europeos y estadounidenses. La música estadounidense no era tan progresiva, excepto por aquellos... como Charles Ives o Edgard Varèse, pero eso no es lo que representa la corriente principal de la música estadounidense de esa época. Copland o Barber, Barber quizá más, pero Barber es menos osado que *Sensemayá*, que Copland... Me gustaría descubrir lo que él [Revueltas] escribió para el cine. ¿Fueron esas obras tan osadas o interesantes? Y desde luego descubriré las otras piezas, como *La noche de los mayas*...

DEL TORO: *La noche de los mayas* originalmente fue una banda sonora para el cine. La película, por cierto, no fue muy buena.

GRAF: Pero tú rescatarías la música...

DEL TORO: De hecho, la suite que hoy conocemos fue elaborada por un director de orquesta mexicano, José Yves Limantour. Él ensambló *La noche de los mayas* y ha habido en ello controversia porque al parecer la arregló demasiado. Pero en todo caso es muy famosa. Y Hindemith creó una suite de *La noche de los mayas* que casi no ha sido tocada, salvo unas pocas veces en México[191].

GRAF: Se necesitará un director mexicano para rescatarla.

DEL TORO: Sí. Aunque, por ejemplo, la más importante partitura para cine [de Revueltas] es *Redes*. Revueltas creó y tocó una versión de concierto de *Redes*, pero después estuvo en cierto modo perdida[192]. La suite que actualmente se toca fue hecha por Erich Kleiber [pero sin las elaboraciones que Limantour hizo con *La noche de los mayas*]...

---

[191] La suite de *La noche de los mayas* de Silvestre Revueltas arreglada por Paul Hindemith ha sido ya dirigida en México, por ejemplo, por José Luis Castillo con la Orquesta Sinfónica Nacional y, según Eduardo Contreras Soto, por Juan Felipe Molano con la Sinfónica de Yucatán. Y en 2014 fue grabada por primera vez por la Tempus Fugit Orquesta dirigida por Christian Gohmer: Silvestre Revueltas. *La noche de los mayas*. Tempus Fugit Orquesta / Christian Gohmer. Quindecim Recordings (2014) CD.

[192] Una reconstrucción de lo que fue la partitura de la versión de concierto de *Redes*, que el propio Revueltas hizo y dirigió en España en 1937, fue rescatada hace unos años por Roberto Kolb Neuhaus y grabada por primera vez por José Luis Castillo con la Orquesta Sinfónica de la Universidad de Guanajuato: Silvestre Revueltas. Orquesta Sinfónica de la Universidad de Guanajuato / José Luis Castillo, Quindecim Recordings, (2004) CD. Además de esta versión y de la de Kleiber, existe otra suite de *Redes*, elaborada por el director de orquesta mexicano Enrique Arturo Dimecke en 1994.

GRAF: Erich Kleiber no perdía tiempo en nimiedades. Erich Kleiber, tras haber realizado el estreno mundial de *Wozzeck*[193] [ópera de Alban Berg] y de haber ayudado a traer esa obra a la vida estaba realmente en la cima de los directores europeos. Partió a Sudamérica y Cuba por su antifascismo. Así que si Kleiber se dedicó a la suite [de *Redes*] es un signo serio de que debemos revisitarla.

DEL TORO: Sí, es muy interesante. Otros directores de la época [hacia 1940] se interesaron [en la música de Revueltas]. [Ernest] Ansermet se interesó. Fritz Reiner dirigió *Janitzio*, otra de las composiciones de Revueltas. De hecho dirigió la premiere estadounidense de *Janitzio*[194].

GRAF: ¿[Leopold] Stokowski encontró algo de Revueltas?

DEL TORO: Stokowski en realidad hizo la primera grabación comercial de música de Revueltas: *Sensemayá* en 1947...

GRAF: Pero no en Houston...

DEL TORO: Fue antes de que él llegara aquí... [la Sinfónica de Houston][195]. No fue con la Sinfónica del Aire[196] sino con su propia 'Orquesta Stokowski'... Fritz Reiner dirigió también *Janitzio* con la Sinfónica de la NBC en 1942.

GRAF: Trataré de encontrarlas [las grabaciones]...

DEL TORO: Por ejemplo, en términos de cómo interactúas con la orquesta durante los ensayos, ¿qué es lo que encuentras? Los metales desde luego son muy poderosos en *Sensemayá* y las cuerdas son manejadas de modo peculiar.

---

[193] Hans Graf grabó con la Orquesta Sinfónica de Houston y el sello de Naxos un CD de *Wozzek* de Alban Berg, con la Orquesta Sinfónica de Houston, que ganó el Grammy como mejor grabación de ópera en 2018: Alban Berg. *Wozzek*. Orquesta Sinfónica de Houston / Hans Graf. Naxos (2017) CD.

[194] Fritz Reiner dirigió la premiere estadounidense de *Janitzio* de Silvestre Revueltas con la Orquesta Sinfónica de Pittsburgh el 30 de enero y 1 de febrero de 1942.

[195] Leopold Stokowski fue director musical de la Orquesta Sinfónica de Houston entre 1955 y 1961. Con esa orquesta tocó *Janitzio* el 24 y 25 de mayo de 1958.

[196] La llamada 'Symphony of the Air' (la 'Sinfónica del Aire') fue una orquesta formada por músicos de la desaparecida Sinfónica de la NBC de la que Leopold Stokowski fue director entre 1954 y 1963.

GRAF: Un poco como una serpiente de cascabel. Yo pienso ahora, con mi experiencia con esta pieza, que debes dirigirla con mucha claridad. La música habla por sí misma si saca su energía, si se hace demasiado rápido queda defectuosa. Tiene que ser amenazante y tiene que ser no muy rápido. Y mientras más claridad logres... más te golpea... este peligro que está en toda la pieza. No me importa si es humano o serpiente. Es una vida matando a otra vida. Podría ser la pobre virgen que es sacrificada por los rusos, o por los ancestros de los rusos[197]... La serpiente representa algo, la lucha entre el bien y el mal, la lucha por sobrevivir a un peligro. Ese fue mi propósito con esta obra. La encuentro oscura, peligrosa, fascinante... El clarinete bajo te chupa... [tararea las figuras del *ostinato* de ese instrumento al comienzo de *Sensemayá*]... Tienes que mirar a la serpiente..., te guste o no... "La culebra, tiene los ojos de vidrio..."[198].

DEL TORO: El poema...

GRAF: Fríos ojos de vidrio... Es una gran imagen y la considero una pieza fabulosa.

DEL TORO: Algunos han hallado similitudes o relaciones entre *La consagración de la primavera* y algunas de las composiciones de Revueltas...

GRAF: Es justo lo que dije: para mí esto es una 'Consagración de la primavera mexicana'. No solo porque la trama va a ser la muerte inevitable sino porque los recursos musicales son similares a los de *La consagración de la primavera*. *La consagración de la primavera* es también a veces repetitiva. Las frases vuelven y vuelven y vuelven. A veces cambian pero son realmente martilladas en tu cerebro. Eso es lo que esta obra [*Sensemayá*] también hace... No es una repetición estúpida.

---

[197] Una referencia a la trama de *La consagración de la primavera* de Igor Stravinsky.

[198] Graf citó, en español, versos del poema *Sensemayá* de Nicolás Guillén, que Revueltas transfiguró en música, como afirman Roberto Kolb y Susana G. Aktories en su artículo 'Sensemayá, entre rito, palabra y sonido...' (Aktories y Kolb, 2011).

DEL TORO: A Revueltas en algún momento se le criticó por el *ostinato, ostinati* todo el tiempo[199]...

GRAF: Ese era su propósito. Tú puedes escribir otras cosas pero ¿es [Maurice] Ravel estúpido a causa del *Bolero*? Él trató de mostrar lo hipnótica que resulta la repetición... Frenética... Ese era el propósito de esa composición....

DEL TORO: Sí, porque algunos dirían "usas el *ostinato* porque no puedes componer más elaboradamente".

GRAF: Esa obra está suficientemente elaborada.

DEL TORO: Sí, es verdad. Hablaste de esto un poco antes: si bien *Sensemayá* y otras composiciones de Revueltas se tocan con frecuencia en Estados Unidos, parece que en muchos casos este repertorio está confinado a conciertos especiales, festivales...

GRAF: Dirigidos por directores hispanohablantes... Puedo decirte una cosa: propondré dentro de dos años en Europa un concierto que cierre con *La consagración de la primavera*. Empezará con *Sensemayá*, en medio un solista [un concierto] y *La consagración de la primavera*... Quiero empezar con *Sensemayá* y culminar con *La consagración de la primavera*.

DEL TORO: A veces existe la noción, idea o prejuicio de que estas obras [las de Revueltas y compositores que no son de la corriente principal de la música europea] son apropiadas para ocasiones especiales pero no para conciertos durante la temporada regular [los conciertos de subscripción de las orquestas estadounidenses].

GRAF: Para nada.

DEL TORO: ¿No percibes esto?

GRAF: Funciona como buena música. Se puede poner en muchos programas. Muchas obras son muy especiales y no han sido conocidas en conciertos de

---

[199] El uso del *ostinato* es, en realidad, uno de los elementos claves de composición que Revueltas usó de modo deliberado y en muchas ocasiones complejo para sugerir ideas o lograr efectos expresivos y contrastes.

subscripción. Pero es estúpido. Los conciertos de subscripción pueden incluir cosas muy diferentes que sinfonías de Brahms...

DEL TORO: ¿Consideras o sientes que el haber dirigido música de Revueltas es también una vía hacia otras obras latinoamericanas o mexicanas, a otros compositores?

GRAF: No necesariamente. Estoy interesado en buenas piezas vengan de donde vengan. Y si encuentro una gran obra... Dirigí un par de Villa-Lobos. Es un gran talento pero un poco, yo diría, generoso. Podría dirigir más. Dirigí un poco de Ginastera. Pero no me encasillo y si dirijo música española o latinoamericana tengo que realmente amarla. Si encuentro esa pieza que es un verdadero amor, la dirigiré. Pero no veo venir un tsunami de obras mexicanas, venezolanas o bolivianas en mi repertorio porque descubrí *Sensemayá*... [En cambio] tengo que descubrir algunas obras finlandesas y algunas otras. Tengo que descubrir la música británica. Nunca he dirigido las grandes obras de Elgar. Es algo que me está esperando.

DEL TORO: Sí. ¿Britten?

GRAF: Britten, pero música inglesa antes de Britten... Walton, Vaughan Williams, Elgar. Hay buena música allí.

Roberto Kolb Neuhaus

Roberto Kolb Neuhaus (1951) es un musicólogo y oboísta mexicano, máximo experto internacional en la obra de Silvestre Revueltas e impulsor sustantivo de la preservación, recuperación, grabación y comprensión del repertorio revueltiano en México, Estados Unidos y otros países. Es doctor en Historia del Arte por la Universidad Autónoma de México (en la que actualmente dirige el Posgrado en Música), fundador de la Camerata de las Américas y autor de una obra sustantiva en torno a la música de Revueltas.

Esta conversación se realizó en Louisville, Kentucky, en el marco de una serie de conciertos de la orquesta de esa ciudad con obras de Aaron Copland y Silvestre Revueltas y de encuentros académicos en la universidad local en los que Kolb participó como conferencista principal.

DEL TORO: En la actividad en torno a la obra de Silvestre Revueltas en los años recientes, digamos en la última década, en Estados Unidos tú has tenido una participación importante, porque has acudido a muchos de los lugares donde se han dado conciertos o seminarios sobre la obra de Revueltas. ¿Existe un creciente interés, se toca más que antes? ¿Cómo ves esto en Estados Unidos?

KOLB: Hay dos tipos de interés en la obra de Revueltas. Uno se refiere a la programación estándar de las orquestas, en donde se programan esencialmente siempre las mismas obras. Aunque no tengo las estadísticas a la mano, me refiero, primero que nada, a *Sensemayá*, en su versión sinfónica, y en segundo lugar a *La noche de los mayas*, suite confeccionada por José Yves Limantour (aunque sin mencionar al arreglista). Éstas conforman probablemente las dos obras más tocadas de Revueltas en el repertorio estándar de las orquestas de Estados Unidos, de México, y del mundo. Claro 'el mundo' es mucho decir: si acaso se escucha a Revueltas muy de vez en cuando en los países de Europa, pero en Estados Unidos es más frecuente su inclusión. Luego hay otro tipo de programación de su música, en foros alternativos, más allá de la programación de las grandes orquestas. Me refiero sobre todo a las universidades, donde se mira más allá del estándar, donde hay un poco de experimentación y búsqueda de conocimiento, donde hay proyectos alternativos dedicados a compositores menos conocidos o compositores de la periferia. Es en este último ámbito donde sí me atrevo a decir que la programación de la obra de Revueltas ha crecido y se ha diversificado. Hay obras hasta ayer desconocidas que se ejecutan ahí: por ejemplo, la música original de *Sensemayá*, que nació un año antes que la versión más conocida, o la versión para cuerdas de *Cuauhnáhuac* que no se conocía y básicamente rescaté. No son muchas las ocasiones, pero justamente en ese tipo de foros especializados ahora sí se toca más y se conoce más la obra de Revueltas. Esto va en tándem con el hecho de que se han hecho nuevas grabaciones, tanto en Estados Unidos, Holanda, Alemania, como en México. Yo mismo he producido o participado en tres grabaciones que dan a conocer repertorio antes desconocido. Esas grabaciones circulan y hacen que se nos busque en distintos foros para conseguir el material y hacer posible la interpretación de este repertorio que estaba muerto, que no se tocaba en ningún lado, simplemente porque no se tenía conocimiento de él. También crece exponencialmente el interés académico en Revueltas: cada vez hay más tesis dedicadas a Revueltas, sobre todo en Estados Unidos. Eso es lo que siento ha cambiado.

DEL TORO: De las grabaciones que mencionaste, ¿cuáles son las más relevantes?

KOLB: Bueno, yo diría en primer lugar *Sensemayá*, la versión de cámara que ahora sí se toca con frecuencia. Recientemente reconstruí, en colaboración con José Luis Castillo, la versión de concierto de *Redes*. Ésta fue estrenada por el compositor semanas antes del estreno de la película. Hasta ayer no se sabía de la existencia de esta versión, y se conocía solo una suite extraída del manuscrito fílmico por Erich Kleiber. Esa reconstrucción la interpretamos un par de veces en México, la grabamos después y, a raíz de ello, se ha interpretado ya en Colombia y en breve se escuchará en Viena. En Estados Unidos sigue sin interpretarse.

DEL TORO: Quienes escriben las notas de los programas, cuando se presentan obras de Revueltas en conciertos de orquestas de Estados Unidos, o los críticos que escriben tras las presentaciones, en ocasiones no explican al público a cabalidad las peculiaridades del repertorio revueltiano, por ejemplo los detalles de las suites de *Redes* o de *La noche de los mayas* y de sus arreglistas, Kleiber y Limantour e incluso Hindemith en el último caso. ¿Lo crees así?

KOLB: Mira, hay buenos musicólogos y críticos, pero sí hay una tendencia fuerte a no hacer caso de la investigación que se hace en México, tal vez porque no conocen el español. Tienden a acudir a las mismas fuentes y a repetir el mismo conocimiento, incluso cuando éste ya ha sido rebasado o enriquecido. Yo estuve revisando recientemente la recepción que ha tenido *La noche de los mayas*: había un solo cronista que sabía que se trataba de una reelaboración, de una suite elaborada por una persona distinta al compositor. Y nadie sabía que el último movimiento, o sea la 'Noche de encantamiento', es prácticamente un invento del arreglista, José Yves Limantour... Supongo que esto se explica porque fue publicada como *La noche de los mayas* de Silvestre Revueltas, sin dar crédito a Limantour y sin aclarar que se trata de una suite, derivada de una partitura fílmica. Los críticos no tienen por qué saber lo que no se les informa adecuadamente, pero siento que sí tienen la obligación de actualizar su conocimiento y acercarse a los especialistas de cada tema.

DEL TORO: ¿Limantour quería que la gente pensara que [la suite] era realmente de Revueltas?

KOLB: En su caso sí, en el de Kleiber no. Creo que Kleiber no sabía de la existencia de una versión orquestal del propio Revueltas, porque no sobrevivió más que la partitura fílmica. De haberlo sabido, seguramente habría evitado hacer una nueva versión. Pero tampoco Limantour actuó de mala fe, arregló los fragmentos fílmicos en forma de una suerte de sinfonía exótica –"El ocaso de los mayas" la llamó en algún momento– para promoverse a sí mismo como director en el mercado europeo. Editorialmente, eso no era mal visto hace medio siglo. Hoy en día esto no sería permisible. En este sentido sí han cambiado las cosas. Se tiene más cuidado. Pero aun así, las partituras que se usan

siguen siendo las de antaño y persiste la tendencia entre los cronistas norteamericanos de ignorar toda la investigación que se ha hecho en México en las
últimas tres décadas.

DEL TORO: En ese sentido, cuando se presentan obras de Revueltas en Estados
Unidos, ¿cómo crees que miran a Revueltas las personas que lo presentan o el
público, qué clase de compositor ven en él cuando escuchan sus obras?

KOLB: Bueno, sistemáticamente ven a un compositor nacionalista, si no es que
al nacionalista más representativo de México. Es una simplificación muy peligrosa. Revueltas tiene música nacionalista, pero solo en su faceta de compositor de música para cine comercial. En *La noche de los mayas*, por ejemplo, hay
un movimiento que Limantour bautizó como 'Noche de jaranas'. Es una típica técnica de nacionalismo musical: música folclórica, aunque inventada pero
muy realistamente representada, con un acompañamiento muy levemente
modernista, nada estorboso. [Revueltas] ahí simplemente está siguiendo una
convención muy difundida en la música occidental, no se trata de una propuesta compositiva que pretenda definirlo como original o único. Es simplemente música exótica hecha para el cine comercial. Pero fuera del género de
la música para cine comercial, el Revueltas compositor, el que, digamos, trata
de construir una voz propia, no hace eso. Como él mismo lo declara en muchos de sus textos introductorios a sus obras, más bien satiriza ese tipo de nacionalismo. No hay que confundir al Revueltas creador, crítico del nacionalismo, con el compositor que se tiene que ganar el sustento con partituras comerciales. Hay que contrastar la producción comercial de Revueltas con algunas partituras fílmicas, como *Redes* y *Vámonos con Pancho Villa* (pero sobre
todo *Redes*), que pretenden ir más allá de un mero refuerzo de la acción. Son
partituras que pretenden contribuir al sentido político de estos extraordinarios
filmes. En muchas y largas escenas de *Redes*, por ejemplo, la música es, ella
misma, protagonista por encima de la palabra y la acción. Esto es único, y
como tal, histórico. Es algo que no ha trascendido de modo suficiente.

DEL TORO: ¿Por qué crees que siendo *Sensemayá* y, bueno, *La noche de los mayas*, las dos más tocadas, y considerando que *Sensemayá* no tiene que ver con
el nacionalismo mexicano, por qué el público en Estados Unidos pensará u
oirá a *Sensemayá* como algo mexicanista?

KOLB: Pues, como tiene elementos afrocubanos, suena exótico. Y como este es un compositor mexicano, concluyes en automático que la música es mexicanista. Sobre todo si quienes escriben las notas a los programas tampoco distinguen entre la música afrocubana y las mexicanas. Revueltas utiliza el estilo como un señero cultural, en este caso para aludir a los esclavos negros de la isla cubana. Se deja inspirar por ciertas expresiones, ritmos e instrumentos afrocubanos para escribir *Sensemayá*, pero también para componer *Caminando* y *No sé por qué piensas tú*, que son las otras dos obras que conforman un tríptico con *Sensemayá*. [Revueltas] las escribió juntas con base en poemas de Nicolás Guillén, a quien recién había conocido, y con quien había tramado amistad. Eso la gente no lo sabe pero dice mucho acerca de la música. Cuando [Revueltas] escribe el 'Duelo' para *Homenaje a Federico García Lorca* utiliza géneros andaluces. En el caso del *Canto de una muchacha negra* con base en textos del poeta Langston Hughes, alude al lenguaje musical de los afroamericanos. Estos son solo algunos ejemplos, de muchos más.

DEL TORO: Esta idea de que Revueltas es meramente un nacionalista en el público de Estados Unidos sería un poco natural y comprensible si no se tiene más conocimiento, más información... También algunos músicos y directores de orquesta que en Estados Unidos les interesa tocar estas obras lo creen así. Pero su aproximación es desde la idea de que [Revueltas] es un nacionalista mexicano... Y quizás eso hace que la propia obra revueltiana la aborden como si fuera otra cosa... Por ejemplo, al respecto de su ironía, de su confrontación de ideas que chocan, quizás alguien que no tenga más conocimiento puede suavizar algo que era importante... ¿Qué piensas tú al respecto?

KOLB: Te puedo dar un ejemplo muy concreto. Revueltas utiliza mucho la yuxtaposición de músicas distintas, incluso opuestas. Arma, por ejemplo, un discurso musical folclorista pero le 'pone comillas' al superponerle ruidos callejeros que están pensados para estorbar, para molestar, para quitarle esa cualidad cristalina, supuestamente 'pura', que caracteriza al nacionalismo. Lo mina, lo subvierte, lo sabotea, por ejemplo con representaciones de chiflidos callejeros; armónicamente los pone en la partitura de manera que choquen, que no coincidan con las melodías folclóricas, que estén en disonancia con éstas. A mí me tocó grabar con cierto director, no te voy a decir el nombre, que dijo "no, esto está mal escrito" y entonces eliminó las disonancias, sustituyéndolas por unísonos. Pensó que se trataba de errores de Revueltas, un descuido, cuando se trataba justamente de subvertir, de generar ruido, de chocar y causar molestia, de romper la melodía folclórica cristalina con ruidos de la calle. Y él no lo entendió y no me sorprendería que un director extranjero tendría aun menos elementos para entender el sentido de este contrasentido irónico, tan revueltiano.

DEL TORO: Hay una tendencia: a la obra de Revueltas la han utilizado mucho en Estados Unidos para conciertos del 16 de septiembre, del 5 de mayo, del Día de Muertos... Varios de esos conciertos han sido gratuitos y a ellos acude mucha gente [una parte importante mexicanos o interesados en lo mexicano]... Revueltas es un compositor, digamos, ya establecido en esos festivales y quizás también eso hace que al repertorio de Revueltas lo encasillen. ¿Tú has percibido ese encasillamiento?

KOLB: Claro que sí, Revueltas ha sido historiado como el compositor nacionalista, la voz más genuinamente mexicana del Siglo XX. Se trata, pues, ya de una convención; él ya trae ese letrero, esa significación, y la gente lo va a escuchar también así. Ahí hay una cuestión un tanto compleja que tiene que ver con cómo fue recibido Revueltas desde un principio. Había un enorme sector social, un público muy grande, que quería escuchar en él a un compositor mexicanista, porque había una necesidad muy fuerte de construcción de identidad después de la Revolución Mexicana. Las crónicas hablan de eso casi exclusivamente, de qué tan mexicano es Revueltas. Y cuando a él 'se le pasa la mano' en el componente de lo moderno, se enojan con él, o lo desoyen, o se lo perdonan... Todo el tiempo lo están reivindicando para saciar dicha necesidad de construcción nacionalista después de la Revolución. Hay ahí una cuestión cognitiva: tú tiendes a escuchar lo que esperas escuchar, lo que quieres escuchar... También vas a escuchar preferentemente lo que ya conoces, lo que 'te suena', mientras que lo que desconoces, o lo que no concuerda con tus expectativas, lo puedes y tiendes a marginar de tu percepción. Sucedía mucho que el público en general no detectaba [en Revueltas] la ironía, escuchaba nada más lo que presumía 'temas folclóricos' y todo lo que los ensuciaba lo eliminaba de su escucha, lo hacía a un lado. "Bueno, bueno, es un poquito moderno... pero al final de cuentas es mexicano, es genuino, es auténtico, él sí entiende al mexicano, y por tanto se le perdona". De hecho hay un crítico que así lo decía: "le perdonamos esto, porque usted en el fondo, reconózcalo, pertenece a esta tierra, usted es genuina e inevitablemente mexicano"... Revueltas tenía que defenderse de la gente que lo encasillaba así. Incluso escribía notas a su música en las que dejaba entrever su ironía, "señores, dense cuenta, aquí hay sátira", pero nadie hacía caso. La necesidad en el público de reconfortarse en su presunta identidad nacional era fuertísima, fuertísima, y al parecer nada podía hacer el compositor contra un impulso tan poderoso. Revueltas nunca se salvó de esta recepción tendenciosa, y temo que de ésta también en lo futuro difícilmente lo vamos a salvar.

DEL TORO: Donde más oportunidades hay, que no son tantas, para que una orquesta en Estados Unidos programe un concierto con música de Revueltas tiende a ser en eventos donde el público va a ser hispano o mexicano y no programan al Revueltas que no es tan conocido. Hay más oportunidades, pero lo que hacen es repetir *Sensemayá* y *La noche de los mayas* y quizá *Janitzio*... pero no se aprovecha que haya interés en programar porque las obras que se seleccionan siguen siendo las mismas de siempre.

KOLB: Suelen ser las composiciones más fáciles de escuchar. Incluso *Sensemayá* está estructurada cinemáticamente, como una narrativa con final feliz. La obra temprana de Revueltas, por ejemplo, es compleja, está marcada por una ironía difícil de descifrar, hay mucha experimentación. Por lo mismo, no se programa. Eso pasa con muchos compositores. A Stravinsky también se le conoce por *La consagración de la primavera* y dos o tres obras más, las primeras, y el resto de su música, que es muchísima, rara vez se toca o, como en el caso de Revueltas, se toca sólo en foros especializados... Este problema afecta a todos los compositores, no sólo a Revueltas. De eso no nos vamos a escapar. La gran parte del público va a los conciertos para reconfortarse, para ratificar sus valores, no para ser provocado. Y provocar era uno de los objetivos principales de la obra temprana de Revueltas.

DEL TORO: Tú escribías en el programa del festival que hubo en la Biblioteca del Congreso en Washington DC[200], en 2008, sobre cuatro rostros, cuatro identidades de Revueltas. De ellas la que más se conoce, como estamos hablando ahora, es la nacionalista o la mexicanista... ¿Pero cuáles son esas cuatro?

KOLB: Tú lo recuerdas mejor que yo.

DEL TORO: Una era si mal no recuerdo el mexicanista; otra era el modernista; otra era obviamente la política, la internacionalista, el *Homenaje a Federico García Lorca* o *Canto de guerra de los frentes leales*; y otra era la vena afrocubana de *Sensemayá*. Si mal no recuerdo esas eran... Había también otros elementos, el Revueltas irónico y satírico que permea muchas de sus obras...

KOLB: Mis notas fueron organizadas más bien en función de la programación musical de este encuentro en Washington que recuerdo con mucho cariño. Hay muchas formas de acercarse a este personaje. Hace un momento, por ejemplo, hablaba de dos Revueltas distintos, el compositor, propiamente, y el de música para cine comercial. Es una diferencia fundamental que la gente no hace. Se tiende mucho a presentar, sin distinguir, música de "los dos Revueltas". Aquí en Louisville[201], por ejemplo, se presenta la música para *Redes*, que de ninguna manera es la más típica del autor, que sigue pautas del cine y se ajusta a los requisitos de este medio. Por fortuna se está interpretando a la par del *Homenaje a Federico García Lorca*, el producto más genuino de Revueltas, el compositor que escribe para sí y desde lo más profundo de su ser. Ahora

---

[200] El concierto 'Cuatro voces de Silvestre Revueltas' de la orquesta PostClassical Ensemble se celebró el 14 de marzo de 2008 en la Biblioteca del Congreso de Estados Unidos, parte de un festival dedicado a la obra de Silvestre Revueltas y Carlos Chávez en el que participaron también otras agrupaciones musicales y estudiosos de la obra de ambos compositores.

[201] Roberto Kolb participó como conferencista y profesor en el festival 'Copland and Mexico' de la Orquesta de Louisville, encabezado por Joseph Horowitz, en 2013. Jorge Mester dirigió la orquesta en su interpretación de obras de Aaron Copland y de Silvestre Revueltas: *Homenaje a Federico García Lorca*, *Sensemayá* y *Redes* con orquesta y película en vivo.

bien, hay un tema más sutil, el aspecto político en su música. Se percibe con la mayor claridad en obras que incluyen a un personaje central: es la voz de la calle, el proletario, el desamparado, el pobre, el músico callejero. Ésta se escucha en muchas obras, desde *El afilador* y *Tierra pa' las Macetas*, obras muy tempranas, hasta *Esquinas*, *Cuauhnáhuac* y *Caminos*, composiciones de madurez. Se trata de obra sinfónica completamente basada en sonoridades callejeras, y es realmente excepcional. Esta voz no es la del mexicano folclórico. Es la voz de 'los de abajo', de alguna manera corporizada musicalmente. Se percibe con mayor claridad, por ejemplo, en los movimientos lentos de *Janitzio*, *Esquinas* y sobre todo de *Alcancías*. Ese sujeto musical es un personaje político. Revueltas no apropia una melodía folclórica pero sí, por ejemplo, una forma de cantar, que es la del indio (por ejemplo en el primer movimiento del *Homenaje*) o la del músico callejero, casi siempre campesino migrado a la ciudad (*Alcancías*). Esto, para mí, no es nacionalismo, si bien las voces instrumentadas que se escuchan son, efectivamente, locales. Estas voces representan al pobre, al desamparado de México. No interesa a Revueltas la voz en cuanto a su mexicanidad, sino la de su condición de pobreza, misma que va mucho más allá de lo mexicano. Musicalmente, la diferencia, claro, es sutil y explica en buena medida por qué, en el ámbito del nacionalismo, esta voz se confundió siempre con la de una presunta mexicanidad.

DEL TORO: Hay ciertos ensambles que, quizás, recurren a armonías propias del mariachi y las bandas y no es que esté citando los sones, como *Sones de mariachi* de Blas Galindo, pero sus construcciones reflejan esa manera de tocar popular, aunque su contenido propio sea algo más. Eso ciertamente es mexicano.

KOLB: Pues sí, los sucesores de Chávez y Revueltas fueron decididamente nacionalistas. Asumieron las expectativas de la sociedad y del gobierno, y adoptaron los cantos ya sancionados como 'mexicanos', enmarcándolos en sonidos amables, que reforzaran esta función identitaria. Como decía hace un momento, este no fue el caso de Revueltas. Con raras excepciones, él no cita cantos conocidos. Cuando lo hace, por lo común es para satirizar justamente el proceso de institucionalización de la mexicanidad. En su lugar, él corporiza musicalmente una emoción, una emoción que pertenece no a una categoría nacional sino a una clase social. Uno puede pensar que *Alcancías* es una obra nacionalista, pero para mí no lo es, es una obra que deriva su estética de la calle, y no de manera sentimental, condescendiente. Es música que reivindica el ruido social callejero.

DEL TORO: Él tenía la intención de presentar al pueblo, y mucho por razones políticas, desde la perspectiva de la izquierda de esa época...

KOLB: Definitivamente. Yo creo que la veta política atraviesa prácticamente casi toda la obra de Revueltas... Es más fácil contar las excepciones. *Planos*, por ejemplo, es una obra que aparentemente no es política, mientras *Esquinas*, declaradamente, lo es. *Ventanas* sí lo es, en la medida en que está completamente atiborrada de sonoridades musicales callejeras. *El afilador, Tierra pa' la macetas* son obras abiertamente políticas. Las canciones [con poemas] de García Lorca no son políticas en el sentido de que los poemas lo sean, sino porque provienen de un poeta asesinado por el fascismo. Es música escrita en un contexto marcadamente político: el exilio a México de los 'Niños de España', enviados desde España para garantizar su seguridad. *Itinerarios* es una obra narrativa que parece contar el inicio, la esperanza republicana [de la República Española] y después el fracaso, la muerte de la causa republicana. Fue escrita en la misma coyuntura. Es una obra marcadamente política, aunque aparentemente no está basada en texto alguno. *Sensemayá* es una alegoría de la lucha contra el imperialismo. El paralelo con el poema lo deja entrever. *No sé por qué piensas tú* y *Caminando* son textos de Guillén que evidentemente son políticos. *Redes* no se diga. Canta la rebelión de unos pescadores que buscan adueñarse de la propiedad de los medios de producción. Con esto queda mencionado ya el grueso de la obra de Revueltas. Es política de distintas maneras. Obviamente el arreglo del *Canto de lucha de los frentes leales* lo es de modo abierto y directo, pero hay muchas formas de expresión política en la obra de Revueltas. Esa es su identidad principal, no la nacional, sí la política. Eso sí me atrevo a decir.

DEL TORO: Esa identidad política aquí en Estados Unidos es muy poco conocida, muy poco apreciada...

KOLB: Y eso es comprensible. En parte se debe a que la música no es figurativa, como lo es el lenguaje hablado o la plástica. Ahí el sentido político, cuando lo hay, es evidente y demostrable. La música, en cambio, es naturalmente ambigua. Su simbolismo puede ser interpretado de mil maneras, según lo que espera o desea su escucha. Hay otras razones por las que no se reconoce lo político en Revueltas. El comunismo en Estados Unidos fue notable entre trabajadores y artistas, en la época en que también lo fue en México. Pero el público norteamericano ha olvidado este pasado que tenía en común con México, y que marcó la obra de muchos artistas en ambos países. Finalmente, lo que resta hoy en el público de Estados Unidos es meramente la seducción de la otredad, el exotismo, como lo comenté ya antes.

DEL TORO: Salto a otra cosa: me comentaste que estabas escribiendo, o ya escribiste, un artículo sobre cómo personajes importantes contemporáneos de Revueltas veían su obra y lo entendían a él. ¿Qué me puedes decir de eso?

KOLB: Aquí en Estados Unidos... Bueno, tiene que ver justamente con lo que hablábamos hace un momento, sobre las expectativas que se imponen en la escucha de la música de Revueltas, la atracción de la diferencia sureña. Y esto aplicaba no sólo a Revueltas, sino a cualquier compositor latinoamericano, Caturla, Roldán, Ginastera, Villa-Lobos, a todo aquél que escribiera desde el Sur. El público y los críticos en Estados Unidos van en búsqueda de la otredad, manifiesta, por ejemplo, en lo primitivo, en lo antiguo, en lo popular, o en atributos como la espontaneidad, lo simple, lo inmediato, lo corporal; más que lo racional, lo improvisado... Este tipo de valores son los que el Norte proyecta sobre el Sur. Al constatar estas seductoras diferencias, el escucha al Norte goza, pero a la vez reafirma sus propios valores. Esto lo he constatado revisando, por ejemplo, los textos de Aaron Copland, Nicolas Slonimsky, Paul Bowles, Virgil Thompson y Henry Cowell. Es por esta necesidad de reafirmar valores propios, occidentales, que difícilmente cambiará el sentido de la recepción de Revueltas y de otros compositores sureños. Copland no baja a Revueltas de un espontáneo que no sabe componer, un aficionado talentoso. Virgil Thompson lo domina reivindicándolo para el Norte. Dice: no, él no es un nacionalista local, no se pierde en esas cosas, es un universalista. Cowell, un poco como Copland, descalifica la obra temprana de Revueltas, por caótica y desordenada. Esto, al respecto de *Ventanas*, que es un típico *collage* multiestilístico, que reivindica lo híbrido y la polivocalidad de la periferia, criterios, ambos, que rechaza el canon de la música occidental. Revueltas asume esa multiplicidad, la declara y no persigue síntesis artificiales, se rehúsa en buena medida a la univocidad. Esa univocidad inventada, que es tan característica de los nacionalismos. Ponce toma su lectura personal de lo que llama "la canción mexicana" y la declara unívoca, la voz oficial de México prerrevolucionario. Revueltas hace lo contrario, desde su música nos dice: aquí no hay univocidad. La canción mexicana es un invento, porque en realidad hay una multiplicidad enorme de cantos populares, pertenecientes a distintas clases sociales. Yuxtapone todo esto, por ejemplo en obras falsamente interpretadas como nacionalistas, como *Janitzio* y *Ocho por radio*, y así rehúsa la univocidad nacionalista. Estoy pensando también en *Colorines* y en *Ventanas*. El primer movimiento de *Alcancías* es, también, muy claro en ese sentido. Y no se diga del tercer movimiento de *Homenaje a Federico García Lorca*... es poliestilística agresivísima, la negación de una identidad unívoca y la reivindicación de una sociedad en transición.

DEL TORO: No fue bien entendido por ninguno de ellos, ni ha sido bien entendido todavía en gran medida...

KOLB: Así es, pero hay que comprender el porqué de esta 'ceguera auditiva'. Intenté explicarla hace un momento. Pero, por lo mismo, es de aplaudir la mentalidad abierta de quienes, aquí en Estados Unidos, escuchan la voz del Sur y están muy dispuestos a entenderla y tomarla en cuenta. Este es el propósito del proyecto que nos trae hoy[202], y que nos convocó en Washington hace poco.

DEL TORO: Esa-Pekka Salonen, que ha tocado bastantes obras [de Revueltas] o más que otros directores en Estados Unidos, salvo algunas excepciones, hablaba de que hay algo que le llamaba mucho la atención en la obra de Revueltas, al menos en lo que ha tocado o conocido: una cierta fascinación por la muerte...

KOLB: Muy interesante... Algunos de los movimientos lentos son verdaderamente desgarradores, pero yo no los identifico con la muerte. Sí con dolor, y

---

[202] Las iniciativas en Estados Unidos con música de Silvestre Revueltas de Joseph Horowitz.

particularmente un dolor de clase social, de pobreza y desesperanza, como decía antes. En ese sentido lo que dice de él Octavio Paz es muy cierto, tenía esa capacidad de empatía con el pueblo que no tenían otros compositores. Sabía corporizar musicalmente ese dolor. La muerte no la oigo, salvo en un caso. La muerte está, eso sí, en el final de *Itinerarios* porque muere la República Española, ahí sí hay muerte. No es casualidad que Revueltas escribiera al mismo tiempo un artículo homónimo en un periódico. Iniciaba con las palabras: "Vengo de una España roja... Roja de sangre de niños y mujeres asesinados por el fascismo". Yo siento que Salonen es uno de los directores-compositores que ha intuido acertadamente la importancia y unicidad de Revueltas, si bien a todas luces no ha tenido acceso a las investigaciones que se han hecho en México en las últimas décadas.

DEL TORO: En algunos casos, cuando se han puesto en Estados Unidos obras de Revueltas, por ejemplo *Redes* con película y orquesta en vivo, con Salonen, Gisele Ben-Dor y ahora Joseph Horowitz y Ángel Gil Ordóñez, ese trabajo es también un rescate de la obra. Algunos de los directores con los que hablé me decían que tenían que revisarla, que las partes tenían errores... porque no existía un cuerpo. No es como llegar, te dan la partitura y las partes y ya están listas... Con *Redes* se necesitó que el director se pusiera a revisar. Lo mismo con *La coronela*, que de por sí es fragmentaria...

KOLB: Muy fragmentaria... Revueltas nunca orquestó nada de lo que escribió [para *La coronela*]. Sólo sobreviven unos cuantos apuntes para piano, muy básicos, al parecer preparados para hacer posibles los ensayos del ballet, y no de la obra completa. Debido a la muerte de Revueltas, estos apuntes fueron orquestados, con bastante fantasía, por otros compositores. El resultado no es muy revueltiano. Yo siento que fue muy valioso el trabajo que hizo Gisele [Ben-Dor], pero faltó dejar en claro el alto grado de intervención de otros compositores o directores en esta reconstrucción [de *La coronela*]. El público tiene derecho de saberlo.

DEL TORO: ¿Y *La noche de los mayas*, la más tocada junto a *Sensemayá*...?

KOLB: Te platicaba que existe una versión de Hindemith, quien muy honestamente tomó los materiales de las 36 escenas escritas para una película comercial nacionalista de calidad bastante cuestionable, y armó él mismo una suite en dos movimientos. Es muy respetuosa de la partitura original: no cambia mayormente las notas, tal vez refuerza aquí o allá algún acorde y punto. El resultado no es impactante, pero es más honesto que lo que hizo Limantour. Yo no diría que no se deberían tocar estas suites, pero se tiene que declarar abiertamente que esto es música para cine, que nunca fue concebida como una totalidad musical, que no representa la voz personal de Silvestre Revueltas. Representa, eso sí, su capacidad para la utilización de géneros musicales convencionales con alto grado de profesionalismo técnico. Revueltas podía copiar cualquier estilo con la mano en la cintura, se le daba muy fácilmente la composición. Pero no por eso puede uno confundir el resultado de este hábito típico de la composición para cine con la voz propia del compositor. Incluso la música que él mismo burlonamente llamó *Música para charlar*, escrita para un documental propagandístico sobre la construcción de un ferrocarril, es una música que está hecha con base en estereotipos, géneros musicales ya conocidos. Mucho es Debussy, a quien admiraba Revueltas y de quien toma mucho, sobre todo el concepto de la organización musical como montaje. Pero uno no puede decir, "ah, eso es característico de Revueltas". Por supuesto que no, este es el Revueltas que adopta convenciones y las adapta magistralmente a las necesidades de un filme, y era un excelente compositor fílmico, como demuestra la música para *Redes*. Esta partitura es excepcional: su lenguaje es conservador, como era característico del realismo socialista al que, en mi opinión, pertenece este filme, pero también es música autónoma, como puede constatarse en la versión de concierto del propio Revueltas. En esta música, Revueltas hace un uso extraordinariamente competente de la convención del *leitmotif*, de un tema melódico-armónico del que se deriva toda la composición. Nada de esto hay en la música para cine comercial, compuesta después de la filmación y edición, estrictamente fragmentaria y al servicio de las necesidades de reforzamiento emotivo o de puenteo entre escenas. Este es el caso de *La noche*. Nuevamente, hay que distinguir al compositor de cine comercial, del compositor intrínseco. Durante sus últimos años, Revueltas vivió sin trabajo, con severas carencias económicas, mismas que lo empujaron a hacer música para filmes bastante pobres, entre ellos *La noche de los mayas* (apodada entre los músicos mexicanos 'La noche de los mayates').

DEL TORO: Y hubo una transformación en Revueltas, también poco comprendida en Estados Unidos, si se considera que cuando se toca *Sensemayá* muchos aún la aprecian como algo mexicanista, lo que es un problema, aunque sí se trata de la voz propia de Revueltas...

KOLB: Acabo de mencionar el tema del realismo socialista, que no se ha tocado en relación a Revueltas. Pero lo cierto es que, tanto en Europa y Estados Unidos como en México, el rápido crecimiento del fascismo a mediados de los años 30 provocó una reacción entre los artistas. Dejaron atrás su experimentación, optando por un arte comprensible y políticamente claro. Este fue también el caso de Revueltas, que dio un giro dramático en los últimos años de su vida. *Redes* e *Itinerarios* son ejemplos clásicos de este cambio estético, dando prioridad a una función social ligada a la acción política y al vínculo con la escucha. Aunque *Sensemayá* no recurre al lenguaje del romanticismo, como es el caso de aquellas dos obras, sí hace empleo del *leitmotif* y, ligando la música al poema, revela una agenda política fácilmente descifrable. La facilidad de identificación del público con estas obras también explica la frecuencia de su programación. Pero la obra menos convencional y por tanto más particular y personal de Revueltas es la obra temprana: estoy pensando en *Colorines, Alcancías, Caminos, Ventanas* y *Cuauhnáhuac*. Ahí es donde encontramos al Revueltas más íntimo, más personal, al más propositivo. Pero estamos hablando de música que no está escrita para cine o para eventos políticos. Es hora de identificar por separado al Revueltas experimental del compositor que asume (así sea críticamente) las premisas del realismo socialista, y por supuesto del compositor de cine.

DEL TORO: Un trabajo de composición que le daba trabajo...

KOLB: Efectivamente, la musicalización de filmes se volvió un *modus vivendi* al final de su vida. Lo que es muy triste, sin embargo, es constatar que, después de la debacle de la Guerra Civil en España, lucha en la que Revueltas había depositado toda su pasión y esperanza, disminuyó dramáticamente su labor creativa.

DEL TORO: Y desde el punto de vista del estudio de la vida y obra de Revueltas que se hace por profesores, por investigadores en Estados Unidos, ¿cómo ves ese trabajo, cuál es su magnitud, cómo lo comparas con lo que se hace en México o en otros países donde hay gente que estudia a Revueltas?

KOLB: Lo veo muy valioso... Hay bastantes tesis de maestría y doctorado sobre la obra de Revueltas, escritas en Estados Unidos y en Francia, mismas que han hecho aportaciones importantes. Y estoy hablando de tiempos recientes. Si hacemos una suma de todas las tesis que se han escrito en Estados Unidos sobre Revueltas yo creo que se duplica el número. Las viejas, acaso menos informadas, dada la falta de contacto con investigadores mexicanos. Pero las más recientes se nutren de nuestras investigaciones y hay contacto directo con los alumnos. Hay más tesis sobre Revueltas en Estados Unidos que en México, eso es importante hacerlo notar. Eso más bien habla mal de lo que sucede en México en cuanto a la investigación pero, por otra parte, en México habemos varios trabajando seriamente en Revueltas a nivel biográfico, fonográfico, musicológico y editorial. Ahí sí se ha hecho mucho trabajo. Ahora lo que hay que hacer es establecer la conexión con Estados Unidos para que este tipo de información trascienda, sobre todo porque a los americanos al parecer no les gusta aprender español. Entonces terminan citándose unos a otros y repitiéndose, ratificando prejuicios, errores y lagunas de conocimiento.

DEL TORO: ¿Esa conexión se podría hacer traduciendo y publicando en Estados Unidos los materiales escritos en México o que más investigadores de México vengan acá y viceversa?

KOLB: En ese sentido tiene que ser un esfuerzo mutuo. Tanto de Norte a Sur como de Sur a Norte. Nosotros en México tenemos que escribir en inglés, *lingua franca* del mundo académico internacional. Los americanos deben aprender el español, y buscar sus fuentes en México. En lo personal, esto ha sido prioritario para mí. He publicado mis investigaciones en Estados Unidos, Reino Unido, Austria y Alemania. A la par, he asesorado a los estudiantes que investigan la obra de Revueltas en Estados Unidos (varios de ellos de origen mexicano). También hay que lanzar proyectos binacionales, por ejemplo el planteamiento de la edición crítica de Revueltas, que es bilingüe, se publica en México y se distribuye en Estados Unidos. Lo mismo vale para la Biblioteca Digital Silvestre Revueltas, también bilingüe, que en breve permitirá acceso internacional a los manuscritos y documentos revueltianos.

DEL TORO: ¿Hay una fecha para eso?

KOLB: Hay varias partituras que ya están de hecho publicadas pero todavía no se están distribuyendo comercialmente, pero ya hay camino recorrido en ese sentido. La versión orquestal de *Redes* ya se ejecutó en Colombia y está en puerta una ejecución en Viena. En cuanto a la biblioteca digital, se trabaja en asuntos legales en este momento, pero los avances prometen mucho. Esto va a cambiar radicalmente el interés y conocimiento de la figura de Revueltas internacionalmente.

DEL TORO: En Estados Unidos si alguien quiere tocar a Revueltas tiene que ir con la editorial Peermusic[203] o con Schirmer[204], prácticamente...

KOLB: En la enorme mayoría de los casos sí, salvo que hay algunas obras que básicamente yo desempolvé y no las tienen registradas ellos. Estas se pueden obtener a través de la UNAM. Peermusic y Schirmer ni siquiera sabían de su existencia.

DEL TORO: En México necesitan ir con Peermusic o con Schirmer para tocar a Revueltas...

KOLB: Sí, también. Salvo en el caso de obras desconocidas, que han sido rescatadas por nosotros.

DEL TORO: ¿Qué tanto esas casas editoras han ayudado recientemente? ¿Han ayudado porque ofrecen sus obras a más directores, a más orquestas? ¿A lo mejor alguien se asoma a su catálogo y dice "mira, Revueltas", pero al mismo tiempo se ofrecen siempre las mismas obras, porque son las 'comerciales'? ¿Qué opinas tú sobre el papel de esas casas en qué se toca, qué no se toca o qué tanto se toca?

KOLB: Ellos obviamente están en el negocio de la música. En cuanto a la clásica, son empresas altamente deficitarias, requieren de los *hits* porque a ellos no les interesa la promoción de obras que nunca se van a rentar. No van a inver-

---

[203] Peermusic Classical, inicialmente Southern Music Publishing Company, la editora original de muchas obras de Silvestre Revueltas.

[204] G. Schirmer, hoy parte de The Music Sales Group, tiene *Sensemayá* en su catálogo.

tir dinero en eso, porque sería una pérdida neta. Nosotros, en la UNAM, estamos planteando la publicación y financiamiento, y les damos la distribución a cambio de regalías y de este modo nos ayudamos. Ellos están muy abiertos a que esto se haga. Aunque saben que de ahí no van a sacar mucho dinero, lo que no quieren es perder. Y en México nosotros estamos más bien interesados en dar a conocer la música de Revueltas en ediciones críticas, en darlo a conocer musicológicamente de modo responsable e informado, en rescatar y catalogar su obra. Que se sepa bien que hay ahí y que esto sirva como fuente de información para críticos y cronistas americanos y europeos. Pero bueno, comercialmente hablando, lo que podemos esperar de Peermusic y Schirmer es que sigan distribuyendo todo lo que se pueda, pero lo que a ellos les interesa evidentemente sigue siendo *La noche de los mayas* y sigue siendo *Sensemayá*. Esta es la música que se les solicita.

DEL TORO: Y *Redes* está ahí como intermedia. *Redes*, la suite de concierto de Kleiber evidentemente.

KOLB: La de Kleiber, pero tampoco creas que se toca tanto. La verdad no tengo las estadísticas pero sería muy interesante saber qué de Revueltas es lo que más se toca.

DEL TORO: Por ejemplo, Carlos Miguel Prieto cuando decide poner Revueltas en alguna ciudad en Estados Unidos con frecuencia usa *Redes*... No tengo el conteo exacto de cuántas veces, pero sí, digamos [a Prieto] *Redes* le interesa tocarla aquí [en Estados Unidos].

KOLB: Es una obra sumamente accesible. En buena medida es romanticismo. Es una obra altamente dramática, una obra narrativa... funciona.

DEL TORO: Habría que preguntárselo a cada director, en su caso, pero conociendo un poco los públicos y las directivas de las orquestas en Estados Unidos, que a veces dudan en presentar cosas que sienten que la audiencia las va a encontrar 'raras', 'agresivas'... *Redes*, la suite de concierto, no [necesariamente sería percibida así] porque no tiene ese lenguaje que podría tener una obra mucho más abstracta o mucho más de ruptura de Revueltas.

KOLB: Si van a traer alguien de fuera, alguien desconocido, pues tiene que ser un *hit*, tiene que ser una obra sumamente accesible, si no mejor no la programan. Las orquestas en Estados Unidos todas dependen de patrocinios privados y están casi todas luchando para sobrevivir. Hay sus excepciones, pero no se pueden arriesgar a presentar experimentos raros. Ya lo comentaba antes. Confortar al público, no provocarlo, esa es la consigna general. Son pocas las orquestas que se arriesgan a cuestionar esta consigna secreta, implícita en sus programaciones. En ese sentido, las orquestas en México tienen un enorme privilegio porque todas están financiadas con dinero público y pueden experimentar y asumir riesgos. Nunca peligra su subsistencia por programar a Varèse o a un Revueltas menos conocido. Pero sí arriesgan perder público y, de hecho, ha disminuido notoriamente la asistencia a los conciertos. En el caso de Revueltas hay otro problema: muchas de las mejores obras que escribió las orquestó para pequeña orquesta, y esto ahuyenta el interés de las sinfónicas, siempre en busca del impacto sonoro.

DEL TORO: Sí, como *Homenaje a Federico García Lorca*, que es tan buena pero al ser un ensamble pequeño...

KOLB: Esa, pero también *Alcancías* y *Colorines*, todas son para pequeña orquesta. Son obras fantásticas.

DEL TORO: Quizás también eso hace que las orquestas aquí no las toquen...

KOLB: Podría ser una explicación convincente.

DEL TORO: Y, al revés, *La noche de los mayas* [la suite de Limantour] como tiene tanta percusión algunos la conocen pero dicen "yo no la pongo porque me sale muy caro, tengo que contratar a muchos percusionistas, porque necesito más de los que normalmente tengo en mi orquesta".

KOLB: Si usan la versión de Hindemith son tres percusiones y si usan la de Limantour son 13.

DEL TORO: Y usan la de Limantour porque es el *show*, gusta, lo paga. Y la suite de Hindemith, ¿la han estrenado en México?

KOLB: Sí la hemos hecho. Con la Sinfónica Nacional, dirigida por José Luis Castillo.

DEL TORO: Quien también grabó *Redes*, el disco de la versión de concierto de Revueltas. ¿Hay algún plan de grabar esa suite de *La noche de los mayas*[205]?

KOLB: ¿La de Hindemith? No, no creo, porque no es bombástica, como la de Limantour... José Luis Castillo se atrevió a programarla en un evento histórico. Había que darla a conocer. Pero en la práctica, nadie la renta. Está ahí en el catalogo de Peermusic, pero ni ellos mismos la promueven. Y eso que es Hindemith, mucho más conocido que Limantour...

DEL TORO: La suite de Hindemith podría aportar cosas interesantes si la tocaran aquí...

KOLB: Tal vez.

DEL TORO: Tampoco es que la gente esté gritando "quiero oírla"...

KOLB: No, yo no estoy muy optimista en ese sentido... La suite de Limantour se está tocando bastante, como puedes constatar fácilmente en internet. Dudamel es uno de sus promotores.

DEL TORO: Gustavo Dudamel hizo *La noche de los mayas* en su disco junto con la *Consagración de la primavera*[206]... Y aparte *Sensemayá*, por ejemplo, la tocan, es muy interesante, en escuelas pequeñas, en universidades... Varios directores jóvenes me han dicho que les gusta mucho usarla, en San Francisco, en Houston, para conciertos de jóvenes y es un repertorio que usan con cierta frecuencia, quizá por la narrativa de la serpiente.

---

[205] Poco más de un año después de esta entrevista, realizada en marzo de 2013, Christian Gohmer hizo con el sello Quindecim Recordings la primera grabación de la suite de *La noche de los mayas* elaborada por Paul Hindemith con base en la música de Revueltas: Silvestre Revueltas. *La noche de los mayas*. Tempus Fugit Orquesta / Christian Gohmer. Quindecim Recordings (2014) CD. Ese disco también incluyó el *Concierto Hispano para guitarra y orquesta* de Juan Trigos, con Raúl Zambrano como solista.

[206] Gustavo Dudamel hizo esa grabación con la Orquesta Sinfónica Juvenil Simón Bolívar, publicada bajo el sello de Deutsche Grammophon en 2010: Igor Stravinsky y Silvestre Revueltas. *Rite [La consagración de la primavera* (Stravinsky) / *La noche de los Mayas* (Revueltas)]. Orquesta Sinfónica Juvenil Simón Bolívar de Venezuela / Gustavo Dudamel. Deutsche Grammophon (2010) CD.

KOLB: *Sensemayá* fue originalmente escrita para pequeña orquesta, y esto se desconoce en Estados Unidos. El repertorio para pequeña orquesta es idóneo para orquestas universitarias... pero también podría ser interesante para las orquestas juveniles de México, que ahora están empezando a florecer, a multiplicarse. Yo lo que he visto en Estados Unidos es que hay buenas orquestas universitarias...

DEL TORO: Jorge Pérez Gómez me contaba que usa en Albuquerque obras de Revueltas para la formación de la orquesta, de los alumnos que están en las clases de orquesta, pero también [otros directores] me cuentan que las usan en los conciertos cuando el público son niños y jóvenes. *Sensemayá* les funciona perfecto para eso.

KOLB: En México hicieron una versión de títeres de *Sensemayá*, les funcionó muy bien. Pero típicamente la representaron como cuento infantil, no como obra política. De seguro pasa lo mismo en Estados Unidos.

DEL TORO: En Houston hicieron una función con un ballet de estudiantes de una *high school*... bailarines de hip hop en contraste con unas *cheerleaders*... A esos chicos de *high school* les gustó *Sensemayá*, inventaron su narrativa, inventaron su ballet y lo presentaron en concierto con la Orquesta Sinfónica de Houston...

KOLB: Cualquier música puede dar para lo que tú quieras, puedes hacer que una música te sirva para evocar lo que tú quieras. Esa es la naturaleza de la música. Es polisémica. No sé si a Revueltas le hubiera hecho mucha gracia esta resemantización de su obra política más importante. Tal vez sí. No lo sé. Mi lucha personal es en pro de un estudio del contexto de la creación musical, como base para una interpretación informada y por tanto más rica. Escuchas más, oyes más cuando conoces el contexto, entiendes de dónde salió, a qué respondió una composición. En eso veo yo mi función.

DEL TORO: Ves ese valor en iniciativas como Music Unwound[207], en la que participa la orquesta... pero vienen y colaboran en su creación personas como tú y como Joseph Horowitz. Y aunque cada uno tiene su perspectiva ambos buscan abrir y expresar más de lo que normalmente se sabe al respecto.

KOLB: Y que la gente además no tiene por qué saber. En ese sentido creo que sí es de aplaudir este tipo de proyectos, ojalá las pláticas introductorias y postconcierto se volvieran la norma. Implica mucho trabajo, mucha preproducción, lo cual es muy costoso. Pero en México, por ejemplo, no existe. Esto de las pláticas preconcierto aquí [en Estados Unidos] parece estar volviéndose una tradición, ojalá. En México tristemente no es así.

---

[207] Music Unwound es un proyecto de conciertos contextualizados dirigido por Joseph Horowitz en el que participa un consorcio de orquestas sinfónicas de Estados Unidos con apoyo de la entidad pública National Endowment for the Humanities. Con la curaduría de Horowitz, Music Unwound ha realizado series de conciertos sobre la música de Antonin Dvorak y sus relaciones con Estados Unidos y, también, sobre la música de Aaron Copland y Silvestre Revueltas, en la que la obra del primero es en realidad el pretexto que conduce a la presentación de la obra del segundo a audiencias estadounidenses. Ese programa de concierto, llamado 'Copland and Mexico' incluye contenido multimedia sobre la obra y el tiempo de Copland y Revueltas y, sobre todo, se ha destacado por presentar la película *Redes* con la banda sonora completa tocada en vivo. Roberto Kolb ha sido uno de los invitados principales en varias de las presentaciones de 'Copland and Mexico', que se ha programado ya con orquestas sinfónicas en Texas (Austin y El Paso), Kentucky, Carolina del Norte, Nevada y Dakota del Sur.

Jorge Mester

Jorge Mester (1935) es un director de orquesta mexicano con una larga trayectoria de trabajo en Estados Unidos. Fue director musical de la Orquesta de Louisville, Kentucky, en dos periodos (de 1967 a 1979 y de 2006 a 2013), director musical de la Orquesta Sinfónica de Pasadena (California), de la Orquesta Filarmónica de Naples (Florida), del Festival de Música de Aspen (Colorado) y de la Orquesta Filarmónica de la Ciudad de México. Durante su primera gestión al frente de la Orquesta de Louisville Mester realizó una intensa actividad de interpretación, estreno y grabación de obras de repertorio contemporáneo, con decenas de grabaciones, muchas de ellas comisionadas específicamente para ello. Entre las obras de Revueltas grabadas entonces por Mester figura la partitura completa de Redes[208].

Esta entrevista se realizó en el Whitney Hall, sede de la Orquesta Sinfónica de Louisville, en esa ciudad de Kentucky, en 2013, entre los ensayos de un concierto[209] con obras de Aaron Copland y Silvestre Revueltas.

DEL TORO: Usted ha tocado obras de Silvestre Revueltas en Estados Unidos desde hace décadas, casi 50 años...

---

[208] Silvestre Revueltas. *Redes*. The Louisville Orchestra / Jorge Mester. Louisville Orchestra First Edition Records, LOU-sopr-696 (1969) LP. El disco incluyó también *Ollantay* de Alberto Ginastera.

[209] La Orquesta de Louisville dirigida por Jorge Mester interpretó el 27 y 28 de marzo de 2013 el programa 'Copland and Mexico', en el marco de la iniciativa Music Unwound curada por Joseph Horowitz, que incluyó obras de Aaron Copland y Silvestre Revueltas (entre ellas *Sensemayá* y *Redes* con película y orquesta en vivo).

MESTER: Sí, pero no tan seguido. Porque aquí en Estados Unidos la música mexicana es como la música de Canadá, como si no existiera. Yo por casualidad en 1969 hice la primera grabación de la música completa de *Redes*, aquí con la Orquesta de Louisville. Después he dirigido *Janitzio*, he hecho naturalmente *Sensemayá*, esa obra que más o menos es de José Yves Limantour, *La noche de los mayas*, y pues esta representación de *Redes* que se está haciendo esta semana. Y una o dos veces he dirigido *Sensemayá* y también el *Homenaje a Federico García Lorca*, pero naturalmente no tanto como en México. En México siempre he tenido más oportunidades y con la Filarmónica de la Ciudad de México yo grabé *La noche de los mayas*.

DEL TORO: ¿Cómo ha visto que la audiencia reacciona ante la música de Revueltas en Estados Unidos en esa época inicial de los años 70 y a lo largo del tiempo en comparación el público de ahora?

MESTER: No sé nada de los 70 porque aquí, con esta orquesta por ejemplo, ellos tocaban tanta música contemporánea... Les pidieron a compositores de todo el mundo obras para que se estrenaran aquí y después se grabaran. Así, la orquesta no había tocado jamás la Sexta Sinfonía de Beethoven... Tocar más música contemporánea de la que ya se había escrito especialmente para la orquesta no era posible...

DEL TORO: ¿Hizo [antes] *Redes* con película?

MESTER: Nunca, es la primera vez.

DEL TORO: En comparación con la suite, que es la se toca normalmente, ¿cómo la siente, cuáles son las diferencias?

MESTER: La suite no se puede tocar sin la película, porque no tiene un drama específico... Sin la película, esa música no es tan interesante para el público.

DEL TORO: Algunos dirían que sí, pero usted considera que no.

MESTER: Así lo considero yo, verdad.

DEL TORO: Algunos afirman que la *Cantata Alexander Nevsky* de Prokofiev, sacada también de una película, sí funciona como obra de concierto, ¿pero *Redes* no?

MESTER: Por eso lo digo. *Alexander Nevsky*[210] funciona como música de concierto pero para mí *Redes* sin la película no interesa tanto.

DEL TORO: Cuando usted ha dirigido obras de Revueltas aquí, ¿cuál es la recepción de los músicos de la orquesta?

MESTER: Sí, les gusta mucho. Es música difícil de tocar pero que rinde. Se piden cosas espectaculares de los músicos pero uno se siente bien habiendo tocado la música, la música es tan excelente que a los músicos les gusta mucho. Y naturalmente está *La noche de los mayas*, que es mitad sí, mitad no de Revueltas. Es un espectáculo con todos los tambores, hay como 10 tambores y la concha y todo eso.

DEL TORO: Improvisación incluso en las percusiones...

MESTER: Sí, todo mundo está encantado de ver un circo como ese.

DEL TORO: Muchos la tocan, obviamente, pero no todos lo hacen de modo tan franco como usted, que dice, bueno, que es una obra artificial, muy interactiva y gusta mucho.

MESTER: Sí, a lo mejor ni saben que es artificial.

DEL TORO: ¿Cree que dado que *La noche de los mayas* se toca mucho en Estados Unidos y gusta mucho..., cree que eso ha creado una imagen distorsionada de quién era Revueltas y de la música que hacía dado que esa obra realmente fue Limantour quien la armó?

MESTER: Sí, sí. No sé la respuesta a su pregunta, pero cuando se toca Revueltas al público le gusta. *Janitzio*, por ejemplo, no gustó demasiado.

DEL TORO: ¿Cuándo usted la tocó aquí?

MESTER: No, no la toque aquí, la toqué en Pasadena. Las obras [para orquestas] pequeñas, como *Homenaje a Federico García Lorca*, eso sí gusta muchísimo, música muy loca, y no tan grandilocuente, con más sentimiento autóctono.

---

[210] Sergei Prokofiev compuso la banda sonora de la película *Alexander Nevsky* (1938, posterior a *Redes*) del director Sergei Eisenstein y luego construyó con esa música una cantata (para mezzosoprano, coro y orquesta).

DEL TORO: Y *Sensemayá*, ¿cómo la han recibido cuando usted la ha tocado?

MESTER: Bueno *Sensemayá* siempre es un éxito escandaloso.

DEL TORO: Cuando usted la ha tocado en Estados Unidos, ¿cómo interpreta el público *Sensemayá*?

MESTER: No sé como la interpretan, pero se alzan de sus sillas y aplauden escandalosamente... Es buena música mexicana, que tiene ritmo y que tiene color. Es muy apreciada aquí. La música de Chávez, no tanto. Solamente la *Sinfonía india* es la única que más o menos perdura en Estados Unidos.

DEL TORO: ¿Revueltas sí perdura en Estados Unidos?

MESTER: No sé cuánto se toca en otros lugares... Cuando se toca le gusta al público, pero el público no está clamorosamente pidiendo que se toque la música. Y en México, como hay orgullo nacional y es un gran compositor, sí. Pero aquí si no es Beethoven o Mozart... Les da miedo aquí Stravinsky, y *La consagración de la primavera*, todavía. Así que así es la vida.

DEL TORO: Y ese temor o quizá un conservadurismo, ¿cree que frena? ¿Cree que si dice ahora "me dan ganas de tocar *Caminos, Ventanas*...

MESTER: *Alcancías*...

DEL TORO: ...o *Itinerarios*" y lo propusiera aquí o en otras orquestas le dirían que no le va a interesar a la gente? ¿Le ha pasado eso?

MESTER: A mí me pasó con *La consagración de la primavera*: "Ay no, no comience el primer concierto de la temporada con eso". ¿Verdad? Así que todo depende de la estupidez de las juntas que manejan las orquestas.

DEL TORO: ¿Y le parece que hay mucha o poca o de todo un poco?

MESTER: En otros lugares, en Pasadena[211], yo podía hacer lo que quería. Aquí también porque hay una historia muy importante de música contemporánea por todos esos discos. Yo hice creo que 150 obras que grabe aquí. En otros lu-

---

[211] Jorge Mester fue nombrado director de la Orquesta Sinfónica de Pasadena, en California, en 1984 y estuvo al frente de ella hasta 2010.

Jesús Del Toro

gares si es más que Brahms ya es demasiado. Prokofiev imagínese, la gente dice "no, no nos gusta la música sin tonalidad". Eso dicen de Prokofiev, imagínese.

DEL TORO: Ya que habló de *La consagración de la primavera*, hay quienes encuentran resonancias, influencias, a esa época de Stravinsky en algunas de las obras de Revueltas. ¿Usted qué opina?

MESTER: Eso dicen de *Sensemayá*, que es 'La consagración en México'.

DEL TORO: Es frecuente el dicho de "Revueltas, el Stravinsky mexicano"...

MESTER: Sí, bueno, porque tiene una especie de salvajismo, ¿verdad? Por eso.

DEL TORO: ¿Cuál es el Revueltas que a usted le gusta o cómo lo ve?

MESTER: No lo puedo decir, porque eso es parte de cómo se ve la música. Es como dirigir una obra de Beethoven, una persona lo hace de una forma, otra persona lo hace de otra forma... Lo primero que me importa es que suene como veo la partitura, después le pongo la filosofía.

DEL TORO: ¿Que filosofía le ha puesto?

MESTER: Que sea salvaje.

DEL TORO: ¿Le gusta salvaje?

MESTER: Pues no hay otra forma de tocarlo verdad, yo no veo otra forma... El público le da a la música la interpretación, es el público quien interpreta. Yo nada más tocó la música.

DEL TORO: En Estados Unidos, cuando usted ha tocado Revueltas, ¿qué tanto público va al concierto?

MESTER: Quién sabe, no demasiado público va a conciertos de todos modos. Si es la Quinta de Beethoven o la *Patética* de Tchaikovsky entonces va el público.

DEL TORO: ¿Usted dirá que no es posible medir por la asistencia la atracción de Revueltas, de nada que no sea el canon?

MESTER: Es demasiado especial para pensar así.

DEL TORO: Algunos directores que tocan obras de Revueltas, usted las ha tocado en California, en lugares en donde hay población mexicana quizá lo sienten más fácil o el público acude más porque tiene una conexión. ¿Usted ha visto algo así?

MESTER: No, yo tenía una orquesta en Pasadena, que es de lo más mexicano que hay ahí en Los Ángeles... El público mexicano primero no tiene dinero para venir a conciertos y segundo nunca ha estado dentro de una sala de conciertos, así que para ellos no es nada, no es una ocasión para venir a izar la bandera mexicana...

DEL TORO: Algunas orquestas programan la música de Revueltas como en este caso dentro de los programas de subscripción, pero más en un festival en septiembre o el 5 de mayo, ahí es cuando la tocan...

MESTER: Todo depende del director, si al director le gusta la música la pone. Pero cada director tiene su agenda.

DEL TORO: ¿Usted todavía tiene en su agenda seguir tocando música de Silvestre Revueltas?

MESTER: Yo tengo agenda de seguir tocando música, no tengo una agenda especialmente sobre ni Revueltas, ni Mozart, ni Stravinsky, ni nada. Me gusta hacer programas como si fuera un menú... el entremés, la ensalada y a ver qué va junto. Así que tener una agenda "este año va a ser Prokofiev y el próximo año va a ser mexicano", no pienso yo así.

DEL TORO: ¿Revueltas embona bien con ciertas obras o, al revés, otras obras embonan bien con Revueltas?

MESTER: Todo depende si a uno le gusta el ácido y el dulce y el agrio, pues entonces depende qué mezcla... Digamos que, para mí, Revueltas es como cualquier otro compositor. Si cabe, lo meto.

DEL TORO: Claro.

MESTER: No es que yo tenga una idea de que Revueltas tiene que ser el centro de mi universo... A usted le importa mucho Revueltas, pero yo creo que es un gusto que usted tiene que le admiro mucho. Pero para mí forma parte del tapete, hay Revueltas, hay Beethoven, hay Mozart, hay Stravinsky, hay Golijov y meto Revueltas, no tengo una agenda.

Robert Rodríguez

El cineasta y compositor méxicoamericano Robert Rodríguez (1968) gusta de componer, en todo o en parte, la banda sonora de las películas que dirige. Lo ha hecho para los filmes de las series Sin City *y* Spy Kids, The Adventures of Sharkboy and Lavagirl *y* Machete Kill, *entre otras, y también para* Kill Bill Vol.2 *del director Quentin Tarantino.*

Algunas de las composiciones de Rodríguez para el cine tienen influencia de Silvestre Revueltas y en una de las escenas al final de Sin City *(2005) Rodríguez utilizó directamente música de Sensemayá en la banda sonora.*

Esta conversación con Rodríguez sobre la presencia e influencia de Silvestre Revueltas en sus composiciones para el cine se realizó vía telefónica en 2014.

DEL TORO: En *Sin City* usaste una de las obras más importantes de Silvestre Revueltas, *Sensemayá*[212], en una de las escenas clave del final de la película. ¿Por qué seleccionaste esa música y cómo la usaste en esa secuencia al final de *Sin City*?

---

[212] Robert Rodríguez utilizó la grabación de *Sensemayá* realizada por Eduardo Mata al frente de la Orquesta New Philharmonia de Londres: Silvestre Revueltas. *Music of Revueltas.* New Philharmonia Orchestra / Eduardo Mata. RCA-Red Seal (1976/1977) LP. Ese disco incluye *Sensemayá, Redes, Itinerarios, Caminos, Homenaje a Federico García Lorca, Danza geométrica, Cuauhnáhuac* y *Janitzio.* En el disco del *soundtrack* de *Sin City* se ofrece esa versión de *Sensemayá.*

RODRÍGUEZ: Soy un gran fan de Silvestre Revueltas... y cuando hice la película *Spy Kids 2*[213] compuse una pieza de música, al escribir la banda sonora de ese filme, en tiempo de 7/8, del modo en que él hizo en *Sensemayá*, en un compás diferente, lo que la hace muy interesante, muy atractiva. No 4/4 sino 7/8, 1, 2, 3, 4, 5, 6, 7, 1, 2, 3, 4, 5, 6, 7..., realmente te sujeta por la garganta. Traté de hacer una pieza de música como esa, para cuando los niños están recorriendo el templo buscando tesoros... Luego, soy un gran fan [de Revueltas], cuando hice *Sin City*[214] quise componer otra pieza de música para esa película en tiempo 7/8 y su música [*Sensemayá*] es tan compleja, tan hermosa, que pensé "oh, no voy a tratar de copiarla, voy a usar la verdadera" y lo hice y funcionó perfecto para esa escena de Bruce Willis. *Sensemayá* es la matanza de la serpiente, que es lo que Bruce Willis va a hacer, ir a matar al 'Yellow Guy'. Pensé que encajaban musical y temáticamente y fue una manera de llevar a la gente hacia la música de Revueltas, mucha gente no la conoce, y fue una buena manera de darle exposición. Soy un gran fan, me encanta esa pieza... Es muy inventiva, muy cinemática. No fue compuesta para el cine, pero suena como de película. Tiene un estilo muy visual, pienso que cuando la escucho puedo vislumbrar escenas de películas que aún no se han creado. Pienso que por eso soy su fan, suena como una banda sonora, suena a cine. Me refiero a la década de 1930... Tú escuchas a muchos compositores –Jerry Goldsmith, John Williams– que probablemente fueron influenciados por Revueltas, el gran compositor mexicano.

---

[213] La película *Spy Kids 2: The Island of Lost Dreams* fue estrenada en 2002.
[214] *Sin City* de Robert Rodríguez fue estrenada en 2005.

Jesús Del Toro

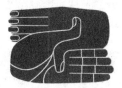

Peter Garland

Peter Garland (1952) es un compositor, musicólogo y editor estadounidense, autor de In Search of Silvestre Revueltas *(En busca de Silvestre Revueltas), libro publicado en 1991 y una de las obras pioneras en Estados Unidos en la exploración del repertorio revueltiano. Fue fundador y editor de la revista* Soundings *y el editor original de los estudios para pianola (piano mecánico) de Conlon Nancarrow.*

Este diálogo con Garland se realizó de modo epistolar con correspondencia entre Chicago y Maine durante 2017.

DEL TORO: ¿Cuándo y cómo te interesaste en la música de Silvestre Revueltas?

GARLAND: Escuché por primera vez el nombre de Silvestre Revueltas de mi maestro, Harold Budd[215], probablemente al principio de 1971. Él dijo algo que implicaba que Revueltas era el más importante compositor mexicano (¿o latinoamericano?) pero relativamente poco de él era conocido en este país (Estados Unidos). Eso naturalmente estimuló mi interés, porque vía mis maestros Budd y James Tenney[216] yo estaba conociendo sobre una tradición de composición estadounidense –compositores como Ruggles, Varèse, Harrison, Cowell, Rudhyar– diferente de la que generalmente en la narrativa histórica es la 'corriente principal'. Me pregunté si Revueltas podría también ser uno de

---

[215] Harold Budd, nacido en 1936, es un compositor vanguardista estadounidense que fue profesor en el Instituto de las Artes de California.

[216] James Tenney (1934-2006), teórico y músico estadounidense, fue uno de los pioneros en música compuesta algorítmicamente y sintetizada por computadoras.

esos compositores. Documentar esa tradición o narrativa histórica "alternativa" se convirtió en uno de los objetivos –y de los logros– de mi revista y pequeña editorial Soundings Press (1971-1991). Un descubrimiento temprano importante –que confirmó mi opinión sobre Revueltas– fue una copia de un viejo LP de MGM (¿de los años 50?) de música de Revueltas, dirigida por Carlos Surinach, que contenía piezas como *Homenaje a Federico García Lorca*, *Planos*, *Toccata sin fuga* y *Tres sonetos*. Estaba en la biblioteca de Cal Arts [Instituto de las Artes de California] y, curiosamente, no había sido catalogado ni fue echado de menos cuando me lo llevé[217]. Había algunos otros LP disponibles también: creo recordar uno o dos del sello de la Orquesta de Louisville[218] (¿*Redes*, *Ventanas*?). Ya no tengo conmigo mis viejos LP, así que no puedo verificarlo. En ese mi primer año en Cal Arts tomé un poco por capricho el curso 'Traducción de César Vallejo'[219] impartido por el poeta Clayton Eshleman, que acababa de traducir y publicar los *Poemas humanos* de Vallejo para la editorial Grove Press. La comparación y el contraste que él trazó entre el más exitoso y bien conocido Pablo Neruda y el más complejo y menos conocido César Vallejo me sugirió una posible similitud en la relación entre la reputación y el trabajo de Carlos Chávez y de Revueltas. Eso aumentó mi interés. Siendo sincero, no recuerdo cómo comenzó mi interés en México y América Latina. Fui a la escuela en Nueva Inglaterra, estudié francés y el arte y la literatura de Europa. Pero quizá cuando estuve en California e ingresé a Cal Arts en el otoño de 1970 (a los 18 años) hice un giro radical que acabó siendo tanto cultural como geográfico. Y pasé la mayor parte de los siguientes 35 años en esa región del mundo: en California, Nuevo México y México. Una última

---

[217] Presumiblemente el disco: Silvestre Revueltas. *The music of Silvestre Revueltas*. The MGM Chamber Orchestra / Carlos Surinach, MGM Records, E3496 (ca. 1958) LP. Además de las obras citadas por Garland, este disco también incluyó *Dos pequeñas piezas serias*.

[218] La Orquesta de Louisville tiene entre sus grabaciones de música contemporánea una de 1967 con *Ventanas* (y la Sinfonía No. 3 de Ross Lee Finney, LS-672) dirigida por Robert Whitney y otra de 1969 con *Redes* (y *Ollantay* de Alberto Ginastera, LS-696) dirigido por Jorge Mester.

[219] César Vallejo (1892-1938), el gran poeta vanguardista peruano, autor de *Los heraldos negros*, *Trilce*, *Poemas humanos* y *España, aparta de mí este cáliz*.

anécdota digna de mención tiene que ver con Budd. Conocí que en la escuela de música –en la Universidad del Sur de California, me parece, pero puedo estar equivocado–, él dirigió un ensamble estudiantil que tocó el *Homenaje a Federico García Lorca*. ¡Tocando en ese grupo estaba nada menos que el famoso compositor, saxofonista y flautista Eric Dolphy[220]!

DEL TORO: Antes de escribir In Search of Silvestre Revueltas (*En busca de Silvestre Revueltas*), ¿qué tanto conocimiento, comprensión y apreciación existía en Estados Unidos en relación al repertorio de Revueltas? ¿Qué tanto en los años posteriores a su publicación?

GARLAND: Entiendo que me preguntas por la influencia que mi libro In Search of Silvestre Revueltas (publicado en 1991) tuvo en la apreciación general y en la ejecución de la música de Revueltas. Para ser honesto, no creo que haya tenido mucha influencia. Para ese momento la música de Revueltas era conocida, y se estaba conociendo mejor. Yo también publiqué material de y sobre Revueltas en *Soundings 5* (1973, un número enteramente dedicada a Revueltas y a Julián Carrillo) y en *Soundings 10* (1976, que además tuvo una portada elaborada por Juan O'Gorman). Y un breve ensayo mío sobre Revueltas, de *Soundings 10*, fue reimpreso en mi primer libro, *Americas: Essays on American Music and Culture 1973-1980* (*Américas: ensayos sobre música y cultura americanas 1973-1980*), publicado en 1982. Siempre me he sentido como una voz marginalizada y disidente en la música americana. Soundings Press fue siempre pequeña –no más de mil ejemplares en sus publicaciones, usualmente– y mis ventas fueron muy bajas siempre. Y, pienso, 26 años después, ¡ese libro aún está en circulación! Cuando estaba publicando ese libro, mi carrera profesional y mi vida personal (y mi red de seguridad) estaban colapsándose. Literalmente huí del país y viví una suerte de autoexilio por los siguientes tres años y medio, deambulando en 12 países y cinco continentes. Y sospecho que la traducción al español y la publicación en 1994 por Alianza Editorial en México puede haber sido más significativa.

---

[220] Eric Dolphy (1928-1964) fue un destacado músico de jazz y multiinstrumentalista estadounidense que tuvo su apogeo a principios de la década de 1960.

DEL TORO: Con frecuencia, la aproximación de muchos directores, orquestas y audiencias en Estados Unidos hacia música que no proviene de los principales países occidentales ni de las tradiciones musicales de Occidente es considerarla exótica, interesante pero para ser confinada a conciertos especiales o festivales organizados *ad hoc*, no como música para ser programada en conciertos de subscripción en la temporada principal. En ese contexto, ¿cuál piensas es el caso de la música de Silvestre Revueltas?

GARLAND: Pienso que lo que preguntas continúa siendo mucho el caso. No tengo contacto o relación con el mundo de las orquestas, por lo que mi perspectiva se queda en la del observador casual y ocasional. Muy a menudo, si una de sus obras [de Revueltas] es programada, es dirigida por un director invitado, usualmente mexicano o latinoamericano. Al margen de lo musical, me resultan muy cansados los términos 'latinoamericano' o 'latino', especialmente en esta nueva era de [Donald] Trump. Esos términos tienden a estereotipar y excluir, con implicaciones sociales, económicas y racistas obvias (¡especialmente dado que resulta que muchos de nosotros somos de la misma raza!). Es tiempo de convertirnos todos en 'americanos' o de ser identificados por nuestra propia individualidad y/o nacionalidad específica. ¡Basta de 'latinos' y de esa categorización Ellos-Nosotros! De cualquier modo, de vuelta a la pregunta, la música de Revueltas obviamente no ha entrado al repertorio orquestal de la forma en que, por decirlo, Debussy o Stravinsky o Copland lo han hecho. Pero tampoco lo ha hecho la música de figuras como Varèse, Cowell, Ruggles, Harrison y otros. Entonces, es una cuestión de estética y de política musical también. Incluso en Estados Unidos la orquesta sinfónica continua siendo fundamentalmente una institución musical europea, y es muy conservadora social y estéticamente, y muy regresiva históricamente. Varèse escribió una vez en la década de 1920: "Hay dos tipos de música, de la que se habla pero no se toca y la que se toca pero de la que no se habla". Cerca de 100 años después, eso no ha cambiado mucho. Otra cuestión que enfrenta la música de Revueltas es que aunque tiene obras para gran orquesta hay muchas otras para ensambles mixtos más pequeños y esas tampoco son tocadas con frecuencia.

DEL TORO: La música de Silvestre Revueltas es multifacética, pero muchos aún lo consideran solo como un compositor nacionalista mexicano. ¿Qué otras facetas encuentras en Revueltas y cómo, en su caso, esas facetas son entendidas y apreciadas en Estados Unidos?

GARLAND: Yo veo a Revueltas como un importante compositor en un contexto internacional de música del Siglo XX. El nacionalismo musical tiene relevancia en contextos históricos específicos, como en México en el periodo 1920-1940, pero la cualidad de su música trasciende eso, y yo lo coloco [a Revueltas] más junto a compositores como Bartok, el Stravinsky inicial, Varèse, Ives, Cowell, etcétera. Compositores que crearon un nuevo lenguaje musical modernista progresivo durante la primera mitad del siglo. El significado de modernismo musical cambió significativamente en la segunda mitad del siglo, pero Revueltas ya no estaba entonces con nosotros. Su producción musical viene de un muy corto periodo de tiempo, de finales de la década de 1920 hasta 1940, un poco más de 10 años. Lo considero más que un compositor mexicano importante, un compositor importante. Pero desde luego la gente en Estados Unidos tiene solo un entendimiento muy limitado y con frecuencia estereotipado de México y de la cultura mexicana. Y aunque admiro a ambos, estoy muy cansado de tanto 'Diego y Frida'. Ciertamente hay una barrera de lenguaje, y solo un puñado de escritores y artistas trascienden eso, en ambas direcciones. Pero en la música temo que hasta este día las cualidades exóticas, nativistas y/o nacionalistas son sobreenfatizadas cuando se trata de tales compositores. Por supuesto existe el asunto de una 'superioridad cultural' implícita en las relaciones entre los llamados países del primer y el tercer mundo. ¡Es un avispero que es mejor no patear aquí!

DEL TORO: ¿Cuáles son para ti las obras más importantes de Revueltas?

GARLAND: En realidad no tengo piezas favoritas, aunque yo consideraría a *Homenaje Federico a García Lorca* como una de ellas. Es como preguntarme a mí, como compositor, cuáles de mis propias obras son mis favoritas. Algunas han sido realizadas con más éxito que otras, pero todas son mis hijas, por decirlo de alguna manera, una parte de mí. Lo mismo con Revueltas. Admiro el conjunto de sus obras por su gran diversidad. ¡Y debería añadir que la peor pieza de Revueltas es mejor que las mejores de muchos compositores que podría citar!

DEL TORO: ¿Qué piensas sobre algunas obras peculiares, como las suites de *La noche de los mayas*, una de las cuales es famosa y muy tocada, o *La coronela*?

GARLAND: Esas dos obras son un asunto totalmente diferente. Desearía que la versión de Limantour de *La noche de los mayas* desapareciera calladamente, o fuera retirada. ¡Y lo peor de ello es que se ha convertido en una de las obras orquestales de Revueltas más frecuentemente tocadas! A los directores (como Limantour y Dudamel) les gusta toda esa exhibición. Revueltas fue un compositor de gran dramatismo, pero nunca fue bombástico. *La noche de los mayas* de Limantour ahora me avergüenza y lo que más me lo produce es que yo no me percaté de ello, ¡incluso alabé esa obra en mi libro! No estaba al tanto de la historia de la partitura hasta que conocí la historia real de parte de otros estudiosos mexicanos de Revueltas. A fin de cuentas, fue incluida entre las grabaciones de Revueltas más importantes de Eduardo Mata, y yo asumí (equivocadamente) su autenticidad. Si llego a tener la oportunidad de corregir mi libro, ciertamente corregiré ese error de mi parte. Yo creo que siento lo mismo sobre *La coronela*, tanto en la versión de Limantour y Hernández Moncada como en la revisión de Enrique Arturo Diemecke. Con decir eso basta. Y debo añadir que recientemente obtuve el CD con el arreglo de Hindemith de *La noche de los mayas*[221]. Aunque es mejor que el de Limantour, tampoco me emocionó mucho. Es mala cosa que Revueltas haya muerto antes de terminar *La coronela* y que, a diferencia de *Redes*, no haya compuesto versiones de concierto de sus otras partituras pare el cine. El material de *Vámonos con Pancho Villa* es incitante, y hasta pensé en hacer un arreglo yo mismo alguna vez. Me alegro de no haberlo hecho, no habría sido bueno tampoco.

DEL TORO: ¿En qué posición colocas la música de Silvestre Revueltas dentro del repertorio del Siglo XX?

---

[221] Silvestre Revueltas. *La noche de los mayas*. Tempus Fugit Orquesta / Christian Gohmer. Quindecim Recordings (2014) CD.

GARLAND: Pienso que ya respondí esto en la cuarta pregunta. Tengo una breve lista de mis 10 compositores americanos favoritos, y Revueltas está en esa lista[222] junto al otro compositor 'mexicano', Conlon Nancarrow. Es una lista exclusivamente americana porque siento que nuestra música se ha desarrollado en una forma diferente a la música europea, y en muchos círculos académicos y de la música clásica nosotros los compositores americanos seguimos como el primo pobre de los grandes compositores europeos. Con todo me gustan muchos de ellos (pero no todos) también.

DEL TORO: ¿Cómo ha influido la música de Silvestre Revueltas en tus propias composiciones?

GARLAND: No puedo realmente decir cómo he sido influenciado por la música de Revueltas. Quizá en ciertos elementos de ritmo y timbre y por la dinámica vitalidad de su música. Pero no es aparente o audible en lo particular. ¡En música la imitación es la peor forma de adulación! Yo diría que he sido más influenciado por su integridad personal, artística y política. Nancarrow me influenció mucho en la misma forma. La gente no habla mucho sobre 'integridad' en estos días. Además, Revueltas influyó profundamente mi vida: su música fue una de las principales razones que me llevaron a México y también inspiró mis investigaciones de toda la vida sobre las músicas indígenas y tradicionales de México (de las que la gente casi no está muy enterada porque mi trabajo permanece en su mayoría sin publicar). Pase 10 años viviendo y viajando en México. Mi esposa es mexicana y nosotros nos consideramos una familia binacional.

---

[222] En un comentario adicional, Garland clarificó los nombres de esos 10 compositores: "Charles Ives, Edgard Varèse, Carl Ruggles, Duke Ellington, Thelonious Monk, Silvestre Revueltas, Conlon Nancarrow, Lou Harrison, Harry Partch y John Cage". Añadió que los mencionó sin colocarlos en ningún orden en particular y que incluyó "a Ellington y Monk en el grupo porque aunque se piensa en ellos como 'compositores de jazz' tienen una identidad que es en mucho una identidad de compositor en contraste con la identidad de un improvisador o intérprete (Miles Davis o John Coltrane serían un ejemplo de lo segundo)".

DEL TORO: Has estado cerca de algunos de los más importantes compositores estadunidenses del Siglo XX y de la época contemporánea. ¿Qué pensaban, de ser el caso, sobre la música de Silvestre Revueltas compositores como Conlon Nancarrow, Lou Harrison u otros que quieras incluir?

GARLAND: Como puedes imaginar, todos esos compositores mayores[223] (incluido Cage[224]) admiraban la música de Revueltas. Nunca he conocido a un compositor que no lo hiciera. Nancarrow [lo admiraba] especialmente, supongo, porque él estaba "justo allí", viviendo en México (aunque ellos nunca se encontraron). Él [Nancarrow] también admiraba mucho a José Revueltas. Yo entré en contacto con Paul Bowles, con quien mantuve una correspondencia y una amistad que duró más de un cuarto de siglo, porque él conoció a Revueltas y escribió un artículo sobre él tras su muerte (que yo reedité en *Soundings 5*). Quizá más pertinentes fueron las actitudes hacia Carlos Chávez. Lou Harrison lo admiró mucho, tanto al hombre como a su música, y su amistad y respeto fueron mutuos. Cuando Chávez murió, Lou le dedicó una pieza muy bella, su *Treno por Carlos Chávez (Threnody for Carlos Chávez)* para violín y gamelán. Nancarrow, en cambio, no tuvo nada bueno que decir sobre Chávez (con quien creo tampoco se reunió nunca), justo lo contrario. Una de las primeras veces que le pregunté al respecto, él [Nancarrow] estaba con su amigo Juan O'Gorman y los dos hablaron negativamente de él [Chávez]. Sus opiniones influyeron bastante en la mía, además de que sólo me gusta parte de su música. Mucho de ella, especialmente su trabajo posterior, suena bastante gris y tedioso. Probablemente has leído lo que Diego Rivera dijo de Chávez en su colorida autobiografía. Pienso que para algunos de los artistas mexicanos de izquierda su desagrado hacia Chávez era más político que otra cosa. ¡Yo de

---

[223] Garland se refiere en este caso a su edad (older composers), pero ciertamente la alusión a la magnitud no sería inválida.

[224] En la base de datos de obras de John Cage desplegada en el sitio de internet www.johncage.org se cita la obra *Boda en la Torre Eiffel (Marriage at the Eiffel Tower)* y se indica que fue compuesta "en colaboración" con Henry Cowell, George Frederick McKay, Silvestre Revueltas y Amadeo Roldán con base en un libreto de Jean Cocteau (johncage.org/pp/John-Cage-Work-Detail.cfm?work_ID=251). Otras referencias a esa obra, menos juguetonas, omiten los nombres de Revueltas y Roldán.

hecho me reuní con Carlos Chávez una vez! Fue en el verano de 1972 después de un concierto que di de mi música ultraminimalista (y la de otros) en Mills College en California. Un amigo mutuo, Robert Hughes, llevó a Chávez al concierto y nos presentó después. ¡Podría decirte que él lo odió!

DEL TORO: La música de Silvestre Revueltas es hoy tocada, grabada y en varios aspectos mejor entendida que antes. ¿Cuál consideras es el futuro de su repertorio en la escena musical de Estados Unidos?

GARLAND: Pienso que el futuro de la música de Revueltas en Estados Unidos es bueno. O al menos en la misma situación que el de Varèse o Ruggles. Quizá no tocado muy frecuentemente, pero aún dando de qué hablar. He estado fuera de la escena musical de Revueltas por más de una década, y siempre estuve en mejores términos con Rosaura que con Eugenia [hermana e hija de Silvestre, respectivamente]. Considero mi trabajo sobre su obra terminado, aunque por años he considerado tratar de traducir sus escritos, es decir el libro *Silvestre Revueltas por él mismo*, para el que escribí un prefacio en inglés. Pero nunca lo hice. Siempre he sido más o menos un activista tanto como fui o soy un estudioso, y uno de los votos que he hice como activista/estudioso es nunca reclamar propiedad sobre los compositores en los que trabajo o sobre su música, a diferencia de algunos estudiosos académicos que tienden a defender su 'territorio'. En México, la obra y el legado de Silvestre Revueltas están en buenas manos, pienso yo. Además, hay compositores mexicanos enseñando en Estados Unidos y otros directores e intérpretes latinoamericanos activos aquí, por lo que el trabajo de Revueltas continuará siendo tocado y estudiado. Imagino que lo mismo es verdad en Europa también. Mi único comentario final es que si hoy fuera un joven investigador me enfocaría en dos compositores cubanos contemporáneos de Revueltas y que murieron en la misma época, y por ello prematuramente: Amadeo Roldán y Alejandro García Caturla. Su trabajo necesita ser revivido aquí y ser mejor conocido. Sus reputaciones cayeron víctima del horrible bloqueo cultural que le hemos impuesto a Cuba por décadas. Mi sentir es que esos dos son compositores muy significativos.

Con las relaciones entre Estados Unidos y Cuba lentamente mejorando[225], es de esperar que la situación cambiará. La música de Revueltas está aquí para quedarse y su importancia y legado continuarán creciendo. Y como he dicho, el asunto no es solo con el repertorio orquestal, sino también con las piezas para ensambles pequeños y mixtos. Hay un espacio intermedio allí que quizás ha estado infrarrepresentado. Pero ese es el caso también de otros compositores, no solo de Revueltas.

---

[225] La relación entre Estados Unidos y Cuba se distendió al final de la presidencia de Barack Obama, cuando se reabrieron las mutuas embajadas, pero en lo que va de la administración de Donald Trump los acercamientos se han congelado.

Delta David Gier

Delta David Gier es director musical de la Orquesta Sinfónica de Dakota del Sur, una institución singularmente vinculada a las comunidades diversas que habitan en ese estado. Fue director asistente de la Orquesta Filarmónica de Nueva York por 15 temporadas y ha sido director invitado de numerosas agrupaciones, entre ellas la Orquesta de Cleveland, la Orquesta de Filadelfia, la Orquesta Sinfónica de Chicago, la Orquesta de Minnesota, la Orquesta Sinfónica de San Luis, la Orquesta de Cámara de Bellas Artes (México), la Orquesta Sinfónica Nacional de Costa Rica, la Orquesta de la Radio Nacional de Polonia, la Orquesta Filarmónica de Bergen (Noruega), la Orquesta Sinfónica de Singapur y la Orquesta Filarmónica de Tailandia. Además, fue el presidente del jurado del Premio Pulitzer de música de 2011.

Esta entrevista se realizó en 2017 en el Plaza Theatre de El Paso, Texas, en el contexto de un concierto de la Orquesta Sinfónica de El Paso, dirigida por el checo Bohuslav Rattay, con música de Silvestre Revueltas (Sensemayá y Redes dentro del programa 'Copland and Mexico' de la serie Music Unwound). Gier acudió a ese concierto como preámbulo del que él mismo realizó en 2018 en Sioux Falls, Dakota del Sur[226].

---

[226] La Orquesta Sinfónica de Dakota del Sur, bajo la batuta de Delta David Gier, presentó el 13 de enero de 2018 en la ciudad de Sioux Falls el programa 'Copland and México', en el marco de las iniciativas del consorcio Music Unwound dirigido por Joseph Horowitz y auspiciado por el Fondo Nacional para las Humanidades (National Endowment for the Humanities, NEH) de Estados Unidos. Gier dirigió 'Hoedown' de *Rodeo* y *El Salón México* de Aaron Copland y, de Silvestre Revueltas, *Sensemayá* y *Redes* con película y orquesta en vivo.

DEL TORO: Vas a presentar pronto un programa con varias obras de Silvestre Revueltas en Dakota del Sur.

GIER: Sí.

DEL TORO: ¿Qué piensas de la música de Revueltas, en qué medida la has encontrado interesante y apropiada para tu audiencia y tu orquesta?

GIER: Bueno, mi primer contacto con la música de Silvestre Revueltas fue cuando estaba en la universidad y escuché a Eduardo Mata dirigir *Sensemayá* con la Orquesta de Cleveland. Esta música me cautivó, fue profundamente diferente a lo que había experimentado antes. Entonces, mi radar se remonta a ese tiempo aunque entonces sólo escuché grabaciones y ninguna otra interpretación en vivo. Entonces, quizá hace unos 15 años, pasé un tiempo en la Universidad de Cincinnati y dirigí un festival de música mexicana contemporánea. Varios compositores bien conocidos participaron –Juan Trigos, Carlos Sánchez Gutiérrez, Ricardo Zohn-Muldoon– y yo tuve que familiarizarme con su música y, más en general, con la música mexicana. Y Revueltas fue una suerte de pieza central de todo el festival, y eso aunque todos los otros compositores estaban vivos. Y fue particularmente Juan Trigos quien me condujo más profundamente al mundo de Revueltas. Pero será con este proyecto 'Copland and México' de Music Unwound que tendré mi primera oportunidad de dirigir música de Revueltas. *Sensemayá* es la obra que he querido hacer por mucho tiempo y ahora será parte del programa junto a *Redes* con película en vivo. Estoy muy emocionado de esto, emocionado también desde un punto de vista extramusical, pues yo realmente creo en el poder de la música para crear puentes entre culturas diferentes, entendimiento entre personas distintas. En Sioux Falls, Dakota del Sur, existe una sustancial población mexicana y aunque hemos conectado con muchas de las diversas poblaciones étnicas de la región, en Dakota del Sur, aún no lo hemos hecho con la hispana. Justamente aprovecharemos esta ocasión con este programa para vincularnos a ellos y hemos invitado a Lorenzo Frank Candelaria de la Universidad de Texas en El Paso y a Roberto Kolb, el mayor experto viviente en Revueltas, para ser parte de ello. Y vamos a vincularnos directamente con los trabajadores mexicanos [que viven en Dakota del Sur], que imagino en muchos sentidos no son muy diferentes a los pescadores de la película *Redes*. Estoy muy emocionado, no de usar esta música, no lo diría así, pero de aprovechar la oportunidad de tocarla para crear ese puente y conectar con la gente.

DEL TORO: Me comentaste antes que quieres ir y encontrarte con los mexicanos que viven en Sioux Falls, pero no solo en la sala de conciertos sino en los lugares donde trabajan, en donde viven.

GIER: Es verdad. Y en este sentido, probablemente el programa emblemático de nuestra orquesta es el Proyecto Musical Lakota[227], en el que trabajamos lado a lado con músicos nativoamericanos para encarar el prejuicio racial y crear entendimiento. Por ello en este proyecto no tocamos en la sala de concierto, vamos a las reservaciones indias, tocamos en centros multiculturales... Es gratis para el público. Es un trabajo extremadamente poderoso, con gran significado. Hemos hecho también este tipo de trabajo con la población de origen chino, con la árabe-persa, con los refugiados sudaneses y somalíes, justo creando oportunidades musicales de mutuo entendimiento. Así que, sí, queremos traerlos a la sala de conciertos para el programa en sí, pero antes de hacerlo creamos programas a través de los que podemos ir a sus comunidades,

---

[227] El Proyecto Musical Lakota de Delta David Gier y la Orquesta Sinfónica de Dakota del Sur, de acuerdo al sitio de internet de esa institución, es una colaboración con músicos tradicionales de la tribu lakota en la que músicos de la orquesta y los percusionistas lakota Creekside Singers presentan música para mostrar las formas de expresión que en la cultura occidental y en la indígena se dan ante condiciones humanas como el amor y la aflicción, la guerra y la celebración. El programa también incluye la presentación de obras especialmente compuestas para ello, dos del oboísta principal de la orquesta, Jeffrey Paul, y dos de compositores nativoamericanos: una de Brent Michael Davis y otra de Jerod Impichchaachaaha' Tate. El proyecto se originó en 2005 y desde 2009 ha tenido su impulso principal, con visitas a diversas reservaciones y ciudades en Dakota del Sur y con la adición a partir de 2012 de nuevas composiciones especialmente comisionadas para el proyecto y de otras iniciativas paralelas. Una de ellas fue el programa 'Dvorak and America' de Music Unwound, un programa hermano de 'Copland and Mexico' también dirigido por Joseph Horowitz y también auspiciado por el NEH, en el que se exploran las raíces afroamericanas y nativoamericanas que inspiraron a Antonin Dvorak en la composición de su Sinfonía No.9 'Desde el Nuevo Mundo' y los elementos indígenas americanos, tanto conceptuales como musicales, que en ella habría.

sea las plantas de empacado de carne en los que muchos de ellos [los mexicanos en Dakota del Sur] trabajan o en otros lugares. Llevarles la música y empezar un diálogo con ellos. Y, en realidad, el diálogo es primero mediante reuniones con las comunidades y construyendo juntos los programas. Esta ha sido la forma más efectiva para hacer estas conexiones vía la música, es para nosotros ir a la comunidad con la que estamos tratando de vincularnos para decirles ¿cómo podemos servirles, cuál es la forma más significativa y útil de crear programas que resuenen en su comunidad? Ese es en realidad el primer paso. Tenemos aún tiempo para hacer esto, para crear este puente... y espero con gran interés el nuevo reto de conectar con una nueva comunidad.

DEL TORO: Sobre la música en sí, ¿qué piensas de la obras de Revueltas que interpretarás, *Sensemayá* y *Redes*?

GIER: Es música intensa, que está impregnada de significado. Eso no necesariamente nos lo explica, pero es como Shostakovich en el sentido de que tú sabes que su música está impregnada de significado. Obviamente, *Redes* es una película muy política y la música crea una considerable empatía, no solo hacia los personajes y la acción del filme sino a la causa de la elevación de la humanidad. Una de las cosas más interesantes en la partitura de *Redes*, por ejemplo, es que toma prestado de la Novena Sinfonía de Beethoven el tema en las cuerdas bajas y lo hilvana en el filme como un tema de hermandad entre la humanidad. No está citando a Beethoven, pero para quien conoce la Novena Sinfonía la conexión es muy clara. Creo que todo fue elegido deliberadamente no solo para apoyar a la película, no solo para crear un acompañamiento musical a una situación dramática, sino para dar un significado más profundo al mensaje general del filme. Y esta música tiene una voz poderosa y única. No hay nadie como él [Revueltas]. Y particularmente durante la primera mitad del Siglo XX... Sí, hay un sabor mexicano en su música, pero hay mucho más que eso. Las cosas que Copland al parecer apreciaba de la música de Revueltas en realidad partían de una valoración superficial. Revueltas es un compositor mucho más profundo que eso, muy reflexivo y parece que tomaba las convenciones musicales de su tiempo para apropiarse de ellas y usarlas a su manera en lugar de copiar a otros o de simplemente ampliar lo que otras personas ya habían hecho. Es una voz magníficamente única.

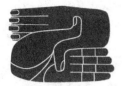

Elbio Barilari

Elbio Rodríguez Barilari (1953) es un compositor, instrumentista y director de orquesta nacido en Uruguay y radicado en Chicago. Sus obras han sido presentadas por diversas orquestas, entre ellas la Chicago Sinfonietta, la Orquesta del Festival de Grant Park, el Festival de Ravinia, la Orquesta de la Ópera Lírica de Chicago, la Orquesta Cívica de Chicago, la Orquesta Chicago Arts y la Orquesta Sinfónica de Colorado, y también por solistas como Orbert Davis, Paquito D'Rivera, Jon Faddis, Raúl Jaurena y Juan José Mosalini. Entre sus composiciones, por solo mencionar algunas, figuran Canyengue, Corrido de Abraham Lincoln *y la ópera* La décima musa. *Actualmente es profesor de música de la Universidad de Illinois en Chicago, director artístico del Festival de Música Latina de Chicago y conductor del programa radiofónico bilingüe* Fiesta, *producido por la emisora WMFT, transmitido por numerosas estaciones y dedicado a presentar el trabajo de compositores, ejecutantes y directores latinoamericanos a audiencias estadounidenses. Es también escritor, editor y desde hace poco vicepresidente de Delmark Records, la disquera de jazz y blues independiente más antigua de Estados Unidos, y un activo promotor de la música contemporánea en general.*

Esta charla se realizó en los estudios de Delmark Records, en Chicago, en mayo de 2018.

DEL TORO: Has tenido una trayectoria larga como compositor y ejecutante, profesor de música y productor y conductor de radio en un programa que es singular en Estados Unidos por su énfasis en obras y artistas latinoamericanos,

¿tú en qué lugar pones en la perspectiva musical actual de Estados Unidos a la música de Silvestre Revueltas?

BARILARI: Se toca mucho más que hace 20 años. Hace 20 años, cuando yo vine a Estados Unidos, prácticamente la música latinoamericana que tocaban las orquestas, hablando de música sinfónica, era muy poca cosa. Era Ginastera y de Ginastera muy poco, más que nada la suite de *Estancia*, el 'Malambo'. Era la *Sinfonía india* de Chávez y prácticamente nada más, hablando de las orquestas principales, de las orquestas *mainstream*, e incluso orquestas de segundo y tercer orden. Alguna cosa de Villa-Lobos, pero muy poco. Villa-Lobos estaba muy olvidado. Y entonces básicamente la situación hace 20 años era que el día que se acordaban de que tenían que hacer un concierto para la comunidad latina o para quedar bien, tocaban la *Sinfonía india*, el *Huapango* de Moncayo, el *Danzón No.2* de Márquez y ocasionalmente alguna obra de Villa-Lobos. De Piazzolla las sinfónicas tocaban muy poquitito, se empezaba a conocer el Concierto para bandoneón. Prácticamente ese era el repertorio latinoamericano. Y llegaba el 5 de mayo y cualquier fecha en donde las sinfónicas creían que tenían que hacerle un homenaje a la comunidad latina y tocaban el *Danzón No.2*, el *Huapango* y la *Sinfonía india*, por ahí el *Concierto de Aranjuez* [de Joaquín Rodrigo] también y listo. Pero diferentes orquestas, algunas dirigidas por latinos o con influencia de latinos, algunas por iniciativa propia como por ejemplo Michael Tilson Thomas que grabó un disco, dos en realidad, de música latinoamericana orquestal, empezaron a difundir un poco la cosa. Hubo un papel muy importante, por ejemplo, de Gisele Ben-Dor, la directora uruguaya que trabaja en California y en Inglaterra, que hizo muchas cosas.

DEL TORO: Sí, la entrevisté hace algunos años.

BARILARI: Hubo un trabajo importante de Giancarlo Guerrero, muy buen director centroamericano, diferentes directores mexicanos fueron de a poco influyendo para que alguna otra obra se tocará. El problema era que una orquesta llamaba a un director mexicano y le decían "queremos que venga y dirija el *Huapango* y la *Sinfonía india* y el *Danzón*" y ya está. No había más que una docena de obras que los programadores conocían y no había ningún esfuerzo de nada más. Cuando mucho la cosa se puede extender a *La noche de los mayas* [la suite armada por Limantour con la música que Revueltas hizo para la película homónima]. La otra obra que empezó a aparecer ahí era *La noche de los mayas*. Ponce tuvo un auge entre los años 50 y 60, Ponce se tocó mucho en todo el mundo, empezó a aparecer de a poco, especialmente el Concierto para guitarra. Después hubo grabaciones muy famosas de conciertos para piano de Jorge Federico Osorio[228], que vive en Chicago y tenía una difusión mayor en Estados Unidos. Y después pasó que algunos compositores latinoamericanos viviendo en Estados Unidos empezamos a tener más receptividad, como Ricardo Lorenz, Osvaldo Golijov o Ricardo Zohn-Muldoon. Inclusive el puertorriqueño Roberto Sierra, Tania León, yo mismo, Miguel del Águila, uruguayo que hace como 30 años vive en Estados Unidos, Sergio Cervetti, que hace como 50 que vive en Estados Unidos. Y después gente no nacida en Latinoamérica pero de influencia latina, como Gabriela Lena Frank, que empezó a incorporar más elementos de la música latina. Eso le dio mayor visibilidad.

DEL TORO: ¿Tú dirías que hubo una especie de avance paralelo entre la apreciación de la música de estos compositores contemporáneos que mencionas y el interés de unos 20 años para acá en la música de Revueltas?

BARILARI: Fue paralelo. El interés de algunos directores como Tilson Thomas, como Giancarlo Guerrero, como Gisele Ben-Dor —Gisele Ben-Dor hizo la primera grabación completa del ballet *La coronela*, que no estaba disponible— y las recomendaciones que compositores que estábamos viviendo acá hacíamos cuando nos preguntaban. Viene una sinfónica y te preguntan: "Bueno vamos a hacer un concierto, vamos a tocar de nuevo la *Sinfonía india* y el

---

[228] Por ejemplo, los discos lanzados a mediados de la década de 1990 que incluyeron el Concierto para piano de Manuel M. Ponce (1882-1948), interpretado por Jorge Federico Osorio con la Orquesta Sinfónica del Estado de México dirigida por Enrique Bátiz. Uno de ellos: Manuel M. Ponce. *Concierto para piano, Concierto del Sur, Concierto para Violín*. Orquesta Sinfónica del Estado de México / Enrique Bátiz. Jorge Federico Osorio (piano), Alfonso Moreno (guitarra), Henryk Szeryng (violín). ASV (1996) CD. Jorge Federico Osorio (1951) ha grabado además numerosos conciertos para piano y otras obras para piano solo o con conjuntos de cámara de compositores como Beethoven, Brahms, Debussy, Liszt, Mozart, De Falla, Prokofiev, Rachmaninoff, Ravel, Saint-Säens, Schumann y Tchaikovsky, entre otros.

Danzón y el *Huapango*… [y les respondes] ¿Por qué no tocan tal otra cosa?'". Y uno empieza a sugerir y se empezaron a tocar, a redescubrir otras obras, entre ellas de Revueltas. Y dicho además que Revueltas vivió en Estados Unidos, vivió acá [Chicago] y vivió en el sudoeste y empezó a generar interés local. Allá y acá. Cuando uno empezaba a contarles a los de la radio, a los de las sinfónicas que Silvestre Revueltas vivió acá y es importante... Eso cambió muchísimo porque en los últimos 20 años en Chicago se ha tocado una enorme cantidad de obras de Revueltas. *La noche de los mayas* se ha hecho muchas veces, *Sensemayá* se ha hecho muchas veces. El *Homenaje a Federico García Lorca* que yo me acuerde se ha hecho cuatro o cinco veces.

DEL TORO: ¿Con diferentes orquestas y con la Orquesta Sinfónica de Chicago?

BARILARI: Sí, la Sinfónica de Chicago también, cuando estaba Daniel Barenboim[229]. Barenboim tuvo un periodo en el que se interesó mucho en tocar música latinoamericana y en ese momento la Sinfónica de Chicago tenía un consejo asesor comunitario donde había afroamericanos, gente de otras comunidades y latinos. Yo estaba en ese comité y se hizo un concierto en el Symphony Center[230] y se repitió en un parque[231] atrás del Museo Nacional de Arte Mexicano donde se hizo Revueltas, se hizo Piazzolla, se hizo el *Huapango*. Más de la mitad de la música era mexicana y la otra era latinoamericana. Y después durante varios años yo tuve conciertos con la Orquesta Cívica de Chicago, que es la orquesta juvenil de la Sinfónica de Chicago, y en esos conciertos se tocó mucha música mexicana, se tocó Revueltas, se tocó Chávez, se tocó Moncayo y se tocó Márquez. Se tocaron también otras obras mexicanas. La Sinfónica de Chicago tocó muchas, especialmente en el periodo de Barenboim. Después de que se fue Barenboim eso decayó completamente..., no tocaron música latina como por cuatro años. Ahora, con la nueva directiva,

---

[229] Daniel Barenboim (1942) fue director musical de la Orquesta Sinfónica de Chicago de 1991 a 2006.

[230] La sede de la Orquesta Sinfónica de Chicago, en el centro de esa ciudad.

[231] El Parque Harrison, en el histórico barrio mexicano de Pilsen en Chicago. Ese concierto se realizó el 22 de julio de 2001 e incluyó parte de *La noche de los mayas*.

Jesús Del Toro

está distinta la cosa y otra vez han incluido algunas obras[232]. Y el Festival de Grant Park tocó *La noche de los mayas* más de una vez, tocó *Homenaje a Federico García Lorca*, tocó *Sensemayá*. Y cuando ellos tocan una obra no la tocan una vez, la tocan por lo menos dos y muchas veces esperan dos o tres años y luego la vuelven a programar. Ese cambio fue producido por Carlos Kalmar[233], el uruguayo que desde hace más de 15 años ha dirigido el Festival de Grant Park y además es el director de la orquesta de Portland.

DEL TORO: Kalmar ha tocado mucho a Revueltas...

BARILARI: Además le gusta mucho, ha habido programas donde se han tocado obras de Revueltas y otras mías y algunas otras cosas latinas. Y la Chicago Sinfonietta ha tocado obras de Revueltas frecuentemente. Además, con el ensamble de cámara de la Chicago Sinfonietta se hizo un intercambio con el Festival de Música Latina de Chicago y ahí yo mismo dirigí obras de Revueltas para 12, 14, 16 instrumentos. Hicimos el estreno en Chicago de *Planos*, que nunca se había tocado, con el ensamble de la Sinfonietta yo dirigí *Troka*, *Batik*, hicimos las *Escenas infantiles*. La Orquesta Chicago Arts, que dirige el méxicoamericano Javier Mendoza, ha hecho *Batik, Troka, Cuauhnáhuac*. Yo dirigí *Cuauhnáhuac*, la versión de cuerdas, con el ensamble de cámara de la Chicago Sinfonietta. *La noche de los mayas* la hizo la Orquesta Chicago Arts. No diría que es suficiente, pero es mucho más digno de lo que era hace 20 años. Porque además hace 20 años todo estaba muy centrado en que si se tocaba música latinoamericana o compositores vivos tenían que ser la vanguardia, que aunque fueron latinoamericanos sonaban a alemanes. En los últimos 20 años se abrió camino a muchos de los compositores latinoamericanos que estamos interesados en las raíces. No quiere decir que seamos nacionalistas, incluso Márquez yo no diría que es nacionalista porque él usa ritmos que a veces no son completamente mexicanos.

---

[232] Actualmente la Orquesta Sinfónica de Chicago cuenta nuevamente con un consejo latino asesor, del que el autor de este libro es integrante.
[233] El uruguayo Carlos Kalmar (1958) fue nombrado en 2001 director principal del Festival Musical de Grant Park, Chicago, y es desde 2011 su director artístico.

DEL TORO: A Revueltas se le tiende a ver sólo como a un compositor naciona-lista o mexicanista, cuando en realidad su obra es mucho más diversa...

BARILARI: A mí me parece fácil de describir pero, claro, hace muchos años que estoy interesado en la obra de Revueltas y uno de los que me interesó en ella fue Eduardo Mata. Mata fue profesor mío dos veces en los Cursos Latinoame-ricanos de Música Contemporánea en los años 70 y 80. Después los dos fui-mos profesores en esos mismos cursos. Coriún Aharonián[234] fue otro que me interesó mucho en la obra de Revueltas. Y mi amigo Mario Lavista. Lo de Revueltas es sencillo de describir: es un compositor del Siglo XX con todo el conocimiento de las técnicas tradicionales y no tradicionales de la música del Siglo XX. Además, interesado en sus raíces y combinó todo eso, pero yo no creo que se pueda decir que Revueltas es un compositor nacionalista. Yo no soy un compositor que me pueda describir como nacionalista y sin embargo en muchas cosas me puedo comparar a Revueltas. No porque yo suene como Revueltas sino en la actitud, en la curiosidad por la música tradicional, por todos los desarrollos de la música hasta ahora, dentro de la música clásica y lo que se llama contemporánea y dentro de la música popular. Él era un tipo con un amor enorme por la música popular, tocó música popular y yo también. Toda mi vida he tocado folclor de mi zona y folclor latinoamericano en gene-ral. Y rock y blues y jazz y no veo ninguna contradicción. Yo estuve becado en Alemania, en 1984, y la música de vanguardia en Alemania en 1984 estaba en un callejón sin salida, la música se había vuelto una abstracción de la abs-tracción, era todo una especulación teórica... Uno iba a los festivales y a los cursos en Europa de música contemporánea y ya no podías hacer acordes, ya prácticamente no podías hacer ni notas. Todo tenías que ser superabstracto y además se le daba una connotación política a eso. Como si al hacer la música más abstracta del mundo y más árida posible fuera a ser la música revolucio-naria... Había como una locura...

---

[234] Coriún Aharonián (1940-2017) fue un compositor y musicólogo uruguayo. Fue esposo de Graciela Paraskevaídis (1940-2017), compositora y musicóloga argentina también estudiosa de la obra de Silvestre Revueltas.

DEL TORO: En una época anterior la Unión Soviética tenía la construcción del realismo socialista y entonces para deslindarse y contrastarse de Moscú se promovió la música atonal...

BARILARI: A mí eso me parece perfecto, que alguien sea atonal o todo lo abstracto que quiera. Si le gusta eso, perfecto. Lo que estaba mal y lo que sigue estando mal es cuando hay una prédica, una especie de ideología de que eso es lo único que está bien. El problema de los años 80, por ejemplo, y hasta los 90, después la cosa se empezó a romper, fue que lo único que estaba bien era ser ultravanguardista experimental radical y todo lo demás era una porquería. Yo no tengo nada en contra de que un tipo me diga que le gusta hacer una música que sea un sonido solo y lo más estridente posible y lo más serrucho que se pueda. Si a vos te gusta, hacelo... Lo que yo jamás le diría es no lo hagas y tienes que hacer otra cosa, porque yo mismo no me digo eso. Yo no me digo que lo que tengo que hacer es una música con melodía y ritmo y basada en la música latinoamericana. No. A veces hago eso y a veces no.

DEL TORO: Revueltas, por ejemplo en *Esquinas*, retoma gritos de pregoneros de la calle y otros ruidos callejeros de México. Pero no es el nacionalismo de la descripción pintoresca de la patria...

BARILARI: Pero hay obras de la descripción pintoresca de la patria que son muy bonitas. Cuando hablan de nacionalismo romántico, paremos un poco, hay grandes compositores románticos y hay horrendos compositores nacionalistas románticos. Yo creo que la calidad de la música hay que evaluarla en su contexto. Por ejemplo, Moncayo es un gran compositor que escribió cosas mucho mejores que el *Huapango*. El *Huapango* está muy lindo, está muy bien. Ni siquiera es de él, son arreglos de él sobre melodías [del] son huasteco... Y está muy bien y me parece muy bien que sea popular, pero él tiene obras como *Cumbres* y *Tierra de temporal* y varias más. Hermosísimas obras. Tiene una sinfonía y una sinfonietta, hermosas obras. Tiene una obra para flauta y cuerdas que yo dirigí dos veces: *Amatzinac*...

DEL TORO: Pero acá casi sólo se toca el *Huapango*...

BARILARI: El *Homenaje a Cervantes* para dos oboes es precioso... *Tierra de temporal* y *Cumbres*, más *Tierra de temporal*, se tocan y están grabadas. Hay una caja muy linda que hizo Conaculta con la obra completísima...

DEL TORO: ¿Qué se toca de Moncayo acá?

BARILARI: Acá yo hice tocar *Tierra de temporal*. Hicimos dos veces *Amatzinac*. Hemos hecho tocar por otras orquestas algunas otras obras de Moncayo...

DEL TORO: Y de Revueltas, ¿tú crees que las que más se tocan son *Sensemayá* y *La noche de los mayas*?

BARILARI: Los cuarteto de cuerdas, hay cosas que no son nada nacionalistas, que son muy abstractas. Hay cuartetos de cuerdas que son muy Bartok, para decir algo porque no suenan como Bartok. Después algunos acá dicen que "Revueltas es como un Stravinsky mexicano". No, la verdad que no. Sí son contemporáneos Stravinsky y Revueltas pero los procedimientos son distintos. A veces son parecidos pero llegan a soluciones diferentes. Y en muchos casos Revueltas es mejor que Stravinsky.

DEL TORO: Esa-Pekka Salonen, que ha tocado mucho a Revueltas, me dijo que mientras que Revueltas abrazaba lo popular a su manera, Stravinsky negaba haber usado músicas o melodías populares, por ejemplo en *La consagración de la primavera*, aunque es sabido que usó canciones lituanas.

BARILARI: Es verdad. En Stravinsky cuando aparece la música popular, sea cita o sea folclor imaginario, es una caricatura, lo hace de manera grotesca, no es una cita afectuosa. Pero no solamente cuando aparece lo popular ruso, también cuando aparece lo popular jazzístico en el *Concierto de ébano*[235]. Es una obra hermosa, pero es grotesco. Prokofiev muchas veces usa motivos populares de una manera más sensible, de una manera mucho más fresca. Y a Khachaturian evidentemente le encantan y los utiliza. Y en Revueltas, igual que Chávez aunque lo usan de manera diferente, cuando uno ve el material popular se nota el respeto que Revueltas le tiene y lo usa de manera alegre. En

---

[235] El *Concierto de ébano*, con clarinete solista, fue compuesto por Igor Stravinsky en 1945 para ser interpretado por la banda de jazz de Woody Herman.

Ocho por radio es alegre, en muchos otros momentos cuando aparece una trompeta, mariachis, todo esto. Tiene un carácter alegre o tiene un carácter profundamente dramático. Claramente la relación de Revueltas y de Stravinsky con la música popular es diferente. Una es más como de adentro. A mí me encanta Stravinsky, me encanta Revueltas, me encantan compositores superabstractos. Yo en general no me guío por el lenguaje de la obra sino por qué tan bien está manejado ese lenguaje, qué tan coherente la obra es con ese lenguaje. A mí me gusta mucho Ponce. Bueno, si escuchó a Manuel Ponce, el Concierto para guitarra[236], o escucho cualquier concierto para guitarra de Leo Brouwer[237] estoy jugándola en función de su lenguaje. A veces tienen punto de contacto, a veces no, cada vez menos. Hay que ser capaz de hacer esa separación. Por ejemplo, a mí me gusta muchísimo Villa-Lobos, Camargo Guarnieri[238], me gustan los venezolanos de esa época, me gusta Ginastera, me gusta el uso sinfónico de los elementos de la música latinoamericana. Me gusta muchísimo y lo hago. No en todas mis obras, pero en varias y a veces yo uso el tango, que en el fondo es lo mismo.

DEL TORO: ¿Y el tango de Stravinsky?

BARILARI: No es tango. Es como una marcha grotesca. La verdad no es tango, es lo que los europeos creen que es tango, pero no es... Me encanta todo eso. Pero uno de mis compositores favoritos también del Siglo XX es Xenakis[239], y Xenakis no tiene absolutamente nada que ver con todo eso, es completamente abstracto y textural. Entonces yo acepto a Xenakis en su planteo, su planteo es textural, monumental, formal, lo escucho y me encanta y me asombra y he aprendido mucho de él. A veces en mis obras, con elementos latinoamericanos, rítmicos o con colores, uso elementos técnicos que saqué de Xenakis.

DEL TORO: En la época en la que Revueltas componía y poco después de su muerte se le criticaba –Copland lo criticó, Chávez de alguna manera tam-

---

[236] Manuel M. Ponce compuso su *Concierto del sur*, para guitarra y orquesta, en 1941.

[237] Leo Brouwer (1939), compositor, guitarrista y director de orquesta cubano.

[238] Mozart Camargo Guarnieri (1907-1993), compositor brasileño.

[239] Iannis Xenakis (1922-2001), compositor, teórico de la música, arquitecto e ingeniero greco-francés, nacido en Rumania.

bién– que le faltaba maestría, que era un compositor que no tenía una formación suficiente o que su música no estaba desarrollada. Claro, todo esto en el sentido de las estructuras de desarrollo que ellos tenían en mente. Revueltas nunca hizo una sinfonía porque no le interesaba, pero no porque no hubiera podido hacer una forma sonata. Quizá la habría podido hacer, pero no le interesaba. Pero el hecho que él no recurriera a esas formas, a esas técnicas, a esas estructuras le supuso críticas ¿Qué piensas de esto?

BARILARI: A Revueltas creo que a propósito no le daba la gana escribir sinfonías. Y si vas a analizar cómo se desarrollan las obras de Revueltas, vamos a evitar la palabra desarrollo porque cuando se habla de desarrollo está la ridícula idea de desarrollo temático, que tiene que ser el A y el B.

DEL TORO: ¿Una dialéctica que aprisiona demasiado?

BARILARI: Y además eso no es cierto ni en Beethoven. Me acuerdo que una pianista rusa me hablaba de Beethoven, que a mí también me parece maravilloso, y me hablaba de la forma perfecta. Yo le decía, "¿cuál es la forma perfecta?". Porque agarremos la Opus 111 y otras sonatas famosas: la forma es absolutamente diferente, porque él se inventaba la forma cada vez. Esta cosa cuando vienen y dicen de la forma perfecta de Beethoven es porque no saben de lo que están hablando, porque Beethoven se reinventó la forma cada vez y alguna de las cosas más lindas que tiene es cuando justamente en lugar de hacer el supuesto desarrollo del tema, agarra y desarrolla un puente. Entonces eso es muy relativo, esa famosa historia del desarrollo. Lo otro, además de desarrollar el tema y llegar para arriba y para abajo, eso cualquiera puede hacerlo con un poco de práctica, con talento o menos talento cualquiera que vaya y estudie puede hacer eso y puede sonar como una máquina de hacer chorizo.

DEL TORO: Aunque eso era bien visto entre los compositores modernistas...

BARILARI: Pero en el medio había estado un señor que se llama Debussy, y en Debussy no ves eso. En Debussy ves bloques, bloques texturales, una cosa que se mueve así y después eso se corta o decae y empieza otra cosa. Bloques texturales que contrastan y muchas veces no, y a veces hay A, B, C y D y no vuelven nunca.

DEL TORO: Los *ostinati* de Revueltas que son repetitivos y crean texturas y basamentos le eran criticados...

BARILARI: Pero eso le criticaban a Stravinsky también. No nos olvidemos que en esa época había una dictadura muy grande, especialmente del academicismo a la francesa, a la alemana o a la italiana y en Latinoamérica era muy intenso, en algunos países más una cosa, en algunos países más otra. En Uruguay fue durante muchos años la lucha entre los que venían de la escuela francesa y los que venían de la escuela italiana. Lo alemán no entró mucho hasta más tarde. Y en otros países la cosa era entre Alemania contra Francia o Alemania contra Francia e Italia, esas cosas. Pero en nuestra generación ya eso no pesaba, lo que pesaba y pesó mucho era la dictadura de esta pseudovanguardia, que yo sufrí mucho de una manera extraña. Porque yo en realidad contra la vanguardia no tenía nada, lo que me molestaba es todo lo que la vanguardia tenía contra la tradición. A mí la vanguardia me parecía sensacional, interesante, aprendamos todo lo que se pueda, pero ¿por qué odian tanto lo anterior? ¿Por qué hay que odiar el pasado, por qué si me gusta Stockhausen tengo que odiar a Bruckner? Entonces, a su manera Revueltas tuvo los problemas del academicismo europeo o en México de los que pretendían que hiciera un romanticismo folclorístico, que México tuvo compositores muy buenos en ese estilo en su momento.

DEL TORO: El problema era que buscaran que alguien lo hiciera aunque no quisiera o por alguna otra connotación...

BARILARI: El problema es imponer eso. Yo fui a estudiar a Alemania, por ejemplo, y de los dos profesores con los que trabajé más en Berlín uno era Dieter Schnebel (1930-2018), que en ese momento estaba entre la cosa muy contemporánea y esa cierta vuelta neorromántica que hubo en Alemania a fines de los 70 y principios de los 80, como la revisita a Schubert, el reescribir una obra de Schubert de una manera más elaborada, más conceptual. Pero Schnebel era un tipo que no esperaba que sus alumnos compusieran como él. Luciano Berio (1925-2003), en sus seminarios, trataba de entender lo que cada alumno estaba promoviendo y de ayudar al alumno a desarrollar eso. Jamás Luciano Berio en los meses que estuve ahí me dijo a mí o a ningún otro "ese lenguaje está mal". No. Él estaba tratando de ver cómo estaba armando la obra y cómo se podía hacer para que esa obra progresara. En cambio, Isang Yun (1917-1995), el compositor coreano que era muy famoso en esa época, era un tipo sumamente estricto. A él le interesaba la gente que viniera a aprender a componer como él componía... A mí no me interesaba componer como nadie. Estuve con él un tiempo, para ver cómo podía usar de eso o no en lo mío, pero jamás me intereso sonar como otro. Por ejemplo, me tocó conocer muy bien a Piazzolla. Él vivía parte del año en Punta del Este, en Uruguay, y se encerraba a componer y agarraba a compositores jóvenes uruguayos –yo tenía 20, 21 años– para que le copiaran partituras, le ordenaran. Yo hablaba con él y le preguntaba cómo haces esto y cómo haces lo otro y él me mostraba, pero nunca con la idea de copiar a Piazzolla sino con la idea de incorporar elementos de tango dentro de mi propia música. Si escuchas mi obra sinfónica o de cámara con tango, hay cosas de Piazzolla pero hay cosas de otros lados. Entre otras cosas porque en Uruguay hay una influencia muy fuerte de la música negra, de la milonga y el candombe y el milongón, que únicamente se toca en Montevideo. Toda esa raíz afrouruguaya se mezcla con el tango y da otro resultado, más rítmico, es otra cosa.

DEL TORO: *Sensemayá* de Revueltas aborda lo afrocubano con una connotación muy política. Es un paralelismo interesante.

BARILARI: En los compositores latinoamericanos de esa generación, como los de la mía, todo el aporte de la música afrocubana era muy fundamental.

DEL TORO: Todo tiene que ver también con la originalidad, la voz de ese compositor... Revueltas hizo *La noche de Los mayas* para el cine, no pensando, como antes sí hizo con *Redes*, en una suite de concierto.

BARILARI: *Redes* se hizo acá, con la música varias veces ya.

DEL TORO: *La noche de los mayas* la hizo para cine y ahí se quedó, pero lo que realmente ahora se conoce es la suite que hizo José Yves Limantour, que la construyó como una especie de sinfonía con cuatro movimientos. Armó una obra que es muy vistosa y poderosa sonoramente...

BARILARI: Pero que nunca existió...

DEL TORO: Pero que nunca existió y al ser una de las más conocidas de Revueltas crea una representación errónea de quién era Revueltas. La obra gusta, es atractiva, pero no es lo que a Revueltas le habría gustado componer.

BARILARI: En unos movimientos tiene unas armonías medio de Hollywood, que me parece que no eran de Revueltas.

DEL TORO: Limantour le metió mano en cierto modo. Hindemith hizo antes otra suite de *La noche de los mayas*, pero menos bombástica, más sintética...

BARILARI: Yo tengo la de Hindemith, la pasé varias veces en la radio.

DEL TORO: Pero esas obras, un tanto artificiales o construidas, el caso de *La noche de los mayas* o *La coronela* de Limantour, son gran parte de lo que la gente conoce e identifica de Revueltas. ¿Crees que eso haga que la gente no conozca o solo entienda un pedazo de la identidad de Revueltas?

BARILARI: Pero eso pasa con Bach también. Eso pasa con Mozart. Creo que es inevitable. Si piensas en Beethoven, la mayor parte de la gente, si conoce a Beethoven, lo que conoce es la Sonata 'Claro de luna', el principio de la Quinta Sinfonía y el pedazo de la 'Oda a la Alegría' de la Novena.

DEL TORO: ¿Pero si lo conocieran por la 'Décima Sinfonía'[240] y dijeran, ah, esto es Beethoven?

BARILARI: Creo que el caso de *La noche de los mayas* ha hecho mucho para ayudar a que Revueltas lo conozcan más, porque ha despertado la curiosidad, especialmente el cuarto movimiento. Ha despertado la curiosidad para que se toquen otras obras. Por ejemplo, cuando se hacía un homenaje a García Lorca en el Symphony Center se dijo "podemos hacer esto, podemos tocar lo otro, pero tenemos que tocar alguna obra latinoamericana", y hay quien dice "bue-

---

[240] Beethoven elaboró bosquejos para una sinfonía, que sería la décima de su producción, pero ese trabajo quedó inconcluso y fragmentario a su muerte, en 1827. En 1988, una reconstrucción del primer movimiento de esa hipotética 'Décima Sinfonía' de Beethoven, armada con base en esos fragmentos por el musicólogo inglés Barry Cooper, fue interpretada por primera vez en Inglaterra en la apertura de la temporada de la Real Sociedad Filarmónica.

no, toquemos la *Sinfonía india*" y le digo "¿pero qué tiene que ver la *Sinfonía india* con García Lorca?". Hay obras de compositores latinoamericanos importantísimos dedicadas a Cervantes y a García Lorca. Está el *Homenaje* de Revueltas, esta la obra muy linda de Blas Galindo[241], hay un montón de obras dedicadas a García Lorca. ¿Por qué hay que meter la *Sinfonía india*, que no tiene nada que ver con García Lorca, solamente para que haya algo de Latinoamérica? Entonces se tocó el *Homenaje a Federico García Lorca*. A veces pasa eso, además lo que tenemos que pensar es que las sinfónicas no son las prístinas y puras instituciones culturales que nosotros pensamos. Son instituciones que están pensando todo el tiempo cómo van a hacer dinero para sobrevivir, para mantener la cosa en marcha, y entonces muchas veces programan con un criterio estrictamente comercial o sencillamente ignorante... Lo que no me queda duda es que *La noche de los mayas* ha sido una carta de presentación para Revueltas. *Cuauhnáhuac*, especialmente la versión para orquesta completa, ¿va a ser algún día tan popular como *La noche de los mayas*? No, entre otras cosas porque es una obra mucho más áspera, más seria. Los compositores tienen el problema de que no solamente tienen que competir con otros compositores, sino que sus obras compiten con las propias suyas. A mí por cada 10 veces que me tocan el *Canyengue* me tocan dos de las otras. Y me gusta el *Canyengue*, pero me encanta *Ofrendas*[242]... y me encantan otras, pero uno tiene que aceptar que hay obras que tienen más suerte que otras. Ahora, lo mismo pasa con Chávez: la *Sinfonía india* no es la mejor cosa que escribió Chávez, es linda, pero tiene cosas mejores.

DEL TORO: Además Chávez fue longevo, tuvo varias etapas y pudo desarrollarse de diferentes maneras.

BARILARI: Tiene una obra, *Paisajes mexicanos*[243], que es hermosa y nadie la toca y ni siquiera es especialmente difícil, es más o menos como la *Sinfonía india*. Y tantas otras, porque él sí que escribió y escribió muchísimo. Pero por algún

---

[241] El *Homenaje a Cervantes*, compuesto por Blas Galindo en 1947.

[242] Elbio Barilari compuso *Canyengue* en 2005 y su *Ofrendas*, inspirada en la tradición mexicana del Día de Muertos, se estrenó en 2015.

[243] *Paisajes mexicanos* es una de las obras finales de Carlos Chávez, compuesta en 1973.

motivo hay obras que tienen suerte y, en el caso de Revueltas, *La noche de los mayas* tuvo suerte, algo que le ha abierto el camino a otras obras. Es una obra fácil de recordar. Si uno escucha *Cuauhnáhuac* y no sabe de música y no está empapado, a lo mejor no se acuerda tanto de la obra. El *Homenaje a Federico García Lorca* es muy impactante, pero es difícil de recordar. *Ocho por radio* es mucho más fácil que recordar que el *Homenaje*, por la idea de la misma obra. *Sensemayá* es otra obra que se ha tocado muchas veces y además normalmente con un narrador que lee la parte de la culebra y la poesía, son obras que tienen esa facilidad para el *marketing*. En relación a Revueltas yo creo que, en los últimos 20 años, realmente el mundo se enteró de que existía de una manera mucho más amplia. Yo lo paso muchísimo en la radio y no hay la menor resistencia. Yo no sé si he pasado toda la obra de Revueltas, pero debo estar cerca, hay cosas que no he pasado porque no encontré grabaciones buenas... Creo que las he puesto casi todas, y algunas en sus diferentes versiones, la de cámara, la orquestal... A mí no me gusta decir el más, no me gustan los Óscar, esas cosas, pero si uno hace un repaso de los compositores latinoamericanos *top* está difícil comparar los compositores de diferentes épocas. Si hablamos de la época de los barrocos y de la música colonial, hay tres genios en la música latinoamericana colonial: el mexicano Manuel de Sumaya, el cubano Esteban Salas y el brasileño José Mauricio Nunes García[244]. Esos tres. Hay otros buenos, pero esos tres son la trilogía muy por encima de todo lo demás. Si Manuel de Sumaya hubiera sido italiano, hoy sería famoso como Vivaldi, tiene cosas impresionantes. Lo mismo Esteban Salas, que además inventó todo un género, el villancico madrigal, que es casi como una pequeña miniópera. Y José Mauricio Nunes García fue un genio, un tipo que pasó del barroco al preclásico y al clásico y compuso sinfonías de un estilo protorromántico, contemporáneo de Beethoven. Si después nos vamos al Siglo XIX, hubo compositores inmensos. Hay un brasileño que casi nadie recuerda, Alberto Nepomuceno, alumno de Grieg, un enorme compositor. Compuso sinfonías postrrománticas, la Sinfonía en sol por ejemplo, y si hubiese sido escandinavo,

---

[244] Manuel de Sumaya (c. 1680-1755) nació en la Ciudad de México, Esteban Salas (1725-1803) en La Habana, Cuba, y José Mauricio Nunes García (1767-1830) en Río de Janeiro, Brasil.

alemán o francés hoy sería tan conocido como Grieg o Sibelius... ¿Y cómo vas a comparar a estos tres de los siglos XVII, XVIII, XIX con un postrromántico como Alberto Nepomuceno o con el mexicano Melesio Morales[245], compositor de óperas que fue un éxito en Italia y después se volvió para México? ¿Quién es más? Pero después, si hablamos durante el Siglo XX, hay cuatro o cinco en Latinoamérica que están por arriba de todos: Villa-Lobos, Revueltas, Chávez, Ponce, Ginastera. Y como a la cola de ellos, Leo Brouwer, porque Brouwer usa muchos elementos de la música afrocubana, de la música latinoamericana, y después aparece una cosa rara como Piazzolla, que establece este puente entre la música popular y la música clásica, pero que es imposible discutir porque es de una belleza total. El que discute a Piazzolla solamente lo puede hacer por prejuicio... No es un sinfonista, pero qué lindo que es lo que hace.

DEL TORO: No fue como dices un sinfonista, aunque quizá lo intentó pero no le salió...

BARILARI: Lo que le salió mejor fue esa cosa en el medio, como música de raíz popular pero muy elaborada, tan elaborada que le sacan el bandoneón, la arreglan para una orquesta, para cuarteto, para conjunto de cámara y la tocan. Cuando los músicos empezaron a hacer popular la obra de Piazzolla, muchos compositores se pusieron muy celosos. Lo rechazaron porque era algo comercial y en realidad no. Era una cosa muy hermosa, que a la gente le gustó y que por algún motivo la gente conectó con eso... Para mí hay una cosa fundamental. Me interesa toda la teoría, todos los conceptos y toda la experimentación, toda la electrónica y todo eso. Y lo hago mucho con mi banda, una cosa muy experimental, muy textural... Yo le quiero decir muy experimental porque yo no experimento arriba del escenario, experimento en casa o acá, arriba en el escenario muestro lo que encontré.

DEL TORO: Hay quienes experimentan de modo improvisatorio y otras cosas...

---

[245] Alberto Nepomuceno (1864-1920), compositor y director de orquesta brasileño; y Melesio Morales (1938-1908), compositor mexicano, especialmente de ópera.

BARILARI: Y me parece muy bien. Pero lo que me parece importantísimo, cuando compongo y cuando improviso, siguen siendo las emociones y las sensaciones... La gente va a gozar, a emocionarse, a divertirse. Y divertir también es una parte de nuestra función. Yo nunca me consideré un entretenedor, por eso nunca toqué música de baile. La última vez que toqué en un baile tenía 17 años. Pero a mí sí me interesa conectarme y que la persona que va a escuchar la música, sea con la sinfónica o sea con la banda, se vaya con algo, sienta que si pagó la entrada valió la pena y si entró gratis que valió la pena ir. Y le agradezco mucho que vaya y me interesa que esa persona se emocione, se divierta, experimente diferentes cosas... Por ejemplo, tanto con la música sinfónica como con la de banda, me dicen que vieron imágenes. Muchos compositores te pueden decir que eso es una cosa extramusical, muy ingenua. No. Si un oyente común se molestó en escuchar mi música y viene y me felicita y me dice "oh, yo vi imágenes, fue como una película", yo me alegro, me encanta que esa persona se haya sentido tocada de esa manera. Sensacional... Pero hay un gran error de todos estos músicos, y todavía hay muchos, que creen que la música es para mártires, que hay que ir a flagelarse y a escuchar ruidos raros durante tres horas... La música hay que gozarla, sufrirla, divertirse, es para todo eso. Y a mí me parece que Revueltas tiene todo eso.

DEL TORO: ¿Qué tiene para ti?

BARILARI: Tiene gozo, tiene sufrimiento, tiene drama y tiene emociones por todos lados. Tiene recuerdos, memorias y evoca, y especialmente a la gente que es mexicana le evoca cosas muy puntuales.

DEL TORO: También burla, ironía...

BARILARI: Burla, ironía, sarcasmo... Y además, la gente va y goza... Es como la persona que va a mirar futbol: hay algunos que jugamos futbol y entendemos ciertas cosas y hay gente que no. Hay otra gente que va a gritar gol y está muy bien. A mí lo que me parece bueno de hoy en día es que hay esa variedad, que no hay una dictadura de un estilo... Lo que no me gusta actualmente –no digo no lo hagan, no digo está mal– pero no me gusta, no lo comparto, me parece que abarata, es toda esa mezcolanza que hacen ahora de pop con orquesta sinfónica. Un tipo que hace una especie de hip hop y le ponen la sinfónica... No se necesita, es abaratar a la sinfónica y como hip hop es horrendo, que hagan buen hip hop y que dejen a la sinfónica hacer lo que hace. ¿Me explico? Una cosa es si una banda de rock usa cuerdas o algo para hacer un espectáculo, como lo que vamos a hacer en noviembre, voy a hacer El Tri sinfónico en Chicago, voy a dirigir la orquesta para El Tri sinfónico. Eso es casi como clásico ya, simplemente un arreglo, es rock con una orquesta atrás. Lo que no me gusta es cuando ponen a un tipo que hace chu-cu-chun-tu-du-da-de-du-da [sonidos] y le ponen a la sinfónica atrás y lo muestran como si fuera una obra de vanguardia cuando en realidad es basura comercial que están tratando de vender a un público que le gusta eso... No me gusta, me parece barato. No te puedo decir que está mal, porque a lo mejor eres sincero haciendo eso, si te gusta eso. A mí no me gusta el *kitsch*, toda esa onda de hacer música de discoteca mezclada con sinfónica. ¿Está mal? No. Si hay gente que la va a escuchar que vaya. Creo que tenemos que animarnos a decir no me gusta. Ahora hay tanta tendencia a decir que todo está bien, cualquier cosa es lo mismo. No, no todo es lo mismo y nunca voy a conformarme con eso de que todo es igual. De que ahora Copland y Kanye West son lo mismo. No. Copland es un gran compositor americano y Kanye West es un rapero muy mediocre. Y hay que saber, poder decirlo y al que no le guste que no le guste y si otro quiere decir que Kanye West es un genio que lo diga, pero yo no. No tengo por qué aceptarlo.

DEL TORO: En sus raíces, el hip hop y el rap, sus letras tienen un sustrato de mucha expresión...

BARILARI: El origen viene de las *dirty dozens*, una improvisación entre dos en donde yo te insulto en rima y tú me tienes que insultar a mí y el que se enoja pierde y el que se queda sin imaginación pierde. Algo que viene de la cultura del *ghetto* de los años 30, 40 y de ahí viene el rap.

DEL TORO: Es como esa escena de la película de Pedro Infante y Jorge Negrete.

BARILARI: Esa misma, *Dos tipos de cuidado*, esa misma.

DEL TORO: Una manera de retarse e insultarse, diferente pero curiosamente parecida.

BARILARI: Uno se llama Pedro Malo y otro Jorge Bueno, uno dice una cosa y el otro dice "échemela, pero un tono más arriba".

DEL TORO: Es gracioso. Fue la única vez que ellos hicieron juntos una película. Películas mexicanas como esa en realidad ya fueron en los años 40 y 50, después obviamente de que murió Revueltas. Pero Revueltas en *Vámonos con Pancho Villa*, en *Redes*, en *La noche de los mayas* y en algunas otras es parte de la fundación de la música de cine en México, que es paralela o contemporánea a lo que se estaba haciendo en otras partes, porque en los años 30 hacía muy pocos años que era posible hacer eso.

BARILARI: Muchos de esos compositores trabajaron en el cine. El tío de Mario, Raúl Lavista, hizo un montón de películas.

DEL TORO: Y Revueltas tuvo lo suyo, pero no llegó a vivir ese auge de la música del cine mexicano de los años 40 y 50.

BARILARI: Pero bueno, después de que dijimos todo esto, si me preguntas a mí que elija un compositor latinoamericano de todos, es Revueltas.

DEL TORO: ¿Por qué?

BARILARI: Porque me gusta, me gustan mucho otros, pero el que me parece más estimulante y del que siempre voy y revisó las obras es Revueltas. Lo que no quiere decir que yo vaya a sonar como Revueltas.

DEL TORO: ¿De la obra de Revueltas, algo te marcó en tus propias obras?

BARILARI: Sí, claro.

DEL TORO: ¿Cómo qué?

BARILARI: No en el sonido, pero en el concepto, algunos clímax, el humor. Las únicas obras en que quizás es claro en partes son *Ofrendas* y el *Corrido de Abraham Lincoln*. El *Corrido* cuenta la historia entre Lincoln y Juárez, hay un grupo mariachi, o puede ser un grupo norteño, un grupo mexicano que toca el corrido como es y se va alternando con un grupo... Hay una versión de cámara y hay una versión más grande, que va tocando la misma música, pero en estilo de música contemporánea. Y ahí es donde más intenté sonar como Revueltas, a conciencia de que no iba a ser lo mismo... En esa obra no traté de copiarle, pero usé mucho de los procedimientos de Revueltas, porque me interesaba, me gustaba el contraste entre el grupo mexicano y el grupo de cámara. Nunca tocan juntos, solamente al final. Tocan una estrofa y la orquesta toca una música sobre eso, pero bien diferente Y tocan otra estrofa, la letra es importante... *Música inmigrante* no tiene nada que ver con Revueltas en cuanto al sonido, es mucho más tonal, pero sí en cuanto a los bloques, en cuanto a las yuxtaposiciones, en cuanto al uso de la bitonalidad y de la politonalidad...

DEL TORO: ¿Y el color?

BARILARI: El color no tanto, excepto en el *Corrido de Abraham Lincoln*, en donde traté de sonar más mexicano, él [Revueltas] suena más mexicano y yo vengo de otra zona y de otra cultura. A no ser que por alguna razón muy específica yo quiera sonar mexicano, como en esa obra, la tímbrica que utilizo es diferente. Pero sí la importancia de la tímbrica, no quiere decir que la use de la misma manera, pero sí la importancia. O la cosa de tocar las melodías al mismo tiempo pero un poco distintas, como una heterofonía, la misma melodía pero un poco cambiada.

DEL TORO: Claro.

BARILARI: Vamos.

DEL TORO: Muchas gracias.

3
Las notas y los datos

Un panorama de las interpretaciones y percepciones del repertorio de Silvestre Revueltas en Estados Unidos

[Revueltas], *un sofisticado compositor con una técnica muy avanzada…*
Leonard Bernstein

Peermusic Classical

El repertorio de Silvestre Revueltas que se toca en las salas de conciertos en Estados Unidos tiene algunas obras dominantes, que son las más frecuentemente interpretadas por las orquestas estadounidenses. *Sensemayá* y la suite de *La noche de los mayas* son las principales, con *Homenaje a Federico García Lorca* completando el trío de las más tocadas. Además, *Janitzio* y *Redes* figuran también de modo relevante.

Pero muchas otras obras se han tocado en Estados Unidos en años recientes. Una forma de rastrear parte de lo tocado, identificando la orquesta, el lugar y la fecha del concierto y otros datos, es analizando los datos de las casas editoras Peermusic y G. Schirmer, que manejan gran parte del repertorio de Silvestre Revueltas.

Los datos que aportan esas entidades consisten en información sobre eventos en los que la casa editora tuvo participación u ofreció servicios, ya sea porque se tocaron obras cuyas partituras y partes les fueron rentadas a la orquesta, grupo musical o individuo que realizó la interpretación y/o porque hubo pago de las regalías correspondientes. En unos pocos casos se incluyen partituras usadas para estudio, sin que haya necesariamente existido un concierto relacionado, y también casos en los que las obras fueron grabadas o televisadas.

Por ello, esa información brinda un vistazo singular que si bien no abarcaría la totalidad de los conciertos en Estados Unidos de obras de Revueltas, sí constituye una muestra interesante para un ejercicio de cuantificación.

La información de Peermusic y G. Schirmer es, por tanto, útil para trazar un panorama de dónde y cuándo se ha tocado música de Revueltas en Estados

Jesús Del Toro

Unidos, quién es el ejecutante (generalmente la información disponible indica la orquesta y en menor medida el director) y, sobre todo, qué obras del repertorio revueltiano han resonado en la escena estadounidense.

Peermusic proporcionó para esta investigación un listado de obras de Silvestre Revueltas en su catálogo que han sido rentadas. El listado abarca 461 eventos en Estados Unidos (aunque muchos de ellos tienen varias funciones, por lo que la cantidad efectiva de conciertos sería mayor) realizados entre 1987 y agosto de 2010. Según esos datos, en ese periodo se interpretaron en Estados Unidos 22 obras de Revueltas que son parte del catálogo de Peermusic en 461 eventos, aunque ese número podría considerarse mayor si se desglosan las interpretaciones de obras que tienen varias versiones o los casos en los que solo se tocaron partes o fragmentos de piezas de Revueltas.

Obra	Número de eventos
Homenaje a Federico García Lorca	143
La noche de los mayas	109
Redes	52
Janitzio	49
Planos	15
El renacuajo paseador	13
Colorines	11
Troka	10
Alcancías	9
Caminos	8
Batik	6
Siete canciones	6
Música para charlar	5
Redes (completa con filme)	5
La coronela	4
Itinerarios	4
Suite: Tecolote, Ranas, Dúo para pato y canario	3
Ventanas	3
'Danza mexicana de Redes'	2
Planos-Danza geométrica	2

Canto de guerra de los frentes leales   1
Hora de junio   1

En el caso, por ejemplo, de *La noche de los mayas* de sus 109 eventos 17 corresponden a 'dos movimientos' y el resto a 'cuatro movimientos', que es el formato más famoso y tocado, la suite elaborada por José Yves Limantour. No es claro si la mención de 'dos movimientos' se refiere a la suite elaborada por Hindemith o si alude a un paquete de dos movimientos de la suite de Limantour. En paralelo, en ciertos casos hay indicación de que de la obra en 'cuatro movimientos', la suite de Limantour, solo se rentó o usó uno o dos movimientos, lo que sugiere que posiblemente el indicativo de obra en 'dos movimientos' podría aludir en algunos casos a la suite de Hindemith.

En ese periodo, la suite de *Redes* (compilada por Erich Kleiber), por ejemplo, fue tocada en 52 eventos y la versión completa con filme en cinco. Además, una pieza de *Redes* llamada 'Danza mexicana' se tocó en dos eventos, lo que da un total de 59.

De 2010 a la fecha, la cantidad de veces que se ha interpretado *Redes* con película y orquesta en vivo se ha incrementado tras el concierto y la grabación realizados por el PostClassical Ensemble de Ángel Gil Ordóñez (cuyo resultado fue un DVD para Naxos) y por la media docena de conciertos de la iniciativa 'Copland and Mexico' del consorcio Music Unwound dirigido por Joseph Horowitz.

Es interesante que *Homenaje a Federico García Lorca* se encuentre en la cima de esta lista de obras con más ejecuciones del catálogo revueltiano de Peermusic, con 143 eventos. Probablemente el hecho de que sea una obra para orquesta de cámara facilita su interpretación.

Planos y *Danza geométrica* suman 17 eventos (la versión de cámara, *Planos*, con 15) y en el caso de *El renacuajo paseador* 11 de sus eventos corresponden a su primera versión (1933) y dos a la segunda (1936). Finalmente, una 'suite' compuesta por las obras para voz y conjunto instrumental *El tecolote*, *Ranas* y *Dúo para pato y canario*, que no componen en realidad una unidad (fueron vinculadas así, quizá, para hacerlas más atractivas en el mercado o porque al tratarse de obras breves son útiles para tocarse juntas), añaden más obras al listado ampliado. Ha de aclararse que en el caso de esa 'suite' la información no indica si se trata de las versiones para voz y conjunto orquestal o de las versiones para voz y piano de esas obras. Además, la pieza que se denomina en inglés *Seven songs* (*Siete canciones*) en el catálogo de Peermusic corresponde a las *Cinco canciones de niños y dos canciones profanas* (versión de 1939).

En el listado de esos eventos vinculados al uso en Estados Unidos de obras de Revueltas que son parte del catálogo de Peermusic se indica que en cinco ocasiones las piezas se usaron en una transmisión en medios electrónicos aunque solo en dos casos se especifica que se trató de una emisión de radio y de una emisión televisiva. De esas cinco ocasiones tres correspondieron a *Homenaje a Federico García Lorca*, una a *Janitzio* y una a *La noche de los mayas* (cuatro movimientos, Limantour).

También se indica que en 17 ocasiones las obras fueron grabadas en Estados Unidos: *Homenaje a Federico García Lorca* y *Colorines* en dos ocasiones cada una, y una vez cada una *Batik, Caminos, La coronela, Itinerarios, Música para charlar, La noche de los mayas* (cuatro movimientos, Limantour), *Redes* (suite de Kleiber), *El renacuajo paseador, Siete canciones* (*Cinco canciones para niños y dos canciones profanas*), la 'suite' de *El tecolote, Ranas* y *Dúo para pato y canario* y *Troka*.

Y en otros cuatro casos, las obras fueron usadas en lectura, conferencia universitaria o trabajo de estudio: dos veces cada una *La noche de los mayas* y *Homenaje a Federico García Lorca*. Finalmente, para completar el panorama, en uno de los eventos de *La noche de los mayas* no se habría tratado de un concierto o actividad específica, sino en la extensión de la duración de la disponibilidad del material para quien lo rentó.

La cronología de esos conciertos o eventos con la música de Revueltas, con base en la información de Peermusic de 1987 a agosto de 2010, indica ciertamente que a partir de 1994 se dio un crecimiento sustantivo en el uso de obras revueltianas del catálogo de esa editorial.

En la década de 1990 los años previos al centenario de Silvestre Revueltas (1999) vieron un incremento notable del número de conciertos de sus obras según los datos citados, aunque en la primera década del Siglo XXI se registró también un trabajo significativo con esas obras, situación que ha continuado hasta ahora.

Como se ha mencionado, estas cifras no son el total de conciertos con música de Revueltas celebrados en ese periodo en Estados Unidos, sino una relación construida con los datos de Peermusic arriba mencionados. Además, los datos hacen alusión a eventos y cada evento pudo tener (y con frecuencia las tuvo) varias funciones.

Año	Eventos
1987	7
1988	8
1989	13
1990	9
1991	8
1992	7
1993	8
1994	29
1995	27
1996	25
1997	22
1998	27
1999	35
2000	30
2001	20
2002	25
2003	18
2004	15
2005	19
2006	27
2007	25
2008	33
2009	14
2010	10

Se muestra en esos datos un incremento en la frecuencia de conciertos de música de Revueltas (o al menos la actividad musical con alquiler de obras revueltianas del catálogo de Peermusic). Hay un *boom* en 1994 que se mantiene hasta la fecha, con ciertas fluctuaciones y reducciones en 2004, aunque por lo generales en valores superiores a los anteriores a 1994.

Y las cifras de 2010, que abarcan hasta agosto de ese año, en realidad serían mayores pues no incluyen una importante actividad de conciertos con obras de Revueltas que tuvo lugar en Estados Unidos a raíz de las celebraciones del Bicentenario de la Independencia México y que se celebraron entre septiembre y diciembre de 2010.

G. Schirmer

Al panorama de la ejecución de repertorio revueltiano en Estados Unidos hay que añadir el catálogo de otro editor de las obras de Revueltas: G. Schirmer, Inc. En él figura *Sensemayá*, quizá la más popular y tocada de las obras de Revueltas. Schirmer ofrece tres versiones de *Sensemayá*: la primera versión compuesta por Revueltas en 1937 para pequeña orquesta, la segunda versión también de Revueltas (1938) para orquesta sinfónica y un arreglo para banda sinfónica realizado por Frank Bencriscutto[246].

Además, el catálogo de G. Schirmer incluye otras obras de Revueltas: *Cuauhnáhuac* para orquesta y *Cinco canciones de niños* (que incluye sólo las cinco primeras canciones de la versión de 1938 de *Cinco canciones de niños y dos canciones profanas*) y, editadas separadamente, *Es verdad* y *Serenata* (que son las dos últimas del ciclo *Cinco canciones de niños y dos canciones profanas*).

G. Schirmer ofrece información en internet sobre interpretaciones de obras de su catálogo[247] y con ello se hizo una revisión de las ejecuciones de *Sensemayá* programadas entre el 2 de noviembre de 2005 y el 8 de noviembre de 2018 en Estados Unidos. Estos datos no necesariamente enumeran todos los conciertos de *Sensemayá* en Estados Unidos, pero sí una parte sustantiva de ellos y los que la propia casa editora ha comunicado. No hay en ese listado de

---

[246] Frank Bencriscutto (1928-1997), compositor y director estadounidense, especialmente dedicado a la música de banda de concierto.

[247] En el sitio de internet www.musicsalesclassical.com.

G. Schirmer datos de interpretaciones en Estados Unidos de *Cuauhnáhuac* o de las canciones de Revueltas en su catálogo.

Según esos datos se obtuvo la siguiente distribución geográfica de conciertos de *Sensemayá* en tierras estadounidenses según el número de eventos (un evento puede tener varias funciones) donde se ha tocado o programado esa obra entre 2005 y 2018:

Estado	Número de eventos
Texas	15
California	12
Massachusetts	6
Nueva York	5
Carolina del Norte	4
Colorado	4
Florida	3
Illinois	3
Maryland	3
Ohio	3
Indiana	2
Michigan	2
Minnesota	2
Pennsylvania	2
Virginia	2
Virginia Occidental	2
Wisconsin	2
Arizona	1
Dakota del Sur	1
Georgia	1
Luisiana	1
Mississippi	1
Missouri	1
Montana	1
Nevada	1
New Hampshire	1

Nuevo México	1
Oklahoma	1
Oregon	1
Washington	1

El desglose más amplio por ciudad ofrece el siguiente panorama:

Ciudad, estado	Número de eventos
San Francisco, California	5
Boston, Massachusetts	5
Nueva York, Nueva York	4
Houston, Texas	3
Greensboro, Carolina del Norte	2
Denver, Colorado	2
Chicago, Illinois	2
Allen, Texas	2
Dallas, Texas	2
San Antonio, Texas	2
Charleston, Virginia Occidental	2
Phoenix, Arizona	1
Anaheim, California	1
Davis, California	1
Los Ángeles, California	1
San José, California	1
San Luis Obispo, California	1
Stockton, California	1
Redwood City, California	1
Fayetteville, Carolina del Norte	1
Winston-Salem, Carolina del Norte	1
Greeley, Colorado	1
Longmont, Colorado	1
Sioux Falls, Dakota del Sur	1
Orlando, Florida	1
Sarasota, Florida	1

Tallahassee, Florida	1
Atlanta, Georgia	1
Northbrook, Illinois	1
Greencastle, Indiana	1
Indianápolis, Indiana	1
Natchitoches, Luisiana	1
Baltimore, Maryland	1
College Park, Maryland	1
Timonium, Maryland	1
Springfield, Massachusetts	1
Ann Arbor, Michigan	1
Mount Pleasant, Michigan	1
Duluth, Minnesota	1
Minneapolis, Minnesota	1
Hattiesburg, Mississippi	1
Kansas City, Missouri	1
Missoula, Montana	1
Henderson, Nevada	1
Plymouth, Nuevo Hampshire	1
Albuquerque, Nuevo México	1
Rochester, Nueva York	1
Cleveland, Ohio	1
Cincinnati, Ohio	1
Oberlin, Ohio	1
Tulsa, Oklahoma	1
Eugene, Oregon	1
Filadelfia, Pennsylvania	1
Pittsburgh, Pennsylvania	1
Austin, Texas	1
Bryan, Texas	1
Georgetown, Texas	1
Huntsville, Texas	1
Mansfield, Texas	1
Victoria, Texas	1

Arlington, Virginia	1
Charlottesville, Virginia	1
Cheney, Washington	1
Madison, Wisconsin	1
Milwaukee, Wisconsin	1

El saldo es de 85 eventos (algunos con varias funciones) en 65 ciudades de 30 estados de Estados Unidos en los que *Sensemayá* fue tocada entre el 2 de noviembre de 2005 y el 8 de noviembre de 2018, según datos del sistema en línea de G. Schirmer.

De ellos dos se realizaron en 2005, uno en 2006, ninguno en 2007, cuatro en 2008, 12 en 2009, 26 en 2010, nueve en 2011, dos en 2012, ninguno entre 2013 y 2015[248], tres en 2016, 16 en 2017 y 10 en 2018.

Año	Eventos
2005	2
2006	1
2007	0
2008	4
2009	12
2010	26
2011	9
2012	2
2013	0
2014	0
2015	0
2016	3
2017	16
2018	10

---

[248] La razón por la que en la información en línea de G. Schirmer no hay registro de interpretaciones de *Sensemayá* en 2007, 2013, 2014 y 2015 en Estados Unidos no se indica en ese sistema.

Además, destaca que las orquestas que realizaron esas interpretaciones de *Sensemayá* son de cuño diverso: hay agrupaciones sinfónicas mayores de ciudades grandes y también orquestas de poblaciones más pequeñas y numerosas orquestas de universidades y escuelas de música y orquestas juveniles.

Entre las orquestas mayores o ubicadas en grandes ciudades con eventos de *Sensemayá* (versión para orquesta) figuran en el listado de G. Schirmer analizado:

Orquesta Sinfónica de Atlanta
Orquesta Filarmónica de Boston
Orquesta Sinfónica de Chicago
Orquesta Sinfónica de Colorado
Orquesta Sinfónica de Dallas
Orquesta Sinfónica de Dakota del Sur
Orquesta del Festival Musical de Grant Park (Chicago)
Orquesta Sinfónica de Houston
Orquesta Sinfónica de Milwaukee
Orquesta de Minnesota
Orquesta Sinfónica Nacional (Washington DC)
Orquesta Filarmónica de Indianápolis
Orquesta Sinfónica de Phoenix
Orquesta Sinfónica de San Francisco
Orquesta Filarmónica de las Américas (Nueva York)

Entre las orquestas y agrupaciones de ciudades más pequeñas pero de destacado interés figuran Ballet Austin (Texas), la Orquesta Sinfónica del Valle del Brazos (Texas), la Orquesta de Cámara Cordancia (Rochester, NY), la Orquesta Sinfónica de Duluth Superior (Minnesota), la Orquesta Sinfónica de Fayetteville (Carolina del Norte), la Orquesta Sinfónica de Henderson (Nevada), la Orquesta Sinfónica de Longmont (Colorado), la Orquesta Sinfónica de Missoula (Montana), la Orquesta del Festival Musical de Nuevo Hampshire, la Orquesta Sinfónica del Condado Orange (California), la Orquesta Sinfónica de Redwood (California), la Orquesta Sinfónica de Round Rock (Texas), la Orquesta de Sarasota (Florida), la Orquesta Sinfónica de

Springfield (Massachusetts), la Orquesta Sinfónica de Stockton (California), la Orquesta Sinfónica de Tulsa (Oklahoma), la Orquesta del Festival Victoria Bach (Texas) y la Orquesta Sinfónica de Virginia Occidental

Entre las orquestas juveniles, o compuestas por músicos jóvenes, los datos de G. Schirmer mencionan a la Orquesta Sinfónica Juvenil Americana (Los Ángeles), la Orquesta de Artistas Jóvenes del Festival Musical Eastern (Carolina del Norte), la Orquesta Sinfónica Juvenil de Eugene (Oregon), la Orquesta Sinfónica Juvenil del Gran Baltimore, la Orquesta Sinfónica Juvenil del Gran Dallas, la Orquesta Juvenil de los Tres Ríos (Pittsburgh), la Orquesta Sinfónica Juvenil de Wisconsin y la Orquesta Sinfónica Juvenil de San Antonio (Texas).

En el listado de ejecuciones de *Sensemayá* del catálogo de G. Schirmer el papel de las orquestas escolares, universitarias o de conservatorios e institutos musicales es destacado. Por ejemplo, la orquesta de la Universidad de Nuevo México, dirigida por Jorge Pérez-Gómez, uno de los más entusiastas promotores de Revueltas en el entorno universitario de Estados Unidos, ha hecho énfasis en utilizar repertorio revueltiano en la educación de músicos jóvenes.

Ricardo Zohn-Muldoon y Carlos Sánchez Gutiérrez también han abordado la obra de Revueltas en la Escuela de Música Eastman de la Universidad de Rochester y Elbio Barilari lo ha hecho en la Universidad de Illinois en Chicago, por solo mencionar algunos ejemplos adicionales.

Entre las instituciones académicas de Estados Unidos cuyas orquestas han tocado *Sensemayá* según los datos de Schirmer aquí analizados figuran:

Orquesta de la Escuela de las Artes de Baltimore
Orquesta del Berklee College
Orquesta del Instituto Tanglewood de la Universidad de Boston
Orquesta de la Universidad Politécnica Estatal de California
Orquesta Sinfónica de la Universidad del Centro de Michigan
Orquesta Sinfónica de Charlottesville en la Universidad de Virginia
Orquesta del Instituto de Música de Cleveland
Orquesta de la Universidad DePauw
Orquesta Sinfónica de la Universidad Estatal de Florida
Orquesta de Juilliard

Orquesta de la Universidad E. de Luisiana Natchitoches-Northwestern
Orquesta Philharmonia del Conservatorio de Nueva Inglaterra
Orquesta del Oberlin College
Orquesta Sinfónica de la Universidad Estatal Sam Houston
Orquesta del Conservatorio de San Francisco
Orquesta Sinfónica de la Universidad de California Davis
Orquesta de la Universidad de Florida Central
Orquesta de Concierto del Conservatorio de la Universidad de Cincinnati
Orquesta del Instituto Orquestal de la Universidad de Maryland
Orquesta Sinfónica de la Universidad de Michigan
Orquesta Sinfónica de Alientos de la Universidad de Missouri Kansas
Orquesta de la Universidad de Nuevo México
Orquesta de la Universidad del Sur de Mississippi
Orquesta de la Universidad de Texas San Antonio

En esta lista de eventos de *Sensemayá* cabe resaltar cuatro agrupaciones musicales singulares: la Orquesta de la Governor's School de Carolina del Norte, un programa especial de verano para estudiantes talentosos de preparatoria (que tocó la versión para orquesta), y las bandas de las escuelas preparatorias Lynbrook High School (San José, California), James Martin High School (Mansfield, Texas) y Wylie East High School (Allen, Texas), que interpretaron la versión para banda sinfónica de *Sensemayá*, un arreglo que se ofrece en el catálogo de G. Schirmer.

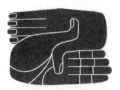

Los críticos

¿Qué piensan los periodistas culturales y críticos de música clásica activos en Estados Unidos de la obra de Silvestre Revueltas? ¿La conocen y en caso afirmativo qué tanto conocimiento tienen de ella? ¿Cómo la califican o ubican estilística e históricamente? ¿Qué sentimientos o evocaciones les produce la música revueltiana, qué ideas tienen de ella? ¿Creen que existe en Estados Unidos una buena recepción de la obra revueltiana o un prejuicio?

Para esclarecer un poco esas cuestiones, de suyo complejas y que ameritan cada una muchas páginas y reflexiones, en el marco de esta investigación se realizó una encuesta a críticos y periodistas culturales estadounidenses que fueron seleccionados como *fellows* del Instituto de Periodismo en Música Clásica y Ópera (NEA Arts Journalism Institute in Classical Music and Opera at Columbia University), un evento académico, profesional y artístico que se realizó cada año entre 2004 y 2010 en la Escuela de Periodismo de la Universidad de Columbia de Nueva York con el auspicio del National Endowment for the Arts (Fondo Nacional de las Artes).

Quien esto escribe fue *fellow* de ese Instituto (2007).

La encuesta se envió, vía un cuestionario en línea, a un universo de 143 personas (aunque solo una porción envió sus respuestas) y no pretende ni puede ser representativa del conjunto de la prensa especializada en música clásica estadounidense, pero sí es una mirada singular si se considera que el Instituto del que la mayor parte los encuestados fue *fellow* constituyó una iniciativa líder y única en Estados Unidos en la formación e investigación en el periodismo sobre música clásica.

Los participantes eran periodistas culturales y críticos de música clásica activos en las siguientes 15 ciudades de Estados Unidos:

Boston, Massachusetts
Cleveland, Ohio
Des Moines, Iowa
Hays, Kansas
Kansas City, Missouri
Lauren, Ohio
Little Rock, Arkansas
Nueva York, Nueva York
New Preston, Connecticut
Portland, Oregon
Santa Ana, California
San Francisco, California
Seattle, Washington
Saint Paul, Minnesota
Washington, DC

La variedad y diversidad de ciudades y estados es de destacar, pues en la lista figuran algunos de los grandes centros internacionales de cultura (Nueva York, San Francisco o Boston, por ejemplo) junto a ciudades medianas pero con una vida artística importante (Cleveland, Seattle o Kansas City entre otras) y localidades mucho más pequeñas y, posiblemente, con menor actividad cultural que las anteriores (entre ellas New Preston, Hays o Lauren). Esta diversidad abre el espectro de la muestra a todo lo ancho de Estados Unidos y no lo circunscribe únicamente a las grandes metrópolis, si bien éstas están también representadas en los datos obtenidos.

1. ¿HAS ESCUCHADO MÚSICA DEL COMPOSITOR MEXICANO SILVESTRE REVUELTAS (1899-1940)?

–Sí   68.75%
–No   31.25%

Uno de los participantes que respondió 'No' matizó su respuesta diciendo que no estaba seguro. Más de dos tercios de los participantes dijeron conocer a Revueltas, una cifra que puede considerarse alta, si bien hay que tomar en cuenta que la muestra está conformada por especialistas en música clásica y no por público en general.

Se preguntó después sobre qué repertorio de Revueltas, en su caso, han escuchado los participantes en la encuesta. Se ofreció una serie de obras como opciones predefinidas y era posible seleccionar más de una opción.

2. ¿QUÉ OBRAS DE SILVESTRE REVUELTAS HAS ESCUCHADO?

—*Sensemayá*	62.05%
—*La noche de los mayas*	56.25%
—*Homenaje a Federico García Lorca*	43.75%
—*Redes*	31.25%
—*Janitzio*	18.75%
—*Caminos*	18.75%
—*Planos*	12.5%
—*Ninguna*	25%

El cuestionario incluyó también a *Troka* y *Colorines* como opciones predefinidas, pero ninguna de ellas fue seleccionada (0%). También incluyó un campo 'Otro' para que el participante señalara otras obras no incluidas en las opciones especificadas, pero no se recibió ninguna respuesta en ese campo.

Aunque es interesante el porcentaje de respuestas correspondiente a obras como *Caminos* y *Planos*, que no son de las más tocadas en Estados Unidos, la proporción correspondiente a *Sensemayá*, *La noche de los mayas*, *Homenaje a García Lorca* y *Redes* es consistente con, por ejemplo, el análisis previo de los datos de conciertos de obras de Revueltas provenientes de los editores G. Schirmer y Peermusic, que indica que las obras de Revueltas en sus catálogos más tocadas en Estados Unidos son, justamente, las mencionadas.

Y, ciertamente, esos datos resultan consistentes con la noción de que esas cuatro obras, más *Janitzio*, están entre las más tocadas del repertorio revueltiano en Estados Unidos, probablemente, en México y otros países.

Se preguntó después en qué contexto han escuchado la música de Revueltas los periodistas culturales y críticos de música clásica que participaron en la encuesta. ¿Salas de conciertos, emisiones de radio, grabaciones?

3. ¿DÓNDE HAS ESCUCHADO MÚSICA DE SILVESTRE REVUELTAS?

–Salas de concierto	56.25%
–Medios electrónicos (radio/TV)	31.25%
–Grabaciones (CD, MP3)	56.25%
–En línea (internet)	0%[249]
–Nunca he escuchado	18.75%
–Otros (favor de especificar)	6.25%

Los participantes podían seleccionar más de una opción y una respuesta correspondiente a 'Otros' fue reiterativa pues el participante mencionó: "Sala de conciertos, si es que la he oído".

Es interesante que se hayan dado tantas respuestas a la opción 'Grabaciones' como a 'Sala de conciertos'. Grabaciones relativamente recientes de obras de Revueltas han circulado en Estados Unidos, como son el disco de Esa-Pekka Salonen de 1999 (*Sensemayá, Ocho por radio, La noche de los mayas, Homenaje a Federico García Lorca, Ventanas, Primera pieza seria* y *Segunda pieza seria*) y el de Gisele Ben-Dor de 1998 (*La coronela, Itinerarios* y *Colorines*) y su reedición de 2010 (Naxos), y mantienen buena presencia y disponibilidad en tiendas (sobre todo en línea). Y los dos discos recientes de Gustavo Dudamel (que incluyen el primero *Sensemayá* y el segundo *La noche de los mayas*) han sido, en su contexto, bastante promocionados y distribuidos.

---

[249] Al momento de la realización de la encuesta, en 2010, la música difundida en línea por internet y los servicios y aplicaciones al respecto no tenían aún la magnitud actual (2018), al menos entre los encuestados.

Al preguntar más específicamente sobre el contexto en el que el participante escuchó música de Revueltas, las respuestas fueron:

4. ¿EN QUÉ CONTEXTO ESCUCHASTE MÚSICA DE REVUELTAS?

–Conciertos de series de subscripción	43.75%
–Festivales o programas especiales de música mexicana/latinoamericana	31.25%
–Conciertos de series *pops*	0%
–Transmisión de programa estándar (radio/TV)	18.75%
–Transmisión de programa especial (radio/TV)	0%
–En línea (internet)	0%
–Casa / Automóvil / MP3	43.75%
–Otro	25%

Que la respuesta a 'Conciertos de subscripción' tenga la misma cantidad de respuestas (43.75%) que 'Casa / Automóvil / MP3' (que en realidad hace alusión a grabaciones o a la radio) es consistente con las respuestas de la pregunta anterior ('Conciertos' y 'Grabaciones') y tiene el elemento adicional de que indican que la apreciación de las obras de Revueltas no necesariamente se circunscribe sólo a festivales o programas especiales de música mexicana (aunque este rubro tenga una proporción alta de respuestas: 31.25%) sino que también es incluida en la programación regular de las orquestas, al menos en las ciudades en las que los participantes residen o en aquellas a las que acuden a conciertos. Esta situación podría parecer a contracorriente de las nociones al respecto de varios directores y expertos entrevistados para este libro, aunque debe considerarse que los encuestados son especialistas que asisten a conciertos y consumen música de modo y en frecuencia diferentes a las audiencias en general.

Las respuestas en la categoría 'Otro' (25%) fueron en su mayoría de participantes que dijeron nunca haber escuchado obras de Revueltas, aunque uno mencionó explícitamente el caso de *Redes* con película y orquesta en vivo.

En un ejercicio práctico, se pidió a los participantes (la encuesta fue realizada vía internet) escuchar *Sensemayá* y *Janitzio* en versiones disponibles en el portal YouTube y se les preguntó al respecto.

5. ¿CÓMO CONSIDERAS ESTAS DOS OBRAS DE SILVESTRE REVUELTAS?

–Abstractas   0%
–Exóticas   6.25%
–Nacionalistas   31.25%
–Modernistas   37.5%
–Étnicas   0%
–Románticas   6.25%
–Otra   62.5%

La cantidad de respuestas a los rubros nacionalista y modernista es considerable, aunque es también intrigante la gran cantidad de respuestas en el campo 'Otra', quizá por insatisfacción con las categorías anteriores. Algunas de esas respuestas, que explican mejor la percepción que los participantes tienen de esas obras, fueron:

–"Energética y colorida".
–"Ecléctica, quizá nacionalista o étnica en tanto que suenan centro o sudamericanas, pero no conozco lo suficiente del patrimonio musical mexicano para juzgarlas como nacionalistas. Suenan sin influencias de convenciones europeas aunque al mismo tiempo sin desconocerlas".
–"Dramática, casi cinemática (visual) en partes. Postrromántica de seguro y modernista en parte, pero no de modo programático".
–"Cinemáticas. Pienso que ambas piezas tienen grandes emociones y drama que encajarían en una película, pero una de las clásicas... Un *western*, con grandes tomas del oeste o el suroeste de Estados Unidos".
–"Una suerte de combinación entre étnico y modernista, pero esencialmente independiente".
–"Con proyección de futuro".

–"Los ritmos de ambas piezas son indígenas, las armonías y la estructura melódica angular de *Sensemayá* se parecen a *La consagración de la primavera* de Stravinsky. *Janitzio* es como un vals, muy latino y neorromántico, pero también stravinskiano a la *Pulcinella*".

Para ahondar más sobre las influencias y conexiones de la música de Revueltas, se preguntó:

6. ¿ENCUENTRAS SIMILITUDES, INFLUENCIAS O EVOCACIONES ENTRE LA MÚSICA DE REVUELTAS Y LA DE OTROS COMPOSITORES? POR FAVOR ESPECIFICA EL COMPOSITOR Y LA NATURALEZA DE LA RELACIÓN.

Entre las respuestas más destacadas, algunas hicieron eco de análisis y clichés, de aciertos y equívocos, de nociones comunes en torno a la obra de Revueltas:

–"Stravinsky. Usa colorido material folclórico de una manera modernista".
–"Escuché a algunos compositores españoles –De Falla, etc.– en la obra de Revueltas...".
–"Me recordó a la sofisticación y conocimiento de la tradición occidental de Xenakis... También pienso en el vigor rítmico de Ginastera".
–"Pensé en Shostakovich y Stravinsky. Por razones expuestas antes, un modernista pero idiosincrático, dramático, visual".
–"Algo de los ritmos y la orquestación de *Sensemayá* me recuerdan a las partes más primitivas de *La consagración de la primavera* de Stravinsky, mientras que las armonías lentas y abiertas en los pasajes más apacibles de los metales en *Janitzio* me traen a la mente el *Rodeo* y *Fanfarria para el hombre común* de Copland. Quizá porque sé que el compositor es de México, pero su obra suena como la contraparte musical de los murales de Diego Rivera: fuertes, brillantes, políticos, en ocasiones amenazantes y repletos de vida".
–"Chávez: los dos interesados en la historia de México, incluidas las influencias precolombinas. Ives: como Revueltas, Ives incorporó de una manera innovadora, la música y el sentir de su patria".

–"Revueltas es difícil de ubicar".

–"Un poco Bernsteniano. O quizá Bernstein tomó la pista de Revueltas cuando orquestó a los Tiburones[250] de *West Side Story*. Me gusta, tiene una percusividad étnica".

Luego, se les preguntó sobre el contexto en el que las obras de Revueltas resultan 'apropiadas', en función de las particularidades de la orquesta de la localidad de cada encuestado, y si hallaban prejuicios o sesgos en contra de la música clásica mexicana o latinoamericana:

7. CONSIDERANDO A TU ORQUESTA LOCAL, PIENSAS QUE LA MÚSICA DE REVUELTAS ES APROPIADA PARA:

–Conciertos de subscripción	100%
–Programas especiales de música mexicana/latinoamericana	75%
–Series de conciertos *pops*	12.5%
–Inapropiada	0%

8. ¿PERCIBES ALGÚN PREJUICIO EN LA ESCENA MUSICAL ESTADOUNIDENSE EN CONTRA DE LA MÚSICA CLÁSICA MEXICANA O LATINOAMERICANA?

–Sí	37.5%
–No	62.5%

Al respecto, algunos encuestados opinaron que la música de Revueltas resultaría atractiva en su área, donde hay una considerable población latina, mayormente mexicana. Y otros que es música que se sostiene en programas con compositores europeos, que sería atractiva para audiencias jóvenes y en un caso se narró que en su localidad se estaba planteando un concierto con

---

[250] Los *Sharks* (Tiburones) era la pandilla puertorriqueña que enfrenta a los Jets, la pandilla anglosajona en *West Side Story* de Leonard Bernstein.

una combinación entre Beethoven y la Revolución Mexicana (en el contexto del centenario de 2010) y opinó que para ello una obra de Revueltas habría sido apropiada aunque la orquesta programó el Concierto para guitarra de Manuel Ponce.

En lo relacionado al prejuicio citado, comentaron:

–"Pocas obras latinoamericanas son tocadas o consideradas parte del canon, aunque musicalmente muchas merezcan su inclusión tanto o más que la música europea".

–"Todas las orquestas de Estados Unidos encuentran difícil programar obras de compositores estadounidenses, ya no digamos los de otras partes de las Américas".

–"Yo vivo y trabajo en California. En un área que debería ser de las más receptivas a la música de Revueltas, me sorprende constantemente que no sea tocada con más frecuencia. Escuché *La noche de los mayas* con la Sinfónica de Pasadena hace años, cuando estaba bajo la dirección de Jorge Mester. La Sinfónica de Long Beach [estaba] dirigida por Enrique Diemecke, quien ha programado Revueltas, y la Sinfónica del Pacífico programó Revueltas como parte del Festival Sonidos de México coordinado por Joe Horowitz. Así, hay 'esfuerzos' para programar a Revueltas, pero son esporádicos. En las orquestas locales, las orquestas comunitarias, es allí donde quisiera escuchar a Revueltas y aún no se ha filtrado allí. Nosotros estamos todavía en una cultura dominada por lo europeo. No sé si esto sea un 'prejuicio' tanto como es una fidelidad hacia Europa. Veo la misma falta de interés hacia la música norteamericana".

–"Existe un prejuicio contra todo lo que no es europeo, yo pienso. Una tendencia a sentir la necesidad de 'empaquetarlo' en lugar de simplemente tocarlo".

–"Si hubo esnobismo en el pasado, pienso que está desapareciendo por una variedad de razones generales (una creciente minoría hispana, la expansión de la música latina en la radio y la TV) y específicas (la emergencia del superestrella Gustavo Dudamel, la creciente popularidad de Astor Piazzolla)".

–"Me parece que hay tanto interés en la música clásica mexicana o latinoamericana como la hay por cualquier otro tipo de música clásica. Las grandes orquestas se están interesando más y más en programas innovadores de alta calidad".

–"No en realidad. Es más bien un prejuicio hacia lo desconocido. Y mucha de la música clásica de México (y lo mismo la de muchos otros países latinos) es desconocida en Estados Unidos. Las orquestas deben tomar el riesgo de programarla, como la Filarmónica de Los Ángeles hace de manera regular".

–"No lo creo. Mi estación de radio (WCLV) toca una buena cantidad de música latina, con intérpretes y orquestas latinas".

–"Yo pienso que las audiencias normales les encantaría escuchar sonidos clásicos frescos que no son atonales o difíciles de procesar. Esta música es accesible y afianzaría el interés de los escuchas, sobre todo en mi mercado, el medio oeste. No sé si los que crean el gusto urbano en Nueva York programarían esta música. Muchos de ellos desdeñan a Bernstein. Yo sé que mi mercado del medio oeste no ha escuchado suficiente de este género y lo acogería".

–"Hay definitivamente un prejuicio contra la música nueva y contra compositores 'obscuros' sin importar la nacionalidad. En los mercados con los que tengo más familiaridad también hay un prejuicio, no contra lo latinoamericano pero sí en favor de la música de Europa Occidental y Estados Unidos. Astor Piazzolla parece el único compositor que ha logrado superar este último prejuicio".

Los encuestados ofrecieron, en la pregunta final, una reflexión final sobre Revueltas y su lugar en Estados Unidos.

9. DIME ALGO MÁS DE TUS IDEAS SOBRE LA MÚSICA DE SILVESTRE REVUELTAS Y SU LUGAR EN EL REPERTORIO DE LAS ORQUESTAS ESTADOUNIDENSES.

Algunas de las respuestas más destacadas fueron:

–"Él es una voz importante de la música del Siglo XX, revolucionario en su uso del color orquestal y las tradiciones folclóricas".

–"Pienso que su obra está ganando tracción gracias al impulso de Gustavo Dudamel".

–"Yo asisto a cientos de conciertos al año, y lo he hecho por más de tres décadas, y puedo honestamente decir que nunca he visto ninguna obra de Revueltas en los programas. Probablemente he olvidado algo que escuché en Tanglewood, pero debió haber sido a través del Music Center[251], no de la Orquesta Sinfónica de Boston. Aunque no percibo un prejuicio contra los compositores mexicanos o latinoamericanos, puedo estar ciego a ello".

–"Me gustaría saber más y mantendré un ojo (u oreja) en Revueltas en los programas orquestales en Estados Unidos... Revueltas ciertamente parece merecer un lugar en el repertorio. Pero es difícil encontrar un lugar para compositores de este lado del Atlántico. Solo como ejemplo, soy considerado un especialista en ópera y música vocal y esperaría que la obra del compositor argentino Osvaldo Golijov fuera más ampliamente programada de lo que es. El nombre y su idioma (no europeo) se interponen en el camino".

–"Yo disfruto tremendamente la música de Revueltas. Puede ser energético, irreverente, poderoso o extremadamente matizado y sutil. Y sobre su 'lugar' puedo decir que no debería haber una temporada en la que no pudiera encontrar un concierto de Revueltas a 20 millas a la redonda de mi casa. Veo a europeos marginales o de medio nivel ser tocados todo el tiempo. Eso no tiene sentido para mí. Yo considero que Revueltas es mucho más cercano al espíritu estadounidense".

–"Raramente tocado. Desafortunadamente usado como especie exótica...".

–"No recuerdo haber escuchado música de Revueltas en concierto, pero definitivamente espero oírla en el futuro...".

–"Desafortunadamente, Revueltas murió joven, por lo que no hay una inmensa obra de la que tomar. Pero su música es visceral, excitante, rítmi-

---

[251] El Centro Comunitario de Música de Boston.

camente diversa y puede encontrar un lugar en el repertorio. Esa-Pekka Salonen, el exdirector de la Filarmónica de Los Ángeles, ha impulsado su obra, tanto en concierto como en CD. Y también la pequeña pero excelente orquesta PostClassical Ensemble en Washington DC ha tocados sus obras".

El camino, a juzgar por las opiniones de los críticos de música clásica y los periodistas culturales participantes en la encuesta presentada, está a la vez empedrado pero con un luminoso destino posible y un presente activo y destacado. Dilucidar y reflexionar sobre esa situación ha sido, en gran medida, el objetivo de esta investigación en sus diferentes enfoques y el tema de las conversaciones con directores de orquesta, compositores, impulsores culturales y académicos que constituyen el corazón de este libro.

Conclusión del otro lado

La música de Silvestre Revueltas ha tenido, como se ha relatado en estas páginas, un florecimiento en la escena musical estadounidense en los últimos 20 años, una dinámica que se mantiene y, al parecer, aún está por ofrecer nuevas experiencias sustantivas.

No es la primera vez que sucede, pero el momento actual luce auspicioso. Por ejemplo, obras de Revueltas han sido tocadas y apreciadas, en oleajes sucesivos, por directores de orquesta icónicos en la escena estadounidense como Leopold Stokowski, Fritz Reiner y Leonard Bernstein en las décadas de 1940 a 1960, y su interpretación ha continuado hasta hoy en diferentes grados por una pléyade de figuras, tanto en el plano sinfónico como en el de cámara.

Y aunque el repertorio revueltiano que se toca, se graba, se emite y se escucha en Estados Unidos es limitado en la cantidad de obras y en su proyección geográfica, y aún ha de enriquecerse su ejecución, apreciación y comprensión, hay una convicción, constatada en las entrevistas incluidas en este libro, de que el "momento de Revueltas ha llegado", de que hoy presumiblemente se le toca más y se le entiende, o se le desea entender, cada vez mejor.

Quedan ciertamente retos y posibilidades.

La primera es ampliar la interpretación de su repertorio para que más obras sean tocadas en las salas de concierto estadounidenses. Mientras más interpretaciones, en cantidad y variedad, tengan lugar, más se acercarán las ideas sobre Revueltas a la realidad de su vida y su obra, en el entendido de que ambas siguen en proceso de descubrimiento y redescubrimiento, comprensión y divulgación, tanto en México como Estados Unidos y otros países.

En ese sentido, lograr una mejor apreciación de la obra y de la trayectoria vital de Revueltas es una labor en proceso, en la que resulta propicio amplificar el entendimiento de las obras revueltianas más allá de la percepción de exotismo (la "otredad exótica" que comenta Kolb) o del nacionalismo mecánico para catalizar la valoración tanto del componente vanguardista de Revueltas como de su voz de profunda filiación popular, interesada en el hombre común, su énfasis político, su rebelión artística, la multiplicidad del compositor que construye una voz personal y expresa su hondura, del que asume posturas artísticas e ideológicas, plantea sátira o satisface necesidades de índole comercial. Su compresión como un compositor formado y con una técnica poderosa, con una visión del mundo muy específica y de alto compromiso político, un hombre controversial y querido que ciertamente sufrió a causa de su alcoholismo pero que no por ello perdió en estatura artística.

Una valoración más definida y justa de Revueltas puede, en paralelo, acompañarse de una mejor apreciación e interpretación de la música de compositores mexicanos, de la música compuesta en México y de sus diversos exponentes. Ese proceso está en marcha desde hace tiempo y el entusiasmo creciente hacia Revueltas podría fungir también de puente para que más orquestas y audiencias estadounidenses se adentren en repertorios mexicanos y latinoamericanos anteriores, contemporáneos y posteriores a Revueltas.

Además, en algunos casos la interpretación de repertorio revueltiano en Estados Unidos ha dado pie a reflexiones que van más allá de lo específico de Revueltas o de la música mexicana o latinoamericana y que se adentran en el futuro mismo de las orquestas sinfónicas estadounidenses y de su papel e interacción en la sociedad.

Por ejemplo, en un artículo en la revista en línea *Humanities*[252], del Fondo Nacional para las Humanidades (NEH) de Estados Unidos, se plantea, en el contexto de los conciertos 'Copland and Mexico' de Music Unwound en los que las obras protagónicas son composiciones de Revueltas, que ese tipo de

---

[252] Skinner, David. 2018. 'Can Orchestras Be Reinvented as Humanities Institutions?'. *Humanities*. Primavera 2018, Vol. 39, No. 2. Washington DC. Disponible en internet: www.neh.gov/humanities/2018/spring/feature/can-orchestras-be-reinvented-humanities-institutions.

iniciativas podrían ser una vía para reinventar las orquestas sinfónicas como instituciones más abiertas y multidisciplinarias, que incorporen en su quehacer musical un amplio rango de las artes, la historia, las ciencias sociales y las humanidades en general.

Y fenómenos como la interpretación de *Sensemayá*, *Homenaje a Federico García Lorca* y *Redes* con película y orquesta en vivo en El Paso y Ciudad Juárez (bajo el impulso del consorcio Music Unwound) o el lanzamiento del DVD de *Redes* (Naxos) con la nueva grabación de la música de Revueltas realizada por el PostClassical Ensemble y presentada en Washington DC, en momentos de punzante tensión binacional entre Estados Unidos y México y de un erosivo discurso antiinmigrante, son ejemplos de la creación de puentes de entendimiento y resistencia, formas de reflexión humanística en las que la obra de Revueltas figura en primer plano y que pueden propiciar, y de hecho lo hacen, nuevas iniciativas.

Un puente que, al margen de ese compositor y ese momento, conviene ampliar para propiciar una convivencia más respetuosa y propositiva, tanto dentro de la muy diversa sociedad estadounidense como en las relaciones entre Estados Unidos y México.

El alcance de este libro de periodismo cultural es, con todo, limitado y por ello es también una invitación para diálogos, indagaciones y ensueños futuros. Las voces de importantes directores de orquesta, compositores, académicos y líderes que han sido participantes, y en algunos casos impulsores sustantivos, de la presente dinámica revueltiana en Estados Unidos se quedaron al margen, por limitaciones temporales, técnicas o logísticas de este trabajo y ciertamente hay mucho más por considerar y abordar.

Quedan la satisfacción, para el autor y reportero, por el camino andado y el conocimiento adquirido, y el agradecimiento al lector por haber atendido este relato. Todo en compañía del espíritu y la música de Silvestre Revueltas en Estados Unidos, de este y del otro lado.

Jesús Del Toro
Chicago, 2018

Catálogo mínimo de obras de Silvestre Revueltas

ORQUESTA SINFÓNICA

Cuauhnáhuac (1931/1932), *Esquinas* (1931/1933), *Ventanas* (1931), *Parián* para soprano, coro y orquesta (1932), *Troka*, pantomima infantil bailable (1932), *Janitzio* (1933/1936), *Caminos* (1934), *Planos-Danza geométrica* (1934), *Redes*, versión de concierto (1935), *Música para charlar* (1938; *Paisajes*, suite de Kleiber, 1943), *Itinerarios* (1938), *Sensemayá* para gran orquesta (1938), *La coronela*, ballet inconcluso, bosquejos para piano (1940; orquestaciones de Galindo y Huízar, 1940; de Hernández Moncada y Limantour, 1962).

PEQUEÑA ORQUESTA

Pieza para 12 instrumentos (1929), *Pieza para orquesta* (1929), *Cuauhnáhuac* para orquesta de cuerdas (1931), *Alcancías* (1932), *Colorines* (1932), *El renacuajo paseador*, ballet (1933/1936), *Toccata (sin fuga)* (1933), *Planos* (1934), *Homenaje a Federico García Lorca* (1936), *Sensemayá* para pequeña orquesta (1937), *Escenas infantiles* (1939), *Tres sonetos* (1938; 'Hora de junio', compilación de Limantour, 1959), *Este era un rey* (¿1940?).

MÚSICA PARA CINE

Redes (1934/1935; suite de Kleiber, 1943; de Diemecke, 1994), *Vámonos con Pancho Villa* (1935/1936), *Ferrocarriles de Baja California-Música para charlar* (1938), *La bestia negra-Canto ferrocarrilero* (1938), *El indio* (1938), *El signo de la muerte* (1939), *La noche de los mayas* (1939; suite de Hindemith, ca. 1946; de Limantour, 1959/1960), *Los de abajo* (1939), *Qué viene mi marido* (1940).

MÚSICA DE CÁMARA

Batik (1926), Pieza para seis instrumentos (¿1926?), El afilador (1927), Cuatro pequeños trozos para dos violines y violonchelo (1929), Obra de cámara en tres movimientos (1929), Cuarteto No. 1 (1930), Cuarteto No. 2 'Magueyes' (1931), Cuarteto No. 3 (1931), Madrigal (1931), Cuarteto No. 4 'Música de feria' (1932), Ocho por radio (1933), Dos [tres] pequeñas piezas serias (1940).

PIANO SOLO

Adagio (1918), Tragedia en forma de rábano (1924), Allegro-Ostinato (1934/1939), Coqueta para genio (1937), Canción (¿1939?).

VIOLÍN Y PIANO

A manera de preludio (1924), El afilador (1924), Tierra pa' las macetas (¿1924?), Pieza para violín y piano (1929), Tres piezas para violín y piano (1932).

VOZ Y PIANO

Chanson d'automne (1923), Retablo (¿1926?), Elegía (1926), Dúo para pato y canario (1931), El tecolote (1932), Amiga que te vas (1936), Caminando para barítono y piano (1937), Caminando para soprano y piano (1937), Canto de una muchacha negra (1938), Cinco canciones de niños y dos canciones profanas (1938).

VOZ Y PEQUEÑA ORQUESTA

Dúo para pato y canario (1931), El tecolote (1932), Ranas (1932), Caminando (1937), No sé por qué piensas tú (1937), Cinco canciones de niños y dos canciones profanas (1939).

CANTOS DE LUCHA

Porras (1936), México en España o Himno de los combatientes mexicanos en España (1937), Frente a frente (1938/1939), Canto de guerra de los frentes leales (1938), Canto ferrocarrilero de La bestia negra (1938).

OBRAS DE JUVENTUD

1915: Albumblat, Allegro y andante para piano, Andante, Andantino, Andantino: tema con variaciones (fragmento), Añorando (pequeña danza de salón para piano), Capricho húngaro (diamante) para piano, Hoja de álbum (apunte), Invernal para piano, Lied para piano, Lied para piano en fa menor, Lied para piano en la mayor, *Mattinata para piano*, *Momento musical para piano*, *Otoñal* (*tempo de vals lento para piano*), *Poema para piano*, *Primer estudio en si bemol menor para piano*, *Primer estudio en sol menor para piano y violín*, *Segunda danza de salón para piano*, *Sonatina para piano*, *Tercer impromptu para piano Op. 2 No.1*, *Tiempo de vals para piano*, *Vespertina para piano*.

1918: *Andantino casi allegretto*.

1919: *Andante*, *Moderato Op. 4* (fragmento, ¿1919?), *Solitude*, *Valsette*.

Sin fecha conocida (posiblemente entre 1915 y 1919): *Lento*, *Lento doloroso*, *Mazurka en re mayor*, *Tema y variación* (fragmento), *Tempo de minuetto* (fragmento), *Tiempo de mazurka* (fragmento).

OTRAS OBRAS

Paraísos artificiales (pantomima musical) y *Velorio* (ballet cómico), cuadros para la revista musical *Upa y Apa* (1938). Música para obra teatral no identificada (sin fecha).

FUENTES

Kolb (1998), Kolb y Wolffer (2007) y Contreras Soto (2000).

Bibliografía base

Aktories, Susana G. y Kolb Neuhaus, Roberto. 1996. 'El Revueltas desconocido'. Texto introductorio al CD *Sensemayá. The Unknown Revueltas*. Dorian Recordings.

Aktories, Susana G. y Kolb Neuhaus, Roberto. 2011. '*Sensemayá*, entre rito, palabra y sonido: transposición intersemiótica y écfrasis como condiciones de una mitopoiesis literaria y musical'. En *Entre artes, entre actos: Écfrasis e intermedialidad* (Gonzáles Aktories, Susana y Artigas, Irene, editoras). UNAM, México.

Bernstein, Leonard (Simeone, Nigel, editor). 2013. *The Leonard Bernstein Letters*. Yale University Press, New Heaven y Londres.

Bitrán, Yael y Miranda, Ricardo (editores). 2002. *Diálogo de resplandores: Carlos Chávez y Silvestre Revueltas*. Colección Ríos y Raíces, Consejo Nacional para la Cultura y las Artes. Ciudad de México, México.

Bowles, Paul (Mangan, Timothy y Herrmann, Irene, editores). 2003. *Paul Bowles in Music*. University of California Press, Berkeley, Los Ángeles y Londres.

Candelaria, Lorenzo Frank. 2004. 'Silvestre Revueltas at the Dawn of His 'American Period': St. Edward's College, Austin, Texas (1917-1918)'. *American Music* Vol. 22 No. 4, Invierno 2004, pp. 502-532. Universidad de Illinois, Estados Unidos.

Contreras Soto, Eduardo. 1999. 'Silvestre Revueltas: Antología orquestal y de cámara'. Texto introductorio al CD conmemorativo *Revueltas. Centennial Anthology. 1899-1999. 15 Masterpieces*. BMG Classics (RCA).

Contreras Soto, Eduardo. 2000. *Silvestre Revueltas. Baile, duelo y son*. Colección Ríos y Raíces, Consejo Nacional para la Cultura y las Artes. Ciudad de México, México.

Contreras Soto, Eduardo. 2012. *Silvestre Revueltas en escena y en pantalla*. Instituto Nacional de Bellas Artes y Literatura, Instituto Nacional de Antropología e Historia. Ciudad de México, México.

Copland, Aaron (Crist, Elizabeth y Shirley, Wane, editores). 2006. *The selected correspondance of Aaron Copland*. Yale University Press, New Heaven y Londres.

Daniel, Oliver. 1982. *Stokowski: A counterpoint view*. Dodd, Mead & Company. Nueva York.

Estrada, Julio. 2009-2010. 'Carlos Chávez: -¿Quiénes son los otros'. *Perspectiva Interdisciplinaria de Música*, número doble 3-4, 2009-2010, Universidad Nacional Autónoma de México, Ciudad de México.

Estrada, Julio. 2012. *Canto roto: Silvestre Revueltas*. Fondo de Cultura Económica, Universidad Nacional Autónoma de México – Centro de Investigaciones Estéticas. Ciudad de México, México.

García Bonilla, Roberto. 2001. *Visiones sonoras*. Consejo Nacional para la Cultura y las Artes, Siglo Veintiuno Editores. México.

Garland, Peter. 1991. *In Search of Silvestre Revueltas*. Soundings Press, Nuevo México, Estados Unidos.

Garland, Peter. 1994. *Silvestre Revueltas*. Alianza Editorial, México.

Hess, Carol A. 1997. 'Silvestre Revueltas in Republican Spain: Music as Political Utterance'. *Revista de Música Latinoamericana* Vol. 18 No.2, Otoño-Invierno, 1977, Universidad de Texas, Austin, Texas, Estados Unidos.

Hess, Carol A. 2014. 'Copland as Good Neighbor: Cultural Diplomacy in Latin America During World War II'. Biblioteca del Congreso de Estados

Unidos. Disponible en internet: blogs.loc.gov/music/2014/10/copland-as-good-neighbor-cultural-diplomacy-in-latin-america-during-world-war-ii/).

Horowitz, Joseph. 2005. *Classical Music in America. A History*. W. W. Norton & Company, Nueva York, Estados Unidos.

Horowitz, Joseph. 2007. 'Los sonidos de México: an Undisclosed Treasure'. Programa del Séptimo Festival Anual de Compositores Americanos de la Orquesta Sinfónica del Pacífico en Orange County, California. Conciertos celebrados del 15 al 29 de abril de 2007, Orange County, California, Estados Unidos.

Horowitz, Joseph. 2008. 'Two Faces of Mexican Music: Carlos Chávez and Silvestre Revueltas Revisited'. Programa de la serie de conciertos y el simposio sobre la obra de Chávez y Revueltas del mismo nombre realizado del 11 al 16 de marzo de 2008 en la Biblioteca del Congreso en Washington DC. Evento realizado en Washington DC, Estados Unidos.

Horowitz, Joseph. *Unanswered Question*, blog sobre música en ArtsJournal: www.artsjournal.com/uq.

Krippner, James, Morales Carrillo, Alfonso y Strand, Paul. 2010. *Paul Strand in Mexico*. Aperture Foundation y Fundación Televisa. Nueva York.

Kolb Neuhaus, Roberto (compilador). 1998. *Silvestre Revueltas. Catálogo de sus obras*. Universidad Nacional Autónoma de México – Escuela Nacional de Música. Ciudad de México, México.

Kolb Neuhaus, Roberto y Wolffer, José (editores). 2007. *Silvestre Revueltas. Sonidos en rebelión*. Universidad Nacional Autónoma de México - Escuela Nacional de Música, Dirección General de Apoyo al Personal Académico. Ciudad de México, México.

Kolb Neuhaus, Roberto. 2008. 'Four Voices of Silvestre Revueltas'. En *Two Faces of Mexican Music: Carlos Chávez and Silvestre Revueltas Revisited*. Programa de la serie de conciertos y el simposio sobre la obra de Chávez y Revueltas realizado del 11 al 16 de marzo de 2008 en la Biblioteca del Congreso en Washington DC. Evento realizado en Washington DC, Estados Unidos.

Jesús Del Toro

Kolb Neuhaus, Roberto. 2012. *Contracanto. Una perspectiva semiótica de la obra temprana de Silvestre Revueltas*. Universidad Nacional Autónoma de México – Coordinación de Estudios de Posgrado. Ciudad de México, México.

Kolb Neuhaus, Roberto. 2014. 'La noche de los mayas: crónica de una performance de otredad exótica'. *Revista Transcultural de Música*, No. 18. Sociedad de Etnomusicología. Barcelona, España. Disponible en internet en www.sibetrans.com/trans/ public/docs/15-trans-2014_1.pdf.

Kolb, Roberto. 2015. *Los sonidos de la ilusión y del desencanto: la música de Silvestre Revueltas en 'Vámonos con Pancho Villa'*. Programa de la primera interpretación con orquesta en vivo de ese filme, Palacio de Bellas Artes, Ciudad de México, el 17 de octubre de 2015. Disponible en: issuu.com /palaciodebellasartes/docs/programa_v__monos_con_pancho_villa_.

Kolb Neuhaus, Roberto. 'Silvestre Revueltas: Tale of an Unforgivable Oblivion'. Página de internet en www.peermusicclassical.com/composer /composerdetail.cfm?detail=revueltasessay.

Kolb Neuhaus, Roberto. 'Silvestre Revueltas en la UNAM'. Portal de internet en www.silvestrerevueltas.unam.mx.

Morgan, Kenneth. 2005. *Fritz Reiner. Maestro & Martinet*. University of Illinois Press, Urbana and Chicago. Estados Unidos.

Parker, Robert. 2002. 'Revueltas in San Antonio and Mobile'. *Revista de Música Latinoamericana*, Vol. 23 No. 1 Primavera-Verano de 2002, pp. 114-130. Universidad de Texas, Austin, Texas, Estados Unidos.

Parker, Robert. 2004. 'Revueltas, The Chicago Years'. *Revista de Música Latinoamericana*, Vol. 25 No. 2 Otoño-Invierno de 2004, pp.180-194. Universidad de Texas, Austin, Texas, Estados Unidos.

Revueltas, Rosaura. 1979. *Los Revueltas*. Editorial Grijalbo. México.

Revueltas, Silvestre. 1989. *Silvestre Revueltas por él mismo*. Ediciones Era. México.

Ross, Alex. 2007. *The Rest Is Noise. Listening to the Twentieth Century*. Farrar, Strauss and Giroux, Nueva York, Estados Unidos.

Schwartz, Elliott, Childs, Barney y Fox, James. 1998. *Contemporary Composers on Contemporary Music*. Da Capo Press. Estados Unidos.

Skinner, David. 2018. 'Can Orchestras Be Reinvented as Humanities Institutions?'. *Humanities*. Primavera 2018, Vol. 39, No. 2. Washington DC. Disponible en internet: www.neh.gov/humanities/2018/spring/feature/can-orchestras-be-reinvented-humanities-institutions.

Slonimsky, Nicolas. 2000. *Lexicon of Musical Invective*. W. W. Norton & Company, Nueva York y Londres, Estados Unidos. Este libro fue publicado originalmente en 1953.

Warren, Larry. 1998. *Anna Sokolow: The Rebellious Spirit*. Hardwood Academic Publishers, Amsterdam, Holanda.

Fonografía selecta

Silvestre Revueltas. *Sensemayá*. Leopold Stokowski and his Orchestra / Leopold Stokowski. RCA Victor, 12-0470 / 18-0169 (1947).

Galindo, Moreno, Sabre Marroquín, Prieto y Revueltas. *Songs from Mexico*. Carlos Puig (tenor), Geza Frid (piano). Phillips, N-00643-R, Holanda. (1953).

Chávez, Revueltas, Surinach, Villa-Lobos. *Spanish and Latin-American Music for Unusual Instrumental Combinations*. The MGM Chamber Orchestra / Izler Solomon. MGM Records, E-3155 (1955).

Rossellini, Albéniz, Revueltas, Granados, Lecuona y White. *From the Bay of Naples*. Columbia Symphony Orchestra / Efrem Kurtz. Columbia Records, CL 773 (1955).

Revueltas, Mossolov, Chabrier. *Sensemayá, Cuauhnáhuac* (Revueltas), *Iron Foundry* (Mossolov), *España* (Chabrier). Philharmonic Symphony Orchestra of London / Argeo Quadri. Westminster Hi-Fi, W-LAB-7004 (1955).

Galindo, Moncayo, Revueltas y Ayala. *Sones de mariachi* (Galindo), *Huapango* (Moncayo), *Homenaje a García Lorca* (Revueltas), *Tribu* (Ayala). Orquesta Sinfónica Nacional / Luis Herrera de la Fuente. Musart, MCD-3007, México (1956).

Silvestre Revueltas. *The music of Silvestre Revueltas*. The MGM Chamber Orchestra / Carlos Surinach, MGM Records, E3496 (1956).

Surinach, Chávez y Revueltas. *Doppio concertino* (Surinach), *Sonatina para violín y piano* (Chávez), *Tres piezas para violín y piano* (Revueltas). Anahid Ajemian (violín), Maro Ajemian (piano). MGM Records, E-3180 (1956).

Revueltas e Ives. *Songs*. Jacqueline Greissle (soprano), Josep Wolman (piano). SPA Records, New York (1957).

Revueltas, Bernal, Ponce. *Janitzio* (Revueltas), *Tres cartas de México* (Bernal), *Ferial* (Ponce). Orquesta Sinfónica Nacional / José Yves Limantour. Musart, MCD-3015, México (1958).

Revueltas, Chávez, Herrera de la Fuente. *Redes, Sensemayá* (Revueltas), *Sinfonía india* (Chávez), Suite de *Fronteras* (Herrera de la Fuente). Orquesta Sinfónica Nacional / Luis Herrera de la Fuente. Musart, MCD-3017, México (1958).

Silvestre Revueltas. *La noche de los mayas, Música para charlar*. Orquesta Sinfónica de Guadalajara / José Yves Limantour. Musart MCD 3022, México (1960).

Villa-Lobos, Camargo Guarnieri, Revueltas, Fernández, Copland y Chávez. *Latin American Fiesta*. New York Philharmonic / Leonard Bernstein. Columbia MS-6514 (1963).

Finney, Revueltas y Klein. *Sinfonía #3* (Finney), *Ventanas* (Revueltas) y *Musique à go-go* (Klein). The Louisville Orchestra / Robert Whitney. Louisville Orchestra First Edition Records, LS-672 (1967).

Rorem, Haydn, Ravel, Revueltas y Thompson. Youth Chamber Orchestra of the Oakland Symphony / Robert Hughes. Century Records, California, 27945 (ca. 1967).

Silvestre Revueltas. *Redes*. The Louisville Orchestra / Jorge Mester. Louisville Orchestra First Edition Records, LOU-sopr-696 (1969).

Revueltas, Respighi y Mendelssohn. *Redes* (Revueltas), *Trittico Botticelliano* (Respighi), *Calm sea and prosperous voyage* (Mendelssohn). The CBC Vancouver Chamber Orchestra / John Avison. CBC / Radio Canada, SM 166 (1971).

Silvestre Revueltas. *Music of Revueltas*. New Philharmonia Orchestra / Eduardo Mata. RCA-Red Seal (1976/1977).

Turina, Panufnik, Galuppi, Revueltas y Rozhdestvensky. *Miniaturas sinfónicas*. Ensamble de solistas de la Filarmónica de Leningrado / Gennadi Rozhdestvensky. Melodiya, URSS (1980).

Copland, Fernández, Grofé, Camargo Guarnieri, Villa-Lobos y Revueltas. *The Royal Edition No. 27 of 100*. New York Philharmonic / Leonard Bernstein. Sony Classical (1992) CD.

Chávez, Copland, García Caturla, Ginastera, Piazzolla, Revueltas y Roldán. *Tangazo. Music of Latin America*. The New World Symphony / Michael Tilson Thomas. Polygram Records / Argo (1993) CD.

Silvestre Revueltas. *Música de feria. Los cuartetos de cuerda*. Cuarteto Latinoamericano. New Albion Records, San Francisco (1993) CD.

Silvestre Revueltas. *Sensemayá. The Unknown Revueltas*. Camerata de las Américas / Enrique Diemecke. Dorian Recordings (1996) CD.

Silvestre Revueltas. *La música de Silvestre Revueltas*. Orquesta de Cámara de la Universidad de Nuevo México / Jorge Pérez Gómez. Universidad de Nuevo México / Serie AA de Música Latinoamericana (1997) CD.

Revueltas, Moncayo y Márquez. *La coronela* (Revueltas), *Sinfonía* (Moncayo), *Danzón No. 2* (Márquez). Orquesta Sinfónica Nacional de México / Enrique Diemecke. Instituto Nacional de Bellas Artes / Clásicos Mexicanos (1997/2006) CD.

Silvestre Revueltas. *La coronela, Itinerarios, Colorines*. Santa Barbara Symphony, English Chamber Orchestra / Gisele Ben-Dor. Koch International Classics (1998) CD.

Silvestre Revueltas. *Revueltas Centennial Anthology 1899-1999*. Eduardo Mata, Leopold Stokowski, David Atherton, Luis Herrera de la Fuente. RCA Red Seal (1999) CD.

Silvestre Revueltas. *Sensemayá. Music of Silvestre Revueltas*. Los Angeles Philharmonic, Los Angeles Philharmonic New Group / Esa-Pekka Salonen. Sony Classical (1999) CD.

Silvestre Revueltas. *Troka*. Orquesta Filarmónica de Moravia / Jorge Pérez Gómez. Quindecim Recordings (2000) CD.

Chávez, Copland, García Caturla, Ginastera, Piazzolla, Revueltas y Roldán. *Latin American Classics*. The New World Symphony / Michael Tilson Thomas. Decca (2002) CD.

Silvestre Revueltas. Orquesta Sinfónica de la Universidad de Guanajuato / José Luis Castillo, Quindecim Recordings (2004) CD.

Silvestre Revueltas. *Homenaje a Revueltas*. Ebony Band Amsterdam / Werner Herbers. Channel Classics (2004).

Silvestre Revueltas. *Revueltas*. Orquesta Sinfónica de Xalapa / Carlos Miguel Prieto. Urtext (2004) CD.

Silvestre Revueltas. *Revueltas II*. Orquesta Sinfónica de Xalapa / Carlos Miguel Prieto. Urtext (2007) CD.

Revueltas, Carreño, Estévez, Márquez, Romero, Ginastera, Castellanos y Bernstein. *Fiesta*. Orquesta Juvenil Simón Bolívar de Venezuela / Gustavo Dudamel. Deutsche Grammophon (2008) CD.

Silvestre Revueltas. *La coronela, Itinerarios, Colorines*. Santa Barbara Symphony, English Chamber Orchestra / Gisele Ben-Dor. Naxos (2010) CD.

Igor Stravinsky y Silvestre Revueltas. *Rite [La consagración de la primavera* (Stravinsky), *La noche de los mayas* (Revueltas)]. Orquesta Sinfónica Juvenil Simón Bolívar de Venezuela / Gustavo Dudamel. Deutsche Grammophon (2010) CD.

Walton, Gabrieli, Bach, Grainger, Revueltas y Prokofiev. *Chicago Symphony Orchestra Brass Live*. Chicago Symphony Orchestra / Dale Clevenger, Jay Friedman, Michael Mulcahy y Mark Ridenour. CSO-Resound (2011) CD.

Jesús Del Toro

Martin Scorsese's World Cinema Project: *Touki Bouki, Redes, A River Called Titas, Dry Summer, Trances, The Housemaid*. The Criterion Collection (2013) DVD / Blu-ray.

Silvestre Revueltas. *La noche de los mayas* (suite de Paul Hindemith). Tempus Fugit Orquesta / Christian Gohmer. Quindecim Recordings (2014) CD.

Revueltas, Serrano Alarcón, Nogueira, Granados y Valencia Rincón. *Latin Landscapes*. University of Cincinnati College-Conservatory of Music Wind Orchestra / Glenn D. Price. Mark Records (2015) CD.

Silvestre Revueltas. *Ensemble works*. Ensemble KNM Berlin / Roland Kluttig. NEOS (2015) CD.

Silvestre Revueltas. *Redes*. PostClassical Ensemble / Ángel Gil Ordóñez, Naxos (2016) DVD.

Bernstein, Gershwin, Revueltas, Piazzolla. *Music of the Americas*. Houston Symphony Orchestra / Andrés Orozco Estrada. Pentatone (2017-2018) CD.

Sobre el autor

Jesús Del Toro es un periodista, editor y poeta nacido en la Ciudad de México y actualmente radicado en Estados Unidos. Es director general del periódico *La Raza* de Chicago, director editorial de los periódicos *La Opinión de la Bahía* (San Francisco) y *La Prensa* (Orlando) y fue editor y director del periódico *Rumbo* (Texas). Ha sido columnista para Yahoo! en Español y colaborador de numerosos medios en Estados Unidos y México.

En México, fue editorialista del periódico *La Jornada* y editor del suplemento *Virtualia* de ese mismo diario, director editorial de los medios en línea *Ciberoamérica* y *Cibersivo*, editor del suplemento *Milenio Cibersivo*, publicado en colaboración con el periódico *Milenio*, y editor de la revista literaria *Péndulo*, entre otras actividades.

Es candidato a doctor en Periodismo por la Universidad Complutense de Madrid (España), licenciado en Comunicación por la Universidad Iberoamericana (México) y *fellow* del Instituto de Periodismo en Música Clásica y Ópera auspiciado por el Fondo Nacional de las Artes de Estados Unidos (NEA) en la Escuela de Periodismo de la Universidad de Columbia (Nueva York).

El Fondo Nacional para la Cultura y las Artes (FONCA) de México le otorgó apoyo para la realización de este libro. Ha publicado también el libro de poesía *Pequeñanatomía* (UAM-X, Mantícora) y varios de sus poemas han aparecido en antologías, revistas, periódicos y publicaciones en línea.

Silvestre Revueltas del otro lado
Diálogo, indagación y ensueño sobre la música de Silvestre Revueltas en Estados Unidos
© 2018 José de Jesús Del Toro Huerta
www.DelToro.info / @JesusDelToro
La Raza Newspaper / Del Toro Creative Studio, Chicago
Fondo Nacional para la Cultura y las Artes, México